KB218788

나를
좋아하지 않는
나에게

학교에서 가르쳐주지 않는
사춘기 소녀 성장 매뉴얼

나를 좋아하지 않는 나에게

초판 1쇄 인쇄 2019년 3월 20일
초판 2쇄 발행 2020년 11월 19일

지은이 크리스티나 드 위타   **옮긴이** 김인경

펴낸이 이상순   **주간** 서인찬   **편집장** 박윤주   **제작이사** 이상광
기획편집 김현정 박월 이주미 이세원   **디자인** 유영준 이민정
마케팅홍보 이병구 신희용 김경민   **경영지원** 고은정

펴낸곳 (주)도서출판 아름다운사람들
주소 (10881) 경기도 파주시 회동길 103
대표전화 (031) 8074-0082   **팩스** (031) 955-1083
이메일 books777@naver.com   **홈페이지** www.books114.net

리듬문고는 (주)도서출판 아름다운사람들의 청소년 브랜드입니다.

ISBN 978-89-6513-542-5 43190

나를 좋아하지 않는 나에게

크리스티나 드 위타 지음
김인경 옮김

학교에서 가르쳐주지 않는
사춘기 소녀 성장 매뉴얼

리듬문고

목차

프롤로그

자, 서점으로 돌아가서 이 책을 계산대에 내려놓으며 "이건 내가 생각했던 책이 아니에요! 환불해 주세요!"라고 외치기 전에 잠깐만 내 말 좀 들어 봐.

내가 이 책을 쓴 건 10대 소녀가 한 인간으로서 어떻게 살아가야 할지 알려 주기 위해서가 아니야. 그냥, 내가 너와 비슷한 나이였을 때 겪은 일을 들려주려는 것뿐이야.

지금 나는 말 그대로 사춘기를 막 빠져나왔어. 아, 그런 걸까? 과연 사춘기가 끝나기는 할까? 누가 알겠어? 어쨌든 내가 하고 싶은 말은 이거야. 나도 노력하는 중이라는 거지. '그 당시' 기억은 아직도 생생해. 이 책을 쓰기 시작하는 지금, 내 나이는 21살이야. 21살이라고 하면 누군가는 늙은이라고 생각할 거야. 누군가는 햇병아리라고 생각할 테지. 어느 쪽이라도 좋아.

이 책에 나오는 캐릭터인 크로스틴을 그리기 시작한 건 몇 년

전이야. 현실 세계에서 벗어나기 위한 탈출구였지. 크로스틴은 실제 나보다 재미있고 외향적이야. 최근에 10대 때 경험을 모아서 이 책으로 엮는 작업을 했어. 이 책은 내가 10대 시절 읽은 모든 사춘기 안내서의 답인 셈이야. 어른들이 좋은 의도로 쓴 '유용한' 책들을 읽으면서 난 오히려 고민에 빠졌거든. 어른들은 청소년기에 겪는 신체 변화만 이야기하더란 말이지. 여기저기 털이 자란다거나 여드름과 전쟁을 치르는 그런 뻔한 것들 말이야.

사춘기 때는 신체 문제 말고도 수많은 일들이 기다리고 있어. 10대 소녀로 산다는 건 잔인한 일이야. 늘 판단의 대상이 되잖아. 학교에서나 일을 할 때나 완벽해야 하고 공개적으로 평가 받아. 절친이라고 생각했던 아이가 한순간에 배신할 때도 있어. 괴롭힘을 당할 수도 있고. 슬픔, 행복, 분노가 동시에 밀려오기도 해. 왜냐고? 그 이유를 알 수 없어서 더 혼란스럽지.

나는 10대들이 대처해야 하는 여러 가지 문제, 이를테면 마음의 문제와 다양성을 다루는 책을 쓰고 싶었어. 그건 학교에서 알려 주지 않잖아. 그래, 나라고 정답을 아는 건 아니야. 나도 계속 성장하는 중이거든. 아마 나도 이 책을 시시때때로 찾아봐야 할걸. 유독 운이 나빴다 싶은 날, 나는 이 책을 읽을 거야. 매일 주변에서 일어나는 일 때문에 당황하는 건 지극히 정상이니까 괜찮다고 나를 다독이기 위해서 말이야.

그렇다면 이 책은 언제, 어디서, 어떻게 읽으면 좋을까?

이 책은 화장실에서, 기차 여행을 할 때, 병원에서 진료를 기다릴 때, 점심시간에, 할머니 댁에 갔을 때, 잠자기 전에 누워서 보면 딱이야. 너도 그러려고 했다면 뭘 좀 아는 거지. 언제 어디서 읽어도 좋은 책이거든.

나는 책을 10개의 장으로 구성했어. 우리와 제일 가까운 것에서부터 시작할 거야. 마음과 몸을 탐구하고 나서 바깥쪽으로 시선을 옮겨 다른 사람들과 사회의 문제를 어떻게 보고 다루어야 할지 두루 살펴보려고 해. 어디서부터 읽어 나갈지는 네가 정해. 앞에서부터 뒤로 읽어도 좋고 마지막 장에서 시작해도 좋아. 아니면 그림부터 훑는 방법도 있지. 정해진 순서 같은 건 없어. 읽고 싶을 때 읽고 덮고 싶을 때 덮으면 돼.

자, 이제부터 진짜 10대들의 일상 속으로 들어가 보자!

1장

나를 조금 더
좋아하는 연습

행동, 생각, 느낌 같은 것들은 모두 '머릿속'에서 시작돼. 머릿속을 탐구하다 보면 내가 누구인지, 무엇을 할 때 행복한지 실마리를 찾을 수 있어. 이번 장에서는 10대의 뇌와 마음에 관련된 모든 것을 살펴볼 거야.

솔직한 게 뭘까?

우리는 모두 거짓말을 해. 너무 훅 들어갔다면 미안. 창고에 시체라도 숨겨 놓은 게 아니라면 거짓말은 그렇게 큰 문제가 되지 않아. 게다가 우리 마음은 또 얼마나 자주 바뀌니? 그런다고 다 거짓말쟁이가 되는 건 아니야. 오히려 인간적이지. 그럼 솔직함은 어떨까? 사람들에게 무슨 말이든 다 털어놔도 괜찮은 걸까? 다른 사람이 나에 대해 곧이곧대로 다 알 필요가 있을까?

내가 14살 때였어. 당시 가장 친한 친구라고 믿었던 아이와 옷을 사러 갔지. 진열대를 쭉 돌면서 옷을 고른 다음 탈의실로 갔어. 조금 전에도 말했지만 우린 14살이었어. 하지만 내 친구가 나보다 좀 더 '성숙'했지. 걘 12살 때부터 D컵 브래지어를 했거든. 친구는 그걸 무척 불편해했어.

그 애는 말도 안 되게 짧은 (진심 민망해 보이는) 윗도리를 골라 와서 입더니 *여기서 비장한 배경 음악을 깔자* 나한테 어떤지 물었어. 옷이 잘 어울렸냐고?

그럴 리가 없지.

난 뜨악했어. 몇 년간 친구로 지내면서 그 애한테 거짓말을 해본 적이 없었는데, 나는 다음 중 하나를 골라 대답해야만 했어.

1. 정직하게 말한다. 그 윗도리는 전혀 어울리지 않는다고 말하는 거지. 그렇게 말하면 친구가 기분 나쁠지도 몰라. 하지만 못생긴 옷을 벗어버릴 테니까 적어도 옳은 선택을 하도록 돕는 셈이지. 친구가 어울리지 않는 옷을 입고 돌아다니게 놔두는 건 도리가 아니잖아.

2. 보기 싫은 건 아니지만 조금 전에 입어 봤던 옷이 훨씬 낫다고 말한다. 이렇게 대답하면 다른 옷이 좋겠다는 긍정적인 메시지를 전하면서 친구가 입은 옷을 부정적으로 말하지 않아도 돼. 기분 상할 일 없이 그 어마무시한 옷을 입고 공개적으로 망신당하지 않도록 도와주는 셈이기도 하니까, 이거야말로 원윈 전략이지!

3. 친구가 그 옷을 어떻게 생각하는지 반응을 확인한다. 친구가 어떠냐고 묻기 전에 선수를 치는 거야. "음, 넌 어떤 것 같아?" 운이 좋다면 그 옷이 네가 생각한 것만큼이나 최악이라고 친구가 먼저 털어놓을 거야. 만약 그런 반응이 아니라면? 친구가 그 옷을 사는 걸 막지 못하겠지.

4. 즉시, 친구에게 예뻐 보인다고 말한다. 넌 친구가 스스로 만족했으면 좋겠고, 만약 친구에게 거짓말을 해야 한다면 오직 그 이유에서야.

여기엔 옳은 답도 그른 답도 없어. 사실 우리는 자신보다 다른 사람에게 친절할 때가 더 많아. 적어도 자신을 그런 사람이라고 생각하고 싶어 하지. 가끔은 아무 말도 하지 않거나 상대방이 기분 나쁘지 않도록 하얀 거짓말을 할 수도 있어.

우리는 수도 없이 거짓말을 하고 그 이유 역시 다양해. 예를 들면,

- 다른 사람에게 상처를 주지 않으려고 (친구가 끔찍한 헤어스타일을 하고 나타났을 때처럼…)

- 과거 이야기를 할 때 (내가 13살 때 자원봉사를 하면서 종일 아기 고양이들을 구하러 다닌 건 진짜야)

- 친구의 비밀을 지켜 주려고 (절친 말고 누구도 100% 안전하진 않아)

- 개념 없는 인상을 주지 않으려고 (친구가 널 그려 줬는데 엄청 못생기게 그려 놓은 거. 하지만 친구의 노력에 고마워해야 해. 그림을 다시는, 절대, 결코 보기 싫더라도 말이지)

다른 사람들을 보호하기 위해 거짓말을 해야 할 때가 있어. 그 반대일 때도 있고. 가끔은 솔직해지기로 마음 먹고 곧이곧대로 털어놓기도 하지. 그 때문에 사람들이 널 오해하고 비난하는 일이 생길 수도 있어. 그러면 사람들이 널 오해하고 욕할지도 몰라. 하지만 기억해 둬. 못되게 구는 것과 진실하게 행동하는 건 달라. 솔직한 의견을 말했다는 이유로 비난하는 것도 바람직한 행동이 아니지.

나는 정직하게 행동하는 게 멋지다고 생각해. 네가 진실하려고 노력하면 사람들은 네 의견뿐 아니라 너도 더 소중하게 생각

솔직하지 않은 칭찬 :

음, 그래.
새로운 스타일이
어… 참
독특하다!

솔직한 의견 :

어머,
머리 모양
진짜 잘 어울린다.
완전 끝내줘.

할 거야. 그러니까 기억해 둬. 가끔 작은 거짓말을 하는 건 괜찮아. 만약에 언니가 아기를 낳았는데 네 눈에는 조카가 사랑스럽지도 귀여워 보이지도 않는다고 상상해 봐. 그럴 때 넌 어떡할 거야? 틀림없이 솔직히 말하지는 않을 거야. 그랬다가는 언니가 상처받고 둘의 관계도 돌이킬 수 없게 망가질 테니까. 그러니까 가끔은 (완전) 솔직하게 털어놓지 않는 편이 훨씬 좋아. 너무 과하지만 않다면 말이야. 하지만 계속 거짓말을 하면 신뢰를 잃는 건 시간문제야. 그러니까 조금씩, 딱히 중요하지 않은 것들에 관해서만 그렇게 해.

실패에 대처하는 법

"만약 25살이 되었을 때 훌륭한 직장도 멋진 집도 자가용도 가족도 없다면, 난 실패한 거야." "원하는 만큼 돈을 많이 벌지 못한다면, 인생 실패한 거지." "누군가가 나를 좋아해 주지 않는다면, 난 완전 망한 거야."

저 말처럼 '이러저러해야만 난 행복할 거야'라는 사고방식이 익숙하게 들리니? 스스로 정해 둔 무리한 기준에서 벗어나면 인생이 훨씬 편해질 거라는 말을 들으면 어떨 것 같아?

우리는 모두 행복해지고 싶어. 너무 축복받았다고 혹은 너무 만족스럽다고 불평하는 건 들어본 적이 없어. 넌 어때? 사실 스스로 행복하다고 느끼더라도 항상 더 행복하고, 더 예쁘고, 더 멋져 보이는 한 사람(너도 아는 그 사람)이 반드시 있기 마련이지. 그래서 우리는 가진 것에 만족하지 못하고 계속 더 높고 더 큰 목표를 세우려 들어. 그 때문에 우리는 스스로에게 끔찍할 정도로 가혹하게 굴지.

자신을 다른 사람이랑 비교하면서 기분이 좋을 수는 없어. 최고가 되어야 한다는 끝없는 욕망 속에서 압박감을 느끼는 것도 그 때문이야.

이런 함정을 피하기 위해 필요한 것이 바로 관용이야. 특히 자신을 향한 관용이 중요해. 관용을 베푼다는 건 질투나 분노 대신 사랑을 선택한다는 뜻이야. 너한테 없는 것을 누군가 갖고 있을 때 그걸 질투하기보다는 너그럽게 받아들이는 거지.

관용은 과거의 부정적인 경험들을 딛고 일어서는 데도 도움이 돼. 불쾌한 일을 겪으면 당연히 화가 나. (뒤끝도 남지.) 너에게 고통을 준 사람을 원망하는 건 당연해. 하지만 선택지가 하나 더 있어. 그런 감정에 빠져 있기보다 이미 끝난 일이라는 사실을 받아들이는 거야. 시간을 되돌리는 일은 불가능해. 하지만 네 안에

나에게,
실패란 말이야.
같은 웅덩이를
자꾸 반복해서
딛는 것과 비슷해….

…
…

그런데 어느 날,
그곳에 웅덩이가 있다는
사실을 기억하고
사뿐히 뛰어넘었어.

뒤에 오던 사람이
너랑 똑같은 실수를
저지른다면…
절대 비웃지 마!
대신 그 사람을 도와줘.
너도 같은 일을
겪었으니까.

가득한 부정적인 에너지를 들여다보고 긍정적인 방향으로 바꾸는 건 가능하지. 여러 가지 복잡한 일들을 스치듯 흘려 보내는 방법을 터득하면 지금보다 훨씬 자유롭고 편안해질 거야. 그냥 렛 잇 고, 알았지?

분노를 품고 있으면 결국 마음에 문제가 생길 수 있다는 거, 알고 있니? 스트레스, 번아웃(온 정신을 기울여 일에 열중하다가 피로가 극에 달해 무기력해지는 증상이야), 과호흡 증후군(극심한 흥분 상태에서 호흡이 가빠져서 몸 속 이산화탄소 농도가 급격히 떨어지는 상태로 호흡곤란, 어지럼증 같은 증상이 나타나), 척추 문제, 콩팥 이상, 그 밖의 많고 많은 고약한 문제들이 억눌린 분노 때문에 생겨. 요점은 이거야. 사랑과 용서를 선택하고 과거는 그냥 두는 편이 몸과 마음에 좋다는 거.

자신을 안아 주고 사랑하면 네가 언젠가 경험할지도 모르는 실패와 혹독한 일에도 훨씬 쉽게 대처할 수 있어. 모든 경험에는 항상 교훈이 있고 덕분에 여러 가지 의미로 도움이 돼. 실패에도 긍정적인 면이 있다는 사실을 깨닫고 나면, 최악이라는 생각도 더는 들지 않을 거야. 실패도 인생의 일부야. 실패하는 순간 세상이 끝나는 것이 아니라 새로운 걸 배울 기회가 열리지. 실수하지 않는다면 실수로부터 배울 수도 없어.

실패, 고통, 거부…. 누구나 실수하고 누구나 상처받아. 그런데 우리는 엄청난 성공을 거두고 사람들의 존경을 한 몸에 받는 사람은 실패한 적도, 거부당한 적도 없을 거라고 믿는 경향이 있어. 단언컨대 전혀 근거 없는 추측이야. 〈해리포터〉 시리즈의 작가 J. K. 롤링은 좋은 사례지. 롤링의 원고가 출판사에서 12번이나 거절당했다는 사실 알아? 11번째 거절당하고 롤링이 포기했으면 어땠을까? 감사하게도 작가님은 그러지 않았지 뭐야. 그래서 〈해리포터〉 시리즈는 1억 부 이상 팔렸지.

네 앞에 어떤 청소년기가 펼쳐졌든 간에, 실패나 안 좋은 경험이 너를 한계 짓지 못하게 해야 돼. 너는 실패자가 아니야. 그냥 실수했을 뿐이야. 그 일 때문에 자신을 의심해서는 안 돼. 그런 의심은 자존감을 갉아먹고 스스로 믿지 못하게 만들 거야. 과거는 바꿀 수 없지만 미래를 만들어 나가는 일은 가능해. 빨리 긍정적인 태도를 가질수록 나쁜 것들로부터도 빨리 멀어질 수 있어.

여러 가지 색깔의 외향성과 내향성

외향성과 내향성. 이 개념은 정신분석학자이자 정신과 전문의였던 칼 융이 20세기 초에 만들어 냈어. 안타깝게도 그때부터 이 용어는 사람을 분류하는 데 사용되어 왔어. 엄청난 실수였지. 왜냐하면 사람을 내향적, 외향적이라고만 구분할 수 있다는 믿음은 완전 잘못되었거든. 칼 융도 그런 의도로 한 이야기는 아니었어. 내향성과 외향성은 연속선상에 함께 놓여 있다고 봐야 해.

그건 사람을 한 가지 특성으로 단정할 수 없다는 의미야. 그리고 네가 연속선상 어디에 위치하느냐는 그날그날 다르다는 뜻이기도 해.

"순수하게 외향적 성격이나 순수하게 내향적 성격이라는 건 없다. 그런 사람은 정신 병원에 들어가 있을 테니까."

– 칼 융

사람들은 대부분 자신을 양향적 성격이라고 생각해. 양향적 성격인 사람들은 내향적인 성향과 외향적인 성향을 동시에 지녔어. 나도 양향적 성격이야. 예를 들면, 나는 무척 사교적인 성격이지만 모르는 사람을 만나면 무척 긴장해. 전화로 수다 떠는 걸 좋아하면서도 모르는 번호로 온 전화를 받을 때는 손바닥이 땀에 젖기도 하지. 새로운 친구들을 만나는 걸 좋아하지만 막상 먼저 말을 거는 건 어려워. 꽤 사교적으로 행동할 수 있지만 혼자 있는 시간을 즐기기도 하지.

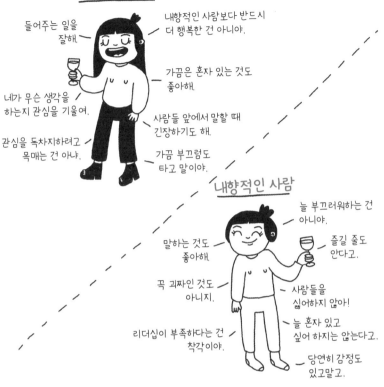

내향성과 외향성의 차이는 화학물질 때문에 생겨. 우리 뇌에는 기분을 좋게 하는 호르몬을 만들어 내는 능력이 있어. 그 호르몬의 이름은 도파민이야. 뇌의 신피질에서 분비되는 도파민의 양과 자극 정도는 사람마다 제각각이야.

선천적으로 신피질 영역의 흥분 수준이 높은 사람은 내향적인 경향이 있어. 그래서 지나치게 흥분되는 상황을 조심하고 불안이나 긴장을 피하려고 해. 반면에 흥분 정도가 낮은 사람은 쉽게 지루해져서 외부의 자극이 도파민의 분비를 높여 주길 기대하지. 그러니까 기분이 좋아지려고 그런 걸 찾는다는 뜻이야.

양향성은 상황에 따라 두 가지 성향을 조금씩 갖고 있어. 가끔은 박진감 넘치는 사건과 흥분을 갈망하지만 어떤 때는 자극적인 상황에서 벗어나 쉬고 싶어 하지. 어느 쪽이든 좋아. 몸과 마음이 무엇을 원하는지 귀 기울일 줄만 안다면 말이야.

포기하(지 않)는 기술

가끔 뭔가를 이루기 위해 죽도록 애쓰는데도 잘 되지 않는다는 느낌이 든 적 있니? 원하는 것을 얻으려고 영혼과 육체를 갈아 넣었는데 실패했던 적은? 조금 앞으로 나아간 느낌이 들었는데 결과를 보면 원하거나 상상했던 것에 조금도 가까워지지 않았을지도 몰라.

누구나 최소한 한 번쯤은 다 포기하고 싶었던 적이 있을 거야. 우리는 종종 그런 유혹에 빠져. 이런 감정은 특별한 게 아니야. 그러니까 도움이 필요할 때 마주치는 사람이라면 누구라도 네가 힘들다는 사실을 눈치채고도 남을 거야. 가끔은 공감해 주는 사람의 어깨에 기대서 펑펑 우는 것도 의욕을 되살리는 데 큰 도움이 돼. 물론 그것만으로 제자리를 찾기 어려울 때도 많지만.

휴(한숨).

　대학 졸업반이었을 때가 기억난다. 그때 나는 무척 힘든 시간을 보내고 있었어. 과제에 크로스틴 웹툰 작업에 웹툰 관련 첫 이벤트 기획에 이 책 집필 작업까지, 이 모든 일을 동시에 진행했거든. 졸업 전 마지막 과제를 하면서 개인 사업을 꾸려나가는 건 공원 산책처럼 여유롭게 할 일들이 아니었어. 일은 엄청난 속도로 진행됐고 나는 아주 오래 일해야 했어. 어느 날, 잠에서 깼는데 그 순간 엄청난 피곤이 몰려오면서 어지럽더라고. 일어나자마자 다시 누워야 할 것만 같았어. 허리랑 손이 너무너무 아파서 한동안 그림도 못 그렸어. 어찌나 겁이 나던지. *띠리리* 이게 번아웃이면 어쩌지?

　나는 바로 병원을 찾았어.

　"제대로 쉬지 않고 일을 너무 많이 했어요."

　의사가 이렇게 말하더라고. 주어진 일을 해내기 위해서 정작 나에게 필요한 시간을 거부했던 거지.

　"숨은 쉬고 일하나요?"

　의사가 물었어.

　"숨이요?"

　내가 되물었지.

　"사람들은 숨 쉬기가 얼마나 중요한지 가끔 잊어요. 너무 바빠서 숨 돌릴 틈도 없다고 느끼지 않았나요? 아무런 이유도 없이 숨이 가쁘거나 하진 않았고요?"

"아, 그랬어요. 공황 발작이 시작될 때요."

"그렇군요. 호흡법을 제대로 익히면 공황 발작을 막을 수 있다는 사실 아세요?"

솔직히 처음 듣는 말이었어. 의사의 말대로 해 봤더니 바로 그날부터 기분이 훨씬 좋아지더라.

그날 깨달았지. 커다란 목표만 보고 걷느라 길가에 핀 꽃들을 못 보고 지나쳤다는 사실을 말이야. 내가 세운 최종 목표가 내가 하루하루 해내는 것과 너무나도 멀리 떨어져 있어서 난 계속 포기하고만 싶었던 거야. 그 목표는 절대 이루지 못할만큼 비현실적이었어. 다행히 내 몸이 적당한 때 경고를 보내 준 덕에 반강제로 쉬어야 했지.

자신을 위해 시간을 내는 일은 아주 중요해. 단지 쉬기 위해서뿐만 아니라, 작은 성공을 축하하기 위해서 말이야. 최종 목표에 도착할 때까지 미루지 말고 그때그때 적절히 자신의 노력에 보상해야 돼. 그러지 않으면 몇 날 며칠 심지어 몇 달을 의욕을 잃지 않기 위해 안간힘 쓰느라 시간을 다 보내고 말 거야. 스스로를 대접하는 데 소홀하지 마! 자신을 대접하는 방법은 사람마다 다를 거야. 네가 생각하는 최고의 선물은 뭐니? 여기저기 쇼핑 다니기? 맛있는 디저트? 오래 전에 '찜'해 둔 목걸이? 스스로 대접하는 건 순수하게 너만을 위한 일이어야 해. 그 순간만큼은 돈

걱정, 칼로리 걱정 따위는 잊어버려. 넌 최고의 선물을 받을 자격이 충분하다고.

바쁠 땐 작은 성공을 축하하는 것조차 잊을 수 있어. 해야 할 일 목록에 체크 표시를 하는 데만 급급하니까. 나도 사람들에게 엄청 바쁘다고 생색냈던 적이 있어. 바빠, 바빠, 바쁘다고. 너무 바빠서 친구 만날 시간도 없다니까. 나는 뭔가를 이루려고 끊임없이 일했어. 목표가 있었거든. 거기 집중한 거야. 그래서 행복했냐고? 전혀.

그래서 요즘은 매주 나를 위한 시간을 계획해. 예를 들면 (디지털 기기를 사용하지 않고 오로지 휴식에 집중하는) 디지털 디톡스나 따뜻한 물을 받아 오랫동안 목욕하거나 영화를 보거나 쇼핑몰을

한 시간 공부하고 나서
나에게 상을 주는 모습

돌아다녀. 푹 쉬면서 아주 사소하지만 내 힘으로 해낸 일들을 돌아보면 지치지 않고 오랫동안 의욕을 유지하는 데 도움이 된다는 사실을 깨달았거든. 몸과 마음의 배터리를 틈틈이 충전해 두면 꿈을 좇기가 훨씬 수월해. 연료도 없이 A라는 지점에서 B라는 지점으로 차가 움직이는 건 불가능하잖아?

힘든 시간을 보내고 포기하고 싶다는 생각이 들 때, 네가 그 일을 시작한 이유를 떠올려 봐. 필요하다면 목록을 만들어 봐도 좋아. 처음 품었던 동기와 열정을 되살려 보는 거야. 그러면 머지않아 결승점에 도달할 수 있을 거야.

맞다, 호흡은 제대로 하고 있지? 1장 마지막 부분에 호흡법을 다룰 거니까 참고하면 도움이 될 거야.

안전지대 뚫고 나가기

때는 2018년 5월 19일 금요일이었어. 친구가 전화해서 자기 생일이니까 같이 저녁을 먹자더라고. 생일 기념 저녁 식사라고? 좋지!

"좋아. 누구랑?"

내가 물었지.

"아, 그냥 친구들 몇 명 올 거야. 조그맣게 하려고."

친구가 대답했어.

"내가 아는 사람들이야?"

"음, 그건 아닌데. 다들 널 좋아할 거야."

"어, 알았어. 저녁에 봐."

맙소사. 내가 이런 대화를 나눈 건 오후 2시였고 저녁 식사는 7시였어. 그러니까 극심한 공포 속에서 보내야 하는 시간이 5시간이나 남은 셈이었지. 난 완전 정신이 나간 상태였어. 새로운 사람들을 만난다는 생각만으로도 엄청나게 긴장됐거든. 가지 않을 구실을 찾아야만 했지.

내 친구가 어울리는 사람들은 다들 멋져. 그러니까 아주 사교적이고 인기도 많고 편하고 그런… 잠깐! 내가 뭘 하고 있는 거지? 지나치게 고민하는 병이 또 도졌던 거야. 정신을 바짝 차려야 했지. 나는 안전지대를 떠나야 한다는 사실을 두려워하고 있었던 거야.

'안전지대'란 그 안에 있으면 안전하고 자신감 넘치는 어떤 상황이나 위치나 수준을 말해. 널 흥분시키지도 불안하게 만들지도 않는 일들은 대부분 안전지대 안에 속해 있어.

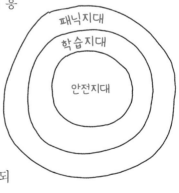

안전지대를 벗어나야 한다는 말은 들어봤을 거야. 보호막 밖으로 나서는 일이 네게 도움이 되

는 이유를 적어 볼게.

1. 안전지대는 경계를 넘어설 때마다 점점 확장돼. 영역 바깥을 향해 조금씩 발걸음을 옮기다 보면 인생에서 마주치는 생소한 것들을 조금 더 편안하게 느끼게 될 거야. 이런저런 시도를 하면서 새로운 상황에 적응하고 익숙해지는 법을 배우게 될 테니까.

2. 새로운 것들을 배울 수 있어. 뇌는 (우리를 행복하고 만족스럽게 해 주는 물질인) 도파민 수치를 올리고 네가 하고 있는 일을 계속할 수 있도록 북돋아 줘. 우리는 중간지대를 찾는 경향이 있어. 그곳에서는 불안을 조금 느끼지만 아주 심한 정도는 아니야. 긴장이 줄수록 편안한 느낌은 커지는데 그건 네가 안전지대를 넓히는 데 성공했다는 뜻이야. 축하해!

3. 세상과 인생의 다양한 일에 관심이 생겨. 이전에 해 보지 않은 일들이 호기심에 불을 지필 거야.

자, 새로운 사람들을 만나는 일이 꼭 나쁜 것만은 아니야. 안전지대를 얼마나 확장(하길 원하는지 또는)할 수 있는지는 전적으로 너에게 달렸어. 너만이 그걸 정할 수 있지. 그러니까 용기를 내서 두렵고 낯선 상황을 마주해야 하는 때가 반드시 온다는 뜻이야. 나는 이런 방법을 사용해서 두려움을 떨치고 안전지대를 확장했어. 일단 한번 해 봐. 도움이 될 거야.

● "까짓것! 밑져야 본전 아니야?"라고 말하고 해치워 버리는 거야.

- 도와줄/자극할/함께할 사람을 찾아. 경험을 나누면 두려움도 줄고 일도 조금은 수월하게 해낼 수 있어. 예를 들면, 모임에 참석할 때 친구와 함께 가는 거지. 그렇게 나쁘지만은 않을 거야. 그다음엔 혼자 참석해 봐. 그렇게 새로운 단계로 나아가면서 안전지대를 넓히는 거야.

- 마음의 준비를 해. 핵심은 준비야. 네가 가려는 그곳에서 벌어질 만한 일이라면 어떤 것들이 있을까? 최악의 시나리오는? 더 많이 상상해 볼수록 네가 놀랄 일은 줄어들 거야.

- 날마다 해야 할 일이나 새로 익힐 것을 정하고 도전해 봐. 예를 들면 그냥 땅만 보며 걷지 말고 만나는 사람들을 향해 미소를 짓는 거야. 식당에 가면 새로운 음식을 주문해 봐. 학교 갈 때는 다니지 않던 길로 가 봐. 방 청소를 하고 1년 동안 사용하지 않은 물건은 버리는 거야. 밖에 나가서 사람들과 대화해 봐. 새로운 음악을 듣고, 새로운 머리 스타일에 도전해 보는 거야.

너 자신의 편이 돼!

지금 이 순간 내 삶에서 나 자신의 편이 된다는 말은 무례하거나 몰상식하게 보이지 않으면서 사람들에게 거절 의사를 전달할 수 있다는 뜻이야. 싫다고 말하는 것과 무례하게 구는 것은 마치 같은 행동처럼 취급될 때가 많아. 사실은 그렇지 않은데 말이야. 10대였을 때 난 마음을 표현하는 일이 무척 힘들었어. 다행히 지금은 자신감이 꽤 붙었지. 맞아, 배우는 데 시간이 꽤 걸렸어. 이제 사람들이 내 의견을 무시하려 한다는 느낌은 들지 않아. 그러니까 10대 시절 자신감을 갖고 나 자신을 믿으려던 노력은 헛되지 않았던 거야.

너와 가까운 사람들, 그러니까 절친이나 남친, 선생님 또는 선배나 다른 어른과 엮인 상황이라면 자신의 편이 되기가 훨씬 힘들어. 하지만 목소리를 내는 일은 네 미래의 개인적인 삶과 직업과도 연관되어 있어. 입을 열어서 말을 하지 않는다면 사람들은 널 무시하고 쉽게 이용할 거야. 그걸 원하는 건 아니잖아, 안 그래?

이번 주에 거절하고 싶었지만 "네"라고 말한 일이 몇 번이나 있었는지 세어 봐. 0번이라면 축하해! 그럼 이 부분은 통째로 건너뛰고 근심걱정 없이 쭉 살면 돼. 5번 이상이라고? 그렇다면 나랑 얘기 좀 해야겠다. 앞으로 무슨 일이 벌어질지 굳이 듣고 싶지 않겠지만, 약속할게. 결국 훈훈하게 마무리될 거야.

이렇게 해 봤으면 좋겠어. 다시는 원하지 않는 일을 하겠다고 약속하지 마. 절대 안 돼. 어떤 일을 요구받았는데 마음이 불편하다면, 왜 불편한지 이유가 분명하다면 거절해야 해. 넌 할 수 있어! 하지만 실제 상황은 더 모호하고 복잡할 테지. 그래서 단호하게 거절하기보다 동의하는 쪽으로 마음이 기울 때도 있을 거야. 그럴 때는 조금 더 생각해 보는 게 좋아. 사람들은 너를 이용하려는 의도 없이 뭔가를 요구하기도 하니까. 그런 요구는 부탁이라고 부를 수 있지. 여기 몇 가지 예를 들어 볼게.

내키지 않는 일에
몇 번이나 "네"라고 말하고 난 뒤
내 기분

한번 "아니요"라고 말한 뒤
내 기분

● 친한 친구가 전화해서 와 달라고 하는데 정말 어울리고 싶지 않을 때. 혼자 있고 싶은 마음을 친구가 존중해 준다면 정말 고맙겠지만, 어쨌든 넌 그 친구에게 속마음을 말해야 해.

● 남친이 아주 지루할 게 뻔한 가족 모임에 널 초대할 때. 분명히 따분한 자리일 테고 그쪽 가족이 난처한 질문을 해대겠지만, 남친을 위한 일이니까 고민이 돼.

● 절친이 기숙사 이사를 도와 달라고 부탁할 때. 이사가 힘들고 고되다는 사실은 누구나 잘 알지. 하지만 친한 친구잖아. 어려울 때 함께하는 게 친구지.

자, 언제 '그래'라고 말해야 할지 감이 온다면 진짜 필요할 때 '아니'라고 말하는 방법을 알려 줄게.

● 됐어.
● 아니, 괜찮아.

- 절대 안 돼.
- 꿈 깨라.
- 세상의 반을 줘도 싫다.
- 해가 서쪽에서 뜨면 할게.

농담은 여기까지. 거절은 사실 어떤 방식으로 할지를 두고 스스로 훈련해야 하는 일이야. 처음 거절하고 나면, 권력을 가진 기분과 함께 약간 죄책감이 들기도 해. 슈퍼 이기주의자와 (자신보다 다른 사람의 이익을 위해 애쓰는) 철저한 이타주의자 사이에서 균형을 찾아봐. 원치 않는 일을 하지 않을수록 넌 더 행복해질 거야.

약점에 대하여

약점을 인정하면 자신을 편안한 마음으로 대할 수 있어. 그건 성공으로 향하는 중요한 발판이야. 약점은 진짜 네 모습을 볼 수 있게 해 줘. 세상에 완벽한 인간은 없어. 이 사실을 이해하고 인정하는 일이야말로 너 자신과 너의 약점과 그 밖의 모든 것을 받아들이는 첫걸음이야.

우선 약점의 정의를 찾아봤어. '사람의 행동이나 성격에서 부족하거나 완전하지 못하여 흠이 되는 부분 혹은 작은 집합 안에서의 미비함.' 약점은 무척 개인적인 것이고 스스로 이상하다고 느끼게 만드는 모든 것이기도 해.

그런데 약점은 결국 강점이 돼. 약점 덕에 우리는 원래 모습 그대로 독특한 존재가 될 수 있으니까. 약점이 없다면 완벽한 인간이라는 건데 그건 이상향일 뿐 그런 사람은 없어. 네가 약점이라고 생각하는 것들이 다른 사람이 널 좋아하는 이유가 될 수도 있지.

내가 17살이었을 때 고등학교에서 한 남자애를 만났어. 우리는 같은 나이였지만 같은 반은 아니었지. 그래서 나는 그 애를 잘 몰랐고 그저 귀엽다고만 생각하고 있었어. 몇 번 만나면서 우리는 가까워졌고 그 애는 내 첫 번째 남자친구가 됐지. 그 전까지 연애 경험이 없었기 때문에 무척 수줍었던 기억이 나. 나는 경험 부족을 약점이라고 생각했고 그 때문에 불안했어. 다행히도 남자친구는 괜찮은 아이여서 (모태솔로라는) 내 '약점'을 우리 관계에서 문제 삼지 않았지. 우리는 서로에게 배웠고 그건 무척 의미 있는 일이었어. 연애 경험 부족을 자책하다니, 지금 생각하니 참 바보 같았네. 그런 건 약점 축에도 못 드는데 말이야.

우리가 약점이라고 생각하는 것 중에서 꼭 이야기해 보고 싶은 문제가 있어. 바로 외모에 관한 거야. 어떻게 해결하면 좋을까? 우선 알아 둬야 할 사실은, 너는 약점이라고 생각하지만 다른 사람은 1) 눈치조차 못 채거나 2) 귀엽다거나 매력 포인트라고 생각한다는 점이야. 다른 사람에게 잘 보일 필요는 없지만 자신을 좋아할 필요는 있지.

나는 다른 여자아이들보다 털이 조금 더 길었어. 특히 다리와 팔과 얼굴 부분이 그랬어. 어린 시절 나는 체조를 했어. 기본형 체조복을 참 좋아했는데, 입던 것이 작아져서 새로운 무늬의 체조복을 고를 때가 그렇게 좋더라. 같은 팀 남자애가 내 팔에 털이 많다고 지적하기 전까지는. 그거 알아? 걘 맞는 말을 했어. 진짜 내 팔엔 털이 많았거든. 하지만 그 녀석이 말하는 방식 때문에 마치 내가 무슨 큰 잘못이라도 저지른 것처럼 들렸다는 것이 문제였지. 함께 있던 여자애가 바로 내 편을 들면서 자기는 "그게 귀엽다고 생각해"라고 말했어. 그러더니 이런 농담을 덧붙이더라. "겨울엔 더 따뜻하잖아." 내 편을 들어준 여자애는 그럴 의도가 없었겠지만 그날 이후로 털은 내 약점이 되었어.

약점
독특한 존재

너무 평범함
독특함

털복숭어
독특함

너무 뚱뚱함
독특함

너무 짧음
독특함

너무 큼
독특함

나는 항상 외모 때문에 고민하며 고군분투해 왔어. 동양계라 학교 친구들과 달라 보였거든. 그 때문에 나는 아시아계의 피가 흐른다는 사실에 애증을 느꼈어. 자라면서 주변 사람들과 다르다는 느낌이 들었냐고? 맞아,

어째서인지 사람들이 내가 (마치 모르고 있다는 듯이) 다르다는 사실을 계속 알려 주더라. 그 결과 나는 가끔 내가 인간이 덜 된 존재 같다는 생각이 들었어. 다른 사람보다 가치가 덜한 사람이랄까. 말도 안 되는 소리지. 나도 알아. 외모는 친구로서, 학생으로서, 한 사람으로서의 네 특성을 정의하지 못해. (앞으로도 그럴 거야) 네 존재 가치도 결정하지 못하지.

네 약점을 강점으로 바꾸는 데 도움이 될 만한 이야기를 몇 가지 들려줄게.

- 매일 밤, 그날 잘한 일 세 가지와 네 외모에서 마음에 드는 부분 세 가지를 적어 봐. 네가 한 일과 외모 사이에는 전혀 연관성이 없다는 사실을 금방 깨달을 거야. 어쨌든 성취와 외모를 모두 긍정하는 일은 중요해.

- 나쁜 습관을 고치는 거야. 혹시 담배를 피우니? 벌써부터 담배를 피우면 건강에 치명적이야. 나쁜 습관은 욕구를 해소하기 위한 행동이 굳어져서 생길 때가 많아. 그렇게 하면서 스트레스를 잘 다루고 있다고 착각하는 거지. 자제력을 발휘해서 너에게 나쁜 영향을 끼치는 것들을 없애 버리는 게 좋아!

- 네가 진짜 잘하는 걸 찾아. 음악을 좋아하니? 그러면 악기를 배워 봐. 그림 그리는 게 좋다고? 그럼 학원에 다니거나 방학 동안 그림을 배우는 거야. 네 일을 찾고 기술을 발전시켜. 외모도 마찬가지야. 마음에 드는 특징을 돋보이도록 해 봐. 장담하는데, 그러면 네가 좋아하지 않는 부분을 받아들이는 데 도움이 될 거야.

사회생활은 힘들어

앞에서 내가 어떻게 안전지대를 벗어났는지 이야기했잖아. 친구가 생일 파티에 와 달라고 했는데 그 자리에 친구 말고는 아는 사람이 없어서 불안했다고 말이야. 심장이 엄청 빨리 뛰고 손바닥이 땀에 젖었지. 두뇌가 풀가동되기 시작했어. 나에게 무슨 문제가 있는 걸까?

나는 '사회불안'이라는 증상을 겪고 있었어. 사회불안(social anxiety)은 다른 사람이 자신을 부정적으로 판단하고 평가하리라는 두려움에 휩싸여서 스스로 부족하고 열등하다고 느끼고 당황스럽고 굴욕적이고 우울한 기분이 드는 증상을 말해. (사회불안장애라고도 불리는) 사회공포증은 세 번째로 심각한 정신건강질환으로 꼽혀.

누구나 상황에 따라 조금씩 긴장할 때가 있지. 하지만 사회공포증은 수줍음이 많은 것 이상이야. 진짜 사회공포증이 있는 사람들은 이런 상황에서 고통을 경험해. 새로운 사람들을 만나거나 소소한 대화를 나누거나 주목받거나 데이트하거나 시험을 보거나 사람들 앞에서 말하거나 비판받거나 하는 상황 말이야. 그사람들은 공공장소에서 걷거나 먹거나 전화할 때도 극도로 불안해하면서 다른 사람들의 눈치를 봐. 사회공포증이 있는 사람은 이런 경험을 꽤 심각하게 받아들여. 그래서 웬만하면 사회적 교

사회공포증의 증상

재들이 날 비웃고 있어.

뭐라고?

기분이 너무 안 좋아.

맙소사

저 사람들이 쳐다보고 있어.

그러지 마.

난 틀림없이 바보 같아 보일 거야.

다들 나만 쳐다보고 있다고.

재들이 쳐다보잖아.

허걱, 누군가 다가오고 있어.

저 남자애는 왜 날 똑바로 쳐다보고 있는 걸까? 그러지 말라고.

오지 마.

→ 30초 안에 이 모든 생각이 떠오르지 ←

류를 피하고 싶어 하지.

정말 다행스럽게도 효과 좋은 치료법이 개발돼서 꾸준히 치료받으면 사회공포증을 치료할 수 있어. 공포증을 해결하기 위해 단계별로 해 보면 좋을 만한 방법을 소개할게.

1. 매사 부정적으로 보는 습관을 버려. 지레 겁을 먹고 일이 잘 풀리지 않을 거라는 생각에 빠지면 헤어 나오기 힘들어. 말이 씨가 된다는 얘기도 있잖아. 시작도 하기 전부터 망할 거라고 생각하는 태도는 실패할 준비를 하는 것과 다름없어. 부정적인 사고방식은 앞으로 나아가는 데 조금도 도움

이 되지 않아. 공포심을 키우는 대신 상황을 객관적으로 바라보는 연습을 해 봐. 예를 들어 발표를 앞두고 있다면, 사람들은 네 발표에 크게 관심이 없기 때문에 네가 긴장했다는 사실도 알아채지 못할 거라고 되뇌는 거야.

2. 모두가 너를 쳐다보고 있다는 생각은 넣어 둬. 아무도 안 본다니까. 완벽해지기보다 진실한 태도로 다른 사람을 배려하는 데 집중해 봐. 그 순간에 집중하면서 네 주변의 소리에 귀를 기울여. 하지만 다른 사람이 무슨 생각을 하고 있는지는 생각하지 마. 다른 사람의 머릿속에 무엇이 들었는지 알아낼 방법은 없으니까.

3. 생활 방식을 바꿔 봐. 활동적으로 움직이면 긴장과 불안이 줄어든다는 거 알아? 커피, 차, 탄산음료, 에너지 음료도 줄이는 게 좋아. 그런 음료엔 카페인과 설탕이 많이 들었거든. 콜라 1.5L에는 각설탕이 28개나 들어가. 그런 첨가물은 실제로 불안 증상까지 자극할 수 있대. 물을 많이 마시고, 나가서 달리거나 오랫동안 산책하고 잠을 충분히 자도록 해. 나는 밤에 최소 8시간 잠을 자지 않으면 다음날 스트레스를 받더라고.

4. 호흡법을 익혀 봐. (과호흡 증상처럼) 호흡이 지나치게 가빠지면 어지럼증이 생기거나 심장 박동이 증가하고 근육이 긴장하는 불안 증상이 나타나기도 해. 명상은 호흡을 조절

하기 위한 좋은 방법이야.

1) 천천히 호흡하면 불안감이 줄고 공황 발작을 예방하는 데도 도움이 돼. 내가 일러 주는 동작을 연습해 봐. 바닥에 등을 대고 누워서 무릎을 구부려 세우고 발바닥을 바닥에 댄 상태로 발 사이를 약간 떨어뜨려 놔.

2) 그런 다음, 한쪽 손을 가슴에 얹고 다른 손을 배에 얹어.

3) 숨을 깊이 들이마시고 그대로 멈춘 다음 열까지 세는 거야. 그러고 나서 숨을 내쉬면서 긴장을 풀어.

4) 3초간 코로 숨을 천천히 들이마셔. 배가 부풀면서 그 위에 얹은 손이 올라가는 느낌이 들 거야.

5) 3초간 입으로 바람이 빠져나오는 소리와 함께 숨을 내쉬면서 긴장을 풀어. 숨이 빠져나가면서 배에 얹은 손도 천천히 내려갈 거야.

6) 이 방법으로 1분가량 호흡한 뒤 10초 동안 숨을 멈춰. 누워서 호흡하는 방법을 익혔다면 앉거나 서서 천천히 호흡하는 연습을 해도 좋아. 익숙해지면 사람이 많은 곳에서도 호흡을 조절할 수 있게 될 거야.

혼자 연습하는 것만으로 충분하지 않을 때도 있어. 치료나 약물 같은 전문적인 도움을 받고 싶다면 병원에 가서 의사와 상담하도록 해. 사회공포증에 관해 더 알고 싶다면 온마음(http://www.onmaum.com/) 사이트에 방문해 봐. 걱정을 멈추고 스트레스를 덜고 사회성을 키우는 방법을 찾아보거나 고민을 직접 게시판에 올려서 상담을 받을 수도 있어. 사회공포증은 부끄러워할 일이 아니야. 그리고 충분히 좋아질 수 있어. 여기서 일러 준 호흡법을 잘 익혀 둬. 불안한 마음이 편안해질 기야. 힘내!

2장

나의
아름다운 엉덩이

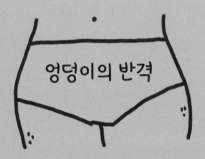

엉덩이의 반격

10대 시절, 나는 외모 때문에 고민이 많았어. 누군가를 닮았으면 좋겠다는 생각도 많이 했지. 이번 장에서는 사춘기 소녀의 몸에 대한 몇 가지 중요한 질문을 다뤄 보려고 해. 더불어 네가 각 사람의 아름다움을 보는 안목을 길렀으면 좋겠어.

네 몸이 어떻게 생겼는지 알고 있니?

생각해 봐. 지구상에 똑같은 몸은 없어. 우리 몸은 각각 다 독특하다는 뜻이야. 세상 사람들은 몸집도 모습도 다 제각각이야. 이런 것이야말로 진정한 아름다움 아닐까?

그런데 말이야. 왜 나는 내 외모가 이토록 맘에 들지 않을까? 왜 나는 내 모습을 그대로 받아들이지 못할까? 사람의 몸은 모두 다르지만 저마다의 아름다움을 가지고 있어. 그 사실을 인정하는 건 네 몸을 받아들이는 첫걸음이야.

무엇보다, 네가 최근 방송에서 본 사람이 실제 몸을 대표하지 않는다는 사실을 이해하는 일이 중요해. 타일러 힐이 그런 예야. 나올 때마다 완벽한 모습을 자랑하는 슈퍼모델 말이야. 타일러는 개인 트레이너, 스타일리스트, 메이크업 아티스트, 여러 전문가들로 이루어진 거대한 팀에 둘러싸여 있어. 타일러의 사진은 포토샵으로 살결을 정돈하고 보정한 거야. 광고나 잡지 표지에서 우리가 보는 사진은 진짜가 아니야. 평상시 타일러의 모습은 화장도 하지 않고 소파에 누워 드라마를 보는 우리랑 다를 게 없어.

몸을 이해하고 받아들이면, 다양한 체형에 관심이 생길 거야. 문제는 몸의 크기와 형태가 아니야. 중요한 건 맵시야. 옷매무새는 네가 어떻게 보이는지, 스스로 어떻게 생각하는지에 영향을 미쳐. 그러니까 유행을 따라 옷을 사기보다는 체형을 돋보이게 해 줄 옷을 고를 줄 알아야 해. 잘 고른 옷은 편안한 느낌과 함께 자신감을 북돋워 주거든. 요즘은 다양한 체형이 예쁘게 입을 만한 옷이 많아서(만세!) 맞춘 듯 어울리는 멋진 옷을 찾아낼 수 있을 거야.

나는 사실 몸에서 마음에 들지 않는 부분에 집착했어. 몸 전체를 볼 줄 알아야 하는데 말이지. 거울을 들여다보면서 눈에 보이는 걸 묘사해 봐. 가능한 객관적으로 말이야.

네 몸을 꼼꼼히 살펴보는 일을 겁내지 마. 그렇게 해야 가장 좋아하는 부분을 발견하고 장점을 강조할 수 있어. 나는 내 몸을 제대로 보기까지 몇 년이 걸렸어. 그런 다음에야 비로소 지금 내 모습에 만족하게 됐지. 내 안에 흐르는 아시아계의 피를 받아들이는 방법도 배웠고 말이야. 내가 완벽하지 않다는 사실을 인정한 거야. 세상에 완벽한 사람은 없어.

네 몸이 어떤 형태인지 잘 모르겠다고? 몇 가지 예를 적어 볼게. 물론 이 중에 완벽히 들어맞는 체형이 없을지도 몰라. 어쩌면

두 종류의 (혹은 셋이나 그 이상의) 체형이 섞였을지도 몰라. 그것
도 멋진 일이야!

가장 흔한 체형

(패션 웹사이트를 참고했어)

모래시계형 :
- 허리를 강조해
- 추천 : 배꼽티, H라인
스커트, 랩 스커트, 와이
드 팬츠 등

직사각형 :
- 허리의 잘록한 부분을 강조하면 엉덩이
와 어깨가 균형 잡혀 보여
- 추천 : 주름 장식이 달린 상의, 짧은 재
킷, (위쪽은 여유 있고 아래 쪽으로 갈수
록 통이 좁아지는) 테이퍼드 팬츠 등

사과형 :
- 어깨와 다리에 집중해
- 추천 : 롱코트, 하이 웨
이스트 스커트, 골반형
슬림 팬츠 등

삼각형 :
- 상체와 하체의 균형을 맞춰야 해
- 추천 : 오프 숄더 상의, A라인 스커
트, 부츠컷 팬츠, 플레어 스커트 등

기본 체형 외에도 다양한 체형이 존재해.

역삼각형

풍만한 모래시계형

일자형

피자형

네 엉덩이와 허벅지를
받아들이는 법

텍사스 주의 크기는 한반도의 30배 정도야. 다행히 내 허벅지는 그 정도는 아니야. 하지만 내 엉덩이는 실화야. 14살 때 난 정말이지 나무젓가락 같았어. 그 뒤 2년 동안 가슴이 커지더라. 엉덩이도 커졌고. 허리선도 이상한 모양으로 바뀌더라고. 무슨 일이 생겼던 걸까?

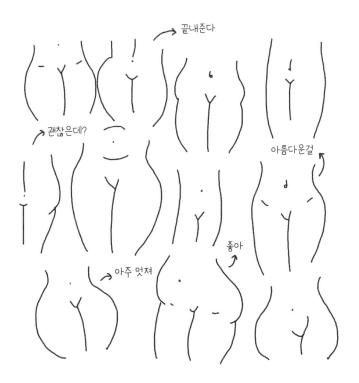

끝내준다

괜찮은데?

아름다운걸

아주 멋져

좋아

그 시절을 사춘기라고 불러. 그 시기를 겪지 않는 사람은 없지. 네 아름다운 몸으로 돌아가 보자. 어떤 모양이든 네 몸을 사랑할 이유는 늘 충분해. 허벅지는 진심으로 경이롭지. 우리의 어머니들은 허벅지의 도움으로 우리를 낳았거든. 무릎도 끝내줘. 강아지가 그 위에서 잘 수 있으니까. 날 때부터 작았든, 보통이었든, 컸든, 네 엉덩이와 허벅지는 네가 기꺼이 받아들이고 기뻐할 만큼 아름다워.

잘 어울리지 않더라도 옷은 입어야지

고등학생 시절, 나는 펑퍼짐한 치마를 입어서 여성스런 곡선을 가리려고 했어. 17살이 되기 전엔 화장도 하지 않았지. 한때는 남자였으면 하고 바랐던 적도 있어. 오줌을 눌 때 바지 지퍼만 내리면 된다는 사실이 부러웠거든. 남자애들에겐 태평스럽고 무심한 뭔가가 있었는데 그 때문에 나는 남자는 외모나 우정이나 반배정 따위로 압박받지 않는다고 생각했어. 인생을 훨씬 쉽게 사는 걸로 보였달까.

말괄량이 시절은 획 왔다가 순식간에 지나가 버렸어. 스스로를 보호하려고 거칠게 굴었던 거지 진짜 남자가 되고 싶었던 건 아니야. 나는 늘 나다운 소녀가 되고 싶었지만 그럴 기회가 없었어. 그러다가 옷 입는 스타일에 조금씩 변화를 주고, 처음으로 화

장도 해 봤어. 그제야 나를 찾은 기분이 들었어. 나를 표현하는 방법도 알게 되었고 말이야.

하지만 소위 소녀 시절에 만났던 모든 친구가 내 변화를 응원하고 공감해 준 건 아니야. 몇몇 친구들은 나를 괴롭혔지. 시작은 따돌림이었어. 내가 다가가면 등을 돌리는 식으로 말이야. 혐오감이 담긴 문자를 보내고 내가 말을 할 때 대놓고 무시하기도 했지. 나에 관해 나쁜 소문을 퍼뜨리고 그걸 다시 내가 듣게 만들기도 했어. 복도에서는 대놓고 험한 표정으로 쳐다보더라고. 죄다 쓰레기 같은 짓이었지.

왜 괴롭혔냐고? 내 스타일이 달라진 게 원인이었어. 내가 겪는 변화를 따라오지도 이해하지도 못했던 거지. 결국 최후의 승자는 나였어. 그 애들은 그런 사실조차 몰랐지. 나는 혼란스러웠고 예전의 나로 돌아가야 하나 고민이 됐어. 더 이상 원하지 않는 모습인데 단지 친구들의 마음에 들려고?

답은 '싫어'였어. 천만에 말씀이지. 학교에 처음으로 치마를 입고 가자 상황이 더 나빠졌어. 맙소사, 너도 걔들 얼굴을 봤어야 했는데. 그 애들은 내가 "진정한 내 모습을 잃었다"면서 화를 냈어. 자, 이거 한 가지만 말할게. 다른 사람이 네가 누군지, 네가 어떤 옷을 입을지 정하도록 두지 마. 너와 네 몸을 책임질 사람은 너뿐이야. 네가 원하는 사람이 되고 네가 느끼고 싶은 대로 느껴. 누가 뭐라고 하고 어떻게 생각하든 상관없어.

부정적인 사람들과 멀어지면서 내 삶은 훨씬 자유로워졌어. 나는 이런저런 스타일과 화장법을 놀이하듯 시도해 봤어. 자기만의 스타일을 발견하는 건 굉장한 일이야. 내 시도가 매번 성공하거나 늘 매력적으로 보인 건 아니야. 하지만 새로운 시도를 하지 않았다면 나만의 스타일을 찾을 수 없었을 거야. 그 덕에 난 확신을 갖고 당당하게 옷을 입게 되었거든.

한 가지 덧붙이고 싶은 건 꼭 화장을 하거나 옷에 신경을 써야 자기 자신을 찾을 수 있는 건 아니라는 거야. 있는 그대로의 네 모습을 사랑하는 것, 그게 먼저야.

자신의 몸을 사랑하기 위한
5가지 조언

내가 10대 시절 가장 궁금했던 건 대체 사람들이 어떻게 자기 몸매를 자랑스러워하나였어. 모두가 있는 그대로 아름답고 편안해 보이는데 나만 맘에 들지 않는 포장지에 둘둘 말려 있는 기분이었거든.

고민에 고민을 거듭한 끝에 깨달았지. 그건 나의 신체 이미지였어. 안타깝게도 나는 다른 소녀들처럼 사회가 만들어 놓은 미의 기준에 세뇌당한 상태였지. (미국의) 주류 매체에서는 나 같은 사람을 찾아보기 힘들었어. 나는 왜 광고판을 장식하거나 TV나 잡지 표지에 등장하는 사람들의 모습과 다를까? 그런 생각은 내 자존감을 갉아먹었어.

곧 나는 누구도 내 신체 이미지를 바꿔 주지 못한다는 사실을 깨달았지. 힘들지만 나 스스로 해내야 하는 일이었던 거야. 그래서 '나 사랑하기 프로젝트'의 일환으로 스스로를 돌보기 시작했지. 난 신체 이미지를 긍정적으로 변화시키기 위해서 5가지 방법을 실천했어.

1. 네 외모를 끊임없이 평가하는 사람들을 멀리해. 진심으로 말하는데, 네 삶에 그런 부정적인 말은 필요 없어. 네가 자

나는 어떤 방법으로 스스로를 받아들이게 되었을까?

내 몸의 소리에
귀 기울이기

맛있고, 건강한
음식으로 내 몸에
에너지 공급하기

나를 제대로 대하지 않는
사람들을 멀리하기

옷장 업데이트

몸무게에 집착하지 않기

신을 사랑하면 다른 사람도 그럴 거야.

2. 몸이 하는 말에 귀를 기울여. 몸은 네가 모른 척 넘어가려
는 부분을 알려 주려고 신호를 보내. 그럴 땐 충분히 쉬어.
물도 많이 마시고. 사람들은 몸의 기본적 욕구를 잊을 때가
많아.

3. 옷장을 업데이트해. 나는 오징어처럼 보이게 만드는 옷들
을 다 버린 다음 귀엽고 편하게 잘 어울리는 옷을 찾았어.
그렇게만 했는데도 왠지 당당해지더라. 외모에 집착하는
게 아니라 자신에게 어울리는 스타일을 찾으라는 거야.

4. 몸무게에 집착하지 마. (나처럼 그것 때문에 애쓰고 있다면 말이야) 나는 '이상적인 몸매'에 미쳐서 시간을 낭비하지 말자고 다짐한 뒤 내 삶을 살기 시작했어. 새로운 취미를 찾았지. 집에서 발가벗고 돌아다니기도 했고 나를 위한 선물도 샀어. 그랬더니 다시 마음을 열고 내 몸을 사랑하게 됐어.

5. 맛있고 건강한 음식으로 몸에 에너지를 공급해. 나는 요리를 할 때면 마음이 편안해지고 뭔가 치유되는 느낌이 들어. 그래서 직접 (균형 잡힌) 식사를 준비하기 시작했어. 가끔은 별로 건강하지 않은 간식을 즐기기도 해. 제정신으로 살려면 그런 것도 필요하니까.

생리에 대하여

이건 꽤 오랫동안 내 맘속에 일던 질문이야. 만물의 어머니께서는 생리라고 부르는 아름다운 시간을 우리에게 허락하셨지. 이 일은 여성의 몸이 더는 필요하지 않은 혈액과 찌꺼기 같은 것들을 내보낼 때 생겨. 이 분비물은 자궁에서 나와. 자궁은 (주기에 따라 조금씩 다르지만 거의) 매달 자궁벽을 두껍게 만들어 성숙한 수정란을 받아들일 준비를 해. 난자와 정자가 만나 수정란을 이뤄 자궁벽에 착상하면 여성은 임신을 해. 임신이 안 되면 생리를 하지. 자연스러운 일이냐고? 물론. 이상하다고? 처음엔 그렇게 느낄 수 있어.

내가 친구나 지인에게도 차마 하지 못한 이야기가 몇 가지 있는데 말이야.

생리를 할 때는 냄새가 나

음, 반드시 그런 건 아니야. 생리혈은 네 몸에서 흘러나오는 깨끗한 피야. 그렇지만 강한 금속성 냄새가 나기도 하지. 그 냄새는 왜 나는 거냐고? 생리혈이 흘러나오면서 공기와 접촉하기 때문이야. 생리대나 탐폰을 자주 갈면 불쾌한 냄새가 덜 날 거야. 어떤 제품을 쓰느냐에 따라 다르기도 한데, 뽀송하고 깨끗하고 냄새나지 않게 유지하려면 자주 교체해야 해.

탐폰 제대로 사용하기

생리 때 사용하는 제품이 건강을 위협하는 일이 있어서는 안 되겠지. 그 제품들은 생리를 하는 시기를 편하게 지나도록 가능한 덜 해롭게 만들어졌어. 네게 가장 잘 맞는 제품을 찾아봐. 마트에 가면 선택할 수 있는 종류가 아주 많아.

탐폰은 크기와 용도에 따라 종류도 다양해. 낮용과 밤용 탐폰이 따로 나오기도 하고 운동용이나 스포츠 경기용도 있어. 처음 탐폰을 집어넣을 땐 조금 괴상하게 느껴지기도 해. 하지만 아프거나 하진 않아. 어쨌든 탐폰이 불편하게 느껴진다면 다른 방법

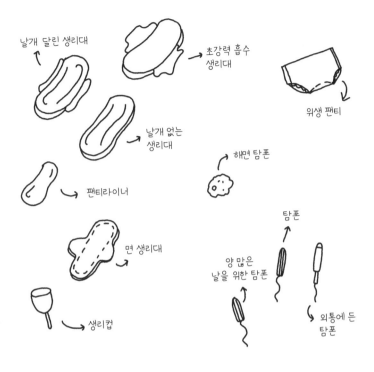

날개 달린 생리대

초강력 흡수
생리대

위생 팬티

날개 없는
생리대

팬티라이너

해면 탐폰

면 생리대

탐폰

양 많은
날을 위한 탐폰

생리컵

외통에 든
탐폰

을 시도해 볼 수도 있어.

탐폰 말고도 생리대나 생리컵도 있어. 보통 생리 때 사용하는 제품은 두 가지로 나눌 수 있어. 생리대처럼 몸 밖에서 생리혈을 흡수하는 외부 위생용품이 있고 탐폰이나 생리컵처럼 질 안으로 삽입한 뒤 생리혈을 모아서 몸 밖으로 새어나가지 않도록 하는 제품이 있지.

두 가지 모두 안전해. 어떤 형태가 네 생활 방식에 맞는지 아는 게 중요해. 활동을 많이 해? 다양한 스포츠를 즐겨? 활동량이 많다면 탐폰이나 생리컵을 사용해 봐. 안심하고 활동할 수 있을 거야.

탐폰이나 생리대가 환경에 나쁜 영향을 끼치지 않냐고? 환경 문제에 관심이 있다면 면 생리대나 생리컵을 쓰면 돼.

- **비염소 표백 순면 생리대와 탐폰 :** 이 제품들은 일반적인 생리용품과 비슷하게 생겼어. 유기농 소재와 자연분해 성분으로 만들어졌지. 그래서 일반적인 제품들보다 좀 비싸. 일반 마트나 온라인에서 구입할 수 있어.

- **세척 가능한 면 생리대와 위생 팬티 :** 기능은 똑같지만 한 번 쓰고 버리는 대신 빨아서 여러 번 사용하는 제품이야. 처음엔 조금 비싸다고 생각할 수도 있어. 하지만 몇 년 간 계속 사용할 수 있잖아. 게다가 질 쪽이 예민한 사람들에게 딱이야. 천연 제품을 파는 마트나 온라인으로 구입할 수 있어.

- **해면 탐폰 :** 우리 엄마가 사용하는 제품이야! 보통 스펀지처럼 생겼는데 실제로 바다에서 채취한 천연 재료로 만들었어. 질에 해면 스펀지를 집어넣으면 생리혈이 흡수되는 거지. 낱개로 구입하면 많이 비싸진 않아. 하지만 자주 교체해야 해. 그건 일반 탐폰이랑 같아. 아직 한국에서는 파는 데가 없지만 해외직구로 살 수 있어.

대체 왜 돈을 내고
여성 위생용품을 구입해야 하는 걸까?

여성 위생용품에는 '부가가치세'라는 세금이 붙어. 그런데 잘 들어 봐. 절대, 농담하는 게 아니야. 정부는 우리가 취미 삼아 피를 흘리는 줄 알아. 그러니까 여성들이 동네방네 피를 흘리고 다니지 않으려고 평생 수천만 원을 써 가면서 생리용품을 장만하는 걸 당연하게 생각하는 거지.

농담은 그만하자. 사실 전 세계에 사는 수백만 명의 여성들이 생리용품을 구하지 못한대. 게다가 인도에서만 임신과 출산에 관련한 건강상 문제 중 70%가 생리 중 위생상태가 좋지 못해 발생해. 다행히도 몇몇 진보적인 나라에서는 이런 부당한 상황을 바로잡기 위해 여러 프로그램을 만들고 있어. 2017년 스코틀랜드는 애버딘 시의 저소득층 여성들에게 6개월간 시범적으로 탐폰과 생리대를 무상 지급하는 프로그램을 시작했어. 국무부장관은 소녀와 여성들이 돈이 없어서 위생용품을 구하지 못하는 상황은 용납할 수 없다고 말했지. 그 프로그램 덕분에 애버딘 시에서만 천 명이 넘는 여성들이 도움을 받았어. 그 뒤 스코틀랜드 자치정부는 2018년 9월부터 약 75억 2천만 원을 투입해 초·중·고등학생과 대학생 등 39만 5천 명에 이르는 모든 학생에게 생리용품을 매달 무상으로 제공한다고 발표했어. 이런 실질적인 해결책을 실천하면서 스코틀랜드는 '생리 빈곤'을 없애기 위해 노력하고 있지. 많은 국가들이 스코틀랜드의 사례를 본받아 비슷한 프로그램을 시작하고 있어. 스코틀랜드, 잘한다!

참, 서울시는 2018년 10월부터 공공시설 비상용 생리대 지원 시범사업을 실시해 공공시설 화장실 10곳에 비상용 생리대 자판기를 비치하고 있어. 2019년부터 본격적으로 추진할 예정이래. 그 밖에도 보건복지부에서는 2019년부터 저소득층 여성 청소년이 생리대를 구입할 수 있도록 바우처 포인트를 제공하고 있어. 복지로 홈페이지나 모바일 앱에서 온라인 신청(online. bokjiro.go.kr)이 가능하대.

면도학 개론

중학교 3학년 때 친했던 한 아이가 기억나. 이야기하기 편하게 엘리스라고 부를게. 엘리스는 금발이었는데, 그 애의 몸에 난 털은 가늘고 색도 옅었어. 그래서 눈에 잘 띄지 않더라고. 내 털은 그 애와는 정반대였어. 시커멓고 아주 굵었거든. 당시 우리 반 아이들 대부분이 면도를 하고 있었어. 내게는 면도가 끔찍해 보였어. 그래서 시도해 볼 생각도 못 했지. 면도에 대해 어떤 지식도 없었고 면도칼을 다리에 들이댈 준비가 전혀 되지 않았던 거지. 내 귀에 들리는 면도 경험담은 그야말로 공포 특집이었어. 털이 다시 자라면서 더 굵어지고 숱도 많아질 거라는 둥, 면도날이 피부를 베어 버릴 거라는 둥. 사실 나도 아빠 면도기로 팔에 난 털을 밀어 본 적이 있었어. 그 경험으로 미루어 볼 때 면도는 별로 좋은 선택이 아니었지. 털이 다시 자라면서 더 두꺼워지고 색도 짙어진데다 방향도 이리저리 바뀌면서 아주 이상해졌거든.

엘리스 이야기로 돌아가 보자. 어느 날 쉬는 시간이었어. 우리는 나란히 앉아 있었는데 난데없이 엘리스가 내 다리를 가리키면서 그러더라고. "네 생일에 제모 도구 세트를 선물해 줘야겠다!" 잠깐, 뭐라고? 엘리스는 진심이었을까 아니면 그냥 농담이었을까? 물론 내 다리털이 엘리스보다 훨씬 눈에 띈다는 건 알았지만 정말 그렇게 말할 정도로 잘 보인단 말이야? 난 정말 몰랐거든. 누군가 그럴 "필요가 있다"고 지적할 때까지 난 다리털을 밀어야겠다는 생각을 전혀 못 했어.

생각해 봐. 여성들은 언제 몸에 난 털을 없애야겠다고 결심하는 걸까? 대체 언제부터 그 일이 선택이 아닌 의무가 되어 버린 걸까?

우선, 몸에 털이 자라는 일은 남자나 여자 어느 쪽에게도 자연스러운 현상이야. 얼굴에 난 털, 겨드랑이 털, 다리털, 머리털, 등 털…. 피부가 있는 곳이라면 어디든지 털이 자랄 수 있어.

소년 소녀 모두 얼굴에 털이 나. 소녀들의 경우엔 대개 눈에 띄지 않지. 소년들은 10대에 들어서면서 털이 짙고 굵어지는데,

그건 테스토스테론이라는 남성 호르몬의 영향을 받아서야. 턱수염이 자라는 것도 남성 호르몬의 영향이지. 그럼 얼굴에 난 털이 눈에 띄는 현상은 남자들에게만 일어나는 일일까?

아니. 여자애들도 눈에 띄는 털이 나. 콧수염이 나거나 눈썹 사이에 털이 나는 아이들도 있어. 유명한 멕시코 화가인 프리다 칼로처럼 말이야.

프리다 칼로

또 다른 예로 하남 카우르가 있어. 영국의 여자 모델인데 수염을 깎고 제모를 하다가 17살 때 원래의 모습대로 살겠다고 결심했대. 어릴 적부터 꿈이었던 모델에 도전해 지금은 런웨이 모델로 활동하는 중이야. 하남은 16살 때부터 풍성하고 윤기 흐르는 수염을 길렀지. 여성 호르몬인 에스트로겐과 프로게스테론의 불균형 때문에 발생하는 다낭성 난소 증후군을 겪고 있었는데, 대표 증상인 다모증 때문에 털이 과도하게 자랐던 거야.

아주 오랫동안, 하남은 얼굴에 자라는 털을 없애느라 고통을 겪었어. 지겨울 정도로 계속 제모를 했는데, 면도에 왁싱에 족집게로 뽑기까지 안 써 본 방법이 없었다지. 그렇게 털을 없앴지만 괴롭힘을 피할 수 없었대. 따돌림을 당하면서도 너무나도 간절

하남 카우르

히 그 아이들과 어울리고 싶어 했고. 다행히 오빠가 용기를 준 덕분에 하남은 차츰 자신감이 생겼어. 그러다 마침내 수염을 그냥 자라게 놔뒀지. 처음엔 며칠 동안만 그렇게 해 봤대. 얼마 뒤엔 미용실 방문을 전면 중단하고 그녀(하남은 자신의 수염을 이렇게 불렀어)를 다시는 없애지 않기로 결심했어.

하남이 전하고자 하는 메시지는 여자들도 몸에 나는 털을 원하는 대로 해야 한다는 거야. 남자들이 그러듯이. 그것 때문에 슬프다면 없애 버려. 마음에 든다면 원하는 대로 해!

3장

내가 먹는 것이
곧 나야

음식과 어떤 관계를 맺고 있니? 뭐 이런 질문을 하냐고? 음식과 건강한 관계를 맺는 게 정말 중요하기 때문이지. 이번 장을 읽으면서 음식에 대한 오해와 착각, 새로운 면에 대해 알아보자.

왜 건강하지 않은 음식은 맛있는 걸까?

나는 가끔 파스타를 먹어. 저녁을 먹고 맛난 디저트를 먹기도 하지. 감자칩을 거부하는 건 불가능해. 또 탄산음료도 자주 마셔. 나도 알아. 고열량의 가공식품을 자주 먹으면 몸에 문제가 생기지. 그런 음식은 심장병이나 고혈압 같은 병과 관련이 있어. 알면서도 이러는 이유가 뭘까? 피자를 먹고 탄산음료를 마실 때마다 이 음식이 나를 천천히 죽이고 있다는 걸 뻔히 알면서도 그런 음식이 입에 들어가는 순간만큼은 정말 기분이 좋거든.

도넛이나 아이스크림이나 감자칩이나 피자는 왜 맛있는 걸까? 나는 종종 이런 현실을 저주해. 가공식품이 건강한 음식이 되고 채소가 그렇지 않은 음식이라면 얼마나 좋을까.

〈뉴욕타임스〉 기자인 마이클 모스는『배신의 식탁-우리는 식탁 앞에서 하루 세 번 배신당한다』라는 책을 썼어. 스티븐 위덜리라는 식품공학자는 특정 음식을 다른 음식보다 더 맛있게 만드는 원인을 찾으려고 20년간 연구를 진행했고 그 결과를 바탕으로 '왜 인간은 정크 푸드를 좋아하나'라는 보고서를 발표했어.

정크 푸드는 열량은 높지만 영양가는 낮은 인스턴트 식품을 말해.

마이클 모스는 정크 푸드를 법이 허락한 마약과 같다고 봤어. 거대한 즉석 식품 회사들은 세 가지 핵심 재료인 소금, 설탕, 지방을 잘 섞어서 몸에 나쁜 음식을 거부하지 못하도록 만드는 데 성공했지. 그 3가지 성분은 우리 뇌에 마치 마약처럼 작용해서 기쁨과 만족감을 느끼게 해. 당연히 그 성분들이 들어간 음식은 많이 먹을수록 더 많은 양을 갈망하게 돼. 높은 수준에 익숙해져서 만족감을 유지하고 싶기 때문이지. 마이클 모스는 정크 푸드 회사에 고용된 과학자들이 각 성분을 얼마나 섞어야 소비자들을 붙잡아 둘 수 있을지 정확히 계산해 낸다고 설명해. 자신이 만들어 낸 음식에 소비자들이 점점 더 중독되게 만들려고 비밀 공식을 끊임없이 조작한대.

위덜리는 보고서에서 '빅 식스'(Big 6)를 말하면서, 특정한 음식을 다른 음식보다 더 맛있다고 생각하면서 계속 찾게 만드는 6가지 원인을 설명해. 우리가 좋아하는 간식은 대개 이런 성격을 띠고 있지.

● **쾌락의 맛, 위덜리가 그렇게 불렀어.** '맛있는' 음식에는 소금과 설탕과 MSG라고 부르는 화학조미료와 합성향미료가 많이 들어 있어. 심리적 효과를 극대화하기 위해 각각을 얼마나 넣을지 세심하게 측정하지. 맛

은 사람들이 그 음식을 좋아하는 데 아주 중요한 역할을 해. 온도나 식감이나 지방 함유량 같은 요소도 마찬가지야.

- **선명한 대비효과.** 최고의 음식은 질감이나 향의 대비가 극적이야. 우리는 음식이 바삭바삭하고 토도독 부러지고 파사삭 갈라지고 톡톡 터질 때 좋아해. 이건 음식이 주는 쾌락과 함께 특정 음식을 더 좋아하게 만드는 매우 중요한 요소야. 게다가 먹기 좋은 음식은 보기도 좋아야 해. 결국 우리는 시각적인 존재거든.

- **감정을 불러일으키는 특징.** 어떤 음식을 좋아하는 이유에는 과거 그 음식을 좋아했던 기억도 큰 역할을 해. 생각해 봐. 우리는 음식 맛을 정확히 기억하고 있다가 다시 그 음식을 먹었을 때 변함없이 맛있다는 사실에 행복해하잖아. 이런 식으로 사람들이 음식에 향수를 느끼기 때문에 (빅맥이나 코카콜라처럼) 몇몇 음식이나 음료 제조법은 엄청난 시간이 흘러도 바뀌지 않는 거야.

- **음식 쾌락 방정식.** 음식이나 음료의 칼로리가 낮다면 식품회사는 제조법에 전체적으로 만족감을 높일 만한 다른 장식품들을 추가할 거야. 다이어트 음료를 생각해 봐. 설탕이 덜 들어가서 칼로리가 낮지만 영양성분표를 보면 맛있게 만들기 위해 넣은 여러가지 첨가물을 확인할 수 있어.

- **칼로리 밀도.** 물이 0이라면 순수한 지방은 9이고 가공식품은 4와 5 사이 어디쯤일 거야.

- **유화제 이론.** 혀에 있는 미뢰는 유화제를 갈망해. 자연 상태에서는 섞이지 않는 두 가지 액체나 재료가 합쳐진 상태를 즐기는 거지. 특히 소금과 지방, 설탕과 지방 조합은 보편적으로 맛을 보장하는 조합이야.

이런 이론들은 좀 막연하게 느껴져. 우린 가공식품에 뭐가 들었는지 모를 때가 더 많잖아. 빅 식스를 잘 기억해 두면 우리가 도리토스 같은 과자를 좋아하는 이유를 이해하기가 조금은 쉬울 거야. 도리토스 알지? 유명한 토르티야 칩 말이야. 그 과자는 엄청난 양의 설탕과 소금으로 범벅이 되어 있어. 실제로는 그 맛을 느끼지 못하지만 분명히 들어 있고 그것 때문에 특유의 맛이 나는 거야. 거기에 향신료가 확 치고 들어오면서 침이 고이게 만들지. 토르티야 칩은 고소하고 바삭하고 맛의 기억을 불러일으키는 능력까지 있어. 좋아하는 맛의 도리토스를 사먹을 때마다 기억하고 있는 그 맛과 정확히 같은 맛을 느끼는 거지. 실패할 이유가 전혀 없는 셈이야.

그러니까 우리 뇌가 가공식품을 좋아하는 데는 과학적인 이유가 있어. 대형 제조사는 달콤함과 감칠맛이 완벽하게 균형을 이루는 지점을 찾아내서 우리 뇌가 사랑에 빠져 헤어 나오지 못하게 만들어. 식품 회사들은 음식으로 우리를 낚으려고 수백만 달러를 쓰지.

다행히 우리는 이런 중독에서 벗어날 수 있어. 분명히 이건 마약 중독이랑은 전혀 달라. 하지만 어떤 사람들은 마치 마약 중독자가 다음 경험을 갈망하는 것처럼 정크 푸드를 먹고 싶은 강렬한 충동에 휩싸여. 정크 푸드에서 쾌락을 느끼려는 욕구가 다른 사람보다 강한 경우도 있어. 가공식품에 집착하는 데는 정신적인 이유와 더불어 심리적인 이유도 한몫을 해. 스트레스나 감정적인 원인을 예로 들 수 있을 거야.

스스로 이런 중독에서 벗어나는 일이 가능할까? 답은 '가능하다'야. 하지만 안타깝게도 말처럼 간단하지는 않아. "그냥 하던 걸 멈춰"라는 말은 중독에 대한 이론적인 해결책일 뿐이야. 현실은 더 복잡하잖아. 가공식품의 악순환에서 벗어나는 데 도움이 될 만한 팁을 소개할게.

● 집에 가공식품을 놔두지 않으면 먹을 일도 없어져. 내 운동 코치는 음식을 사러 가면 슈퍼마켓의 바깥쪽 진열대로만 다니라고 했지. 왜냐고? 그

쪽엔 채소랑 과일이랑 다른 건강한 음식들이 놓여 있거든. 슈퍼마켓 안쪽 진열대로 가면 빼곡이 쌓인 가공식품을 마주하게 되지.

● 우리 할머니가 이런 말씀을 하셨어. "발음하기 어려운 재료가 들어간 음식은 사지 마라." 향미를 더하기 위해 첨가된 화학조미료나 음식을 오래 보관하기 위해 넣은 보존료를 피하라는 뜻이었지.

● 실험하듯 요리해 봐. 인터넷에서 간단하면서 맛도 좋은 요리법을 잔뜩 찾을 수 있어. 주간 식단표도 구할 수 있다니까! 새로운 재료나 조리법을 시도해 보고 네가 먹는 음식을 이리저리 조합해서 흥미로운 음식을 만들어 봐.

● 스트레스를 풀기 위해 먹지 마. 알아, 나는 이런 말을 할 자격이 없어. 자주 이런 실수를 하니까. 하지만 최근엔 스트레스를 푸는 다른 방법을 찾아보고 있어. 호흡법을 익히거나 요가를 해도 좋아. 달리기나 음악 듣기나 그림을 그리는 것도 아주 좋은 방법이야.

● 매일이 새로운 날이라는 점을 기억해. 그래, 어제 아이스크림과 피자를 잔뜩 먹었다고 오늘까지 망하라는 법은 없어. 매일 너 자신을 더 잘 돌볼 기회가 새로 주어지는 거라고.

● (가공) 음식에 관해 말하려면 끝도 없어. 혹시 관심 있다면 괜찮은 다큐멘터리 몇 편을 소개할게.

  – 〈소에 관한 음모〉 오늘날 축산업이 환경에 가장 큰 위협이라는 주장을 탐구하는 다큐 영화야.

  – 〈푸드 주식회사〉 미국의 기업화된 농업 시스템 문제를 다뤄.

  – 〈맛의 배신〉 우리의 미각과 영양에 관해 이야기하는 다큐멘터리야.

  – 〈슈퍼 사이즈 미〉 한 달 내내 맥도날드 햄버거로만 세 끼를 먹는 남자의 이야기야.

베이컨
25조각

= 도넛 3개

= 베이글
3개 반

당근 3kg

(그냥 엄청 많은 당근)

= 빅맥 2개

1,000kcal는
어느 정도일까???

= 휘핑크림을 얹은
밀크셰이크 1잔
(벤티 사이즈)

14인치
(보통 패밀리 사이즈) =
크러스트 피자

= 오렌지 주스
큰 것 2잔

= 아몬드 142개

= 바나나 10개

= 치킨 너겟 21개

65

- 〈헝그리 포 체인지〉 다이어트 산업이 감추고 있는 비밀을 폭로하는 다큐멘터리야.

물 마시기가 삶을 바꾸는 이유

우리 몸의 60% 정도가 물로 이루어졌다는 사실은 이미 알고 있을 거야. 평균적으로 볼 때, 숨 쉬는 것만으로도 우리는 하루에 수분 1~2L를 잃어. 땀을 흘리고 소변만 봐도 아주 많은 양의 수분을 잃지. 그만큼의 수분을 다시 채우려면 물을 많이 마셔야 하는 거야!

물을 충분히 마시지 않으면 몸은 탈수증상을 보이기 시작해. 세포가 건조해지고 큰 어려움을 겪게 되지. 목이 마르면 이미 늦은 거야. 낮 동안 물을 충분히 마셔서 갈증을 피해야 해. 학교에 갈 때나 일하러 갈 때나 운동을 할 때 물병을 가지고 다니면서 마시면 좋아. 물론 소변도 더 자주 보겠지만 그건 우리 몸이 작용하는 방식이고 금세 익숙해질 거야.

물을 충분히 마셨다면 소변은 아무 색깔이 없이 투명할 거야. 아주 좋은 현상이지. 수분 섭취가 조금 부족하다면 소변은 옅은 색을 띠어. 소변이 짙은 노란색이라면 네 몸은 심각한 탈수 상태라는 뜻이야. 그게 무슨 상관이냐고? 음, 물은 우리 몸에 아주 중요한 액체라서 (영양소를 운반하고 근육의 탄력을 유지하고 아플 때는 빨리 회복하도록 돕는 역할을 하거든) 자주 보충하고 깨끗하게 갈아 줘야 해. 그러지 않으면 피부가 건조해지고 쉽게 피로를 느끼고 활력도 줄어들고 두통을 겪거나 건강에 여러 문제가 생길 수 있어.

건강을 다루는 웹사이트나 잡지는 필수 섭취 수분량을 좀 다르게 알려 줄 수도 있어. 1L가 적당하다는 의견도 있고 2L는 마셔야 한다는 주장도 있어. 진실은 사람마다 필요한 양이 다르다는 거야. 이를테면 운동선수는 일반인보다 물을 훨씬 많이 마셔야겠지. 보통 하루에 물을 얼마나 마셔야 하는지 알아보려면 몸무게에 0.03을 곱하면 돼. 예를 들어 볼게. 내 몸무게는 60kg이야. 60에 0.03을 곱하면 1.8이 나와. 1.8L, 즉 하루에 8컵 정도의 물을 마시면 된다는 뜻이야. 물론 운동을 하거나 더운 날에는 더 마셔야겠지.

커피와 차는 물을 대신하지 못해!

맞아, 커피와 차는 물로 만들어. 하지만 카페인이 든 음료는 몸에서 수분이 빠져나가게 만들어. 그러니까 수분을 보충하겠다고 그런 음료를 마시는 건 좋지 않아. 탄산음료나 주스도 마찬가지야. 그런 음료엔 당분과 인공향료가 지나치게 많이 들어서 건강에 좋지 않아. 깨끗한 물을 마시는 것이 가장 좋아.

싫다고?

그럼 물을 색다르게 마시는 방법 몇 가지를 소개해 볼게.

맹맹한 물맛이 싫다면
과일을 곁들여 향을 더해 봐!

레몬 + 민트 + 오이 = 상큼하고 건강한 맛

오렌지 + 블루베리 = 새콤달콤 기막힌 맛

수박 + 키위 + 딸기 = 여름의 맛

생강 + 파슬리 + 라임 = 알싸한 맛의 줄다리기

자몽 + 라임 = 아이셔 침샘 폭발

배 + 라즈베리 + 로즈마리 = 허브향 가득한 달달한 맛

- 물을 마시고 싶게 만드는 멋진 물병을 사는 거야.

- 상큼한 맛을 좋아한다면 레몬이나 라임이나 민트를 물병에 넣어 봐.

68

- 과일 향을 좋아하면 딸기와 라즈베리와 블루베리를 넣어. 과일을 물에 넣기 전에 살짝 으깨면 향이 더 강해져.

- 딸기, 수박, 키위는 환상의 조합이야! 물에 넣어 마시면 몸에서 독소를 배출하고 활력을 더해 줄 거야.

- 여러 가지 과일을 넣어 최고의 조합을 찾아봐. 자몽과 타임, 파인애플과 로즈마리, 오이와 레몬 등등…. 너만의 조합을 만들어 보는 것도 좋겠지.

몸도 마음도 촉촉하게

물을 많이 마시면 아침을 기분 좋게 시작할 수 있어. 잠을 자는 동안 우리 몸엔 수많은 독소와 노폐물이 쌓이고 많은 양의 수분이 빠져나가. 일어나자마자 물 한 컵을 마시는 건 신진대사를 돕고 혈액 순환에도 도움이 돼. 잠들기 전에도 마찬가지야. 물이 밤사이 몸에서 독소를 배출해 주거든.

낮에도 물 한 잔 마시는 여유를 누려 봐. 책상이나 소파에서 일어나 물을 마시거나 물병을 가지고 다니면서 틈틈이 마시는 거야. 식사하기 30분 전후에 물을 마셔 봐. 소화 기관이 음식을 처리하는 데 큰 도움이 돼.

피부와 몸에도 관심을 기울이는 게 좋겠어. 몸이 물을 필요로 하는지 아닌지 피부를 보면 알 수 있거든. 물을 충분히 마시지 않으면 피부가 탄력을 잃고 실제 나이보다 주름도 더 많아져. 피부는 신체에서 가장 부피가 큰 기관이야. 그러니까 아주 잘 관리해야 하지.

운동을 할 때도 물을 자주 마셔야 해. 운동 전과 운동하는 중간, 또 운동을 마치고 난 뒤에 물을 마셔. 20분 간격으로 조금씩 마시는 게 좋대.

과일이랑 채소도 더 먹어야 해! 이제 그만하라고? 조금만 더 들어 봐. 수분섭취 때문이냐고? 물론이지! 수박, 딸기, 토마토, 오이, 브로콜리, 피망, 콜리플라워, 자몽은 즙이 많은 음식의 대표격으로 수분을 90% 이상 함유하고 있어. 이런 것들로 수분을 섭취하면 물보다 흡수가 빨라서 몸에 더 좋다고 해.

물을 너무 많이 마시는 것도 문제를 일으켜. 하루에 8잔 정도는 괜찮으니까 너무 걱정하지는 말고. 그런 증상을 저나트륨혈증이라고 불러. 무척 위험한 증상이지. 세포가 수분을 지나치게 많이 흡수하면 부풀어 오르기 시작하는데, 뇌세포가 부풀어 오르면 건강에 여러 가지 문제가 생겨.

그러니까 항상 균형을 유지해야 돼. 요령은 목이 마를 때까지 기다리지 말고 충분히 마시되 지나치게 마시지는 말 것!

단맛의 역습

이상한 일이야, 안 그래? 빨리 에너지를 올리기 위해 당분을 먹는데, 실제로는 나른해지고 결국 피곤해지다니 말이야. 잠깐 동안 기운이 넘치고 들뜨지만 당분의 효과는 금세 사라져 버리고 이내 행동이 굼뜨고 졸리기 시작해. 그 이유는 다양한데 다 혈당 수치와 관련 있어. 설탕이 많이 든 음식을 먹거나 음료를 마시면 혈당 수치가 급격히 치솟아.

당이 많이 든 음식을 먹은 뒤 피곤한 일이 잦다면 병원에 가서 당뇨병 검사를 받아 봐야 해. 아주 가끔 그렇다면 걱정할 필요 없어. 그런 증상은 일반적인 거거든.

몸은 당 수치의 균형을 맞추기 위해 열심히 일해. 이 작업은 환경에 따라 아주 많은 에너지를 필요로 할 때가 있어. 만약 지나치게 단 음식을 먹는다면 균형을 유지하기 위해 더 열심히 일해야겠지. 몸에서는 높이 치솟은 당 수치를 떨어뜨리기 위해 인슐린이라는 호르몬을 분비해서 혈당 수치를 낮춰. 이때 에너지가 떨어지면서 피곤하거나 나른한 느낌이 들어.

익숙한 상황이라고? 그렇다면 네가 먹는 설탕의 양을 잘 따져 봐야 해. 아래의 음식을 잘 살펴봐. 요즘 들어 이런 음식을 많이 먹진 않았니?

- 케이크, 초콜릿, 사탕, 달콤한 과자류.
- 과일(바나나, 포도, 사과, 파인애플) 그리고 과일 주스
- 피자, 감자, 감자칩, 스파게티. 이런 음식이 문제라고 생각하지 않겠지

만, 가공식품에는 인공감미료가 많이 들어가. 그래서 어지럽거나 피곤할 수 있어. 우리 몸은 인공감미료도 설탕과 똑같이 취급해.

● 옥수수제품(팝콘, 옥수수빵)

설탕을 포기하라굽쇼?

잠깐 멈추시오, 자매여! 차근차근 짚어 보자고. 매일같이 (과일이나 디저트나 정크 푸드나 그 밖의 음식에 들어 있는) 당분을 섭취했다면 갑자기 그런 음식들을 한 방에 끊는 건 추천하지 않아. 설탕 끊기를 목표로 설정했더라도 몸이 변화에 적응하도록 조금씩 실천해야 해. 먼저 목표를 실행에 옮기기 전에 전문가와 상의해 보는 것이 좋아. 에너지를 잃고 싶지 않다면 (속성 다이어트처럼) 식습관을 급격히 바꾸는 방법은 피해야 돼. 그래야 혈당 수치를 안정적으로 유지할 수 있거든.

달달한 음식을 먹고 나서도 피곤하게 느끼지 않는 법

그러기 위해서 할 수 있는 일은 무척 많아. 우선 물을 많이 마시면 체세포가 꾸준히 일을 하는 데 도움이 돼. 아까도 설명했듯이 탈수 증상은 몸을 피곤하게 만들거든. 그리고 음식을 조금씩 자주 먹어. 가능하다면 매일 같은 시간에 식사하는 편이 좋아. 자주 먹되 양을 줄이면 소화기관이 음식물을 처리하기가 훨씬 쉬워. 소화하는 데 필요한 에너지가 줄어드니 덜 피곤하겠지.

(콩, 견과류, 블랙베리 같은) 식이섬유가 많이 든 음식을 먹어. (흰 빵, 흰 쌀처럼) 탄수화물이 많이 든 음식은 줄여. 내 운동 코치가 알려 줬는데 식이섬유 함량이 높은 음식은 포만감이 오래가도록 도와줘서 식사시간 중간에 허기지는 느낌이 덜 든대.

당분을 섭취한 뒤 피곤한 느낌이 들지 않도록 하기 위한 방법으로 운동이 있어. 일주일에 3번, 20분가량 운동하면 생산성과 에너지가 높아지는 동시에 스트레스는 줄 거야.

난 일주일 동안 설탕 섭취를 줄이는 실험을 해 봤어. 실제로 해 보니까 한 주는 너무 짧아서 차이를 느끼기 힘들더라고. 그러니까 2, 3주 정도 지속해야 진짜 효과를 경험하게 될 거야. 어쨌든 내가 깨달은 점은 다음과 같아.

- 놀랍게도 아침에 활기가 넘쳤어. 아침마다 나는 세계에서 제일가는 게으름뱅이가 되거든. 아침에 가까스로 눈을 뜨고 나서도 침대 위에서 한 시간은 뒹굴뒹굴하다가 겨우 몸을 일으켰지. 설탕을 줄이고 2, 3주 지나니까 알람 소리가 들리기 무섭게 눈을 번쩍 뜨고 몸을 벌떡 일으키는 내 모습에 내가 다 놀랐지 뭐야.

- 짜증과 신경질이 늘었어. 특히 첫날에 그랬어. 기분이 평소보다 더 변화무쌍하더라고. 하지만 그게 설탕 부족 탓이었는지는 잘 모르겠어.

- 처음엔 설탕이 미치게 먹고 싶었어. 하지만 일주일 만에 극복했지. 배고플 때 아무 생각 없이 정크 푸드를 집어먹는 대신, 견과류나 쌀로 만든 크래커를 먹었어.

- 보통 차를 마실 때 나는 (선인장의 수액을 끓여서 만든) 아가베 시럽을 한 스푼씩 넣었어. 천연 감미료이긴 하지만 그것도 끊었어. 처음엔 아무것도 넣지 않은 차 맛이 영 별로더라고. 곧 그 이유를 깨달았는데, 좋아하는 음료에 들어 있는 가짜 감미료 맛에 중독되어서였어. 그 주에는 허브차를 마셨어. 자연적인 단맛 덕분에 설탕을 넣지 않아도 먹을 만했거든.
- 과일에 든 당분은 끊기 어려웠어. 뭔가 달콤한 건 꼭 먹어야겠더라고. 그래서 과일은 계속 먹었어. 주로 바나나와 사과를 먹었어.
- 배에 가스 차는 게 많이 줄더라.

  처음 일주일 동안은 큰 변화를 느끼지 못했어. 피부도 그대로였고 몸무게도 줄지 않았지. 그런 걸 의도하진 않았지만 그래도 조금은 기대했나 봐.

  그래도 설탕 섭취를 줄이려는 노력은 확실히 건강에 도움이 돼. 설탕을 완전히 끊으라고는 말 못 하겠어. 왜냐하면 음식에서 설탕을 모조리 없애는 건 진짜 어렵거든. 설탕은 거의 모든 음식에 들어가니까. 그리고 식이요법을 하기 전에 반드시 의사와 상의해서 식생활의 변화가 필요한지 확인해야 해.

아침은 꼭 먹어!

  왜 아침 식사를 해야 하냐고? 많은 전문가들이 아침 식사가 하루 중 가장 중요한 식사라고 말해. 그건 사실이야. 아침을 건너

뛰는 건 쉽거든. 아침엔 배고프지 않다고 생각할 수도 있고. 내가 매일 아침 식사를 거르지 말아야 하는 이유를 설명해 줄게.

1. 아침 식사는 몸의 배터리를 충전하는 가장 좋은 방법이야. 통밀빵, 오트밀, 과일은 간단하게 몸에 영양과 에너지를 공급해 주는 음식이야. 아침 식사를 하면 수업 중에 졸 일도 없어.

2. 아침 식사를 하면 집중하는 데 도움이 돼. 뇌는 밤에도 열심히 일을 했기 때문에 연료를 공급해 줘야 해. 학교에서 배운 내용을 오래 기억하고 싶다면 아침 식사가 답이야. 주의력과 기억력을 높이는 데 도움이 되거든.

3. 아침 식사는 체중 유지에 도움을 줘. 맞아, 나도 아침 식사를 건너뛰면 칼로리 섭취를 줄일 수 있을 거라고 생각했어. 엄청난 착각이었지. 아침 식사를 하지 않으면 낮에 간식을 더 먹게 되고 그러면 몸무게와 전반적인 건강에 좋지 않은 영향을 끼치니까.

4. 배가 고프지 않더라도 아침 식사를 맛있게 먹는 방법이 있어. 아침에 먹을 만한 맛좋은 요리법이랑 음식은 셀 수 없이 많아. 영양가 없고 칼로리만 높은 시리얼 말고. (바나나 팬케이크나 토르티야에 과일과 야채를 넣어 감싼 랩 샌드위치를 먹어봐) 자기 전에 아침에 먹을 음식을 준비해 두는 것도 좋아.

아침에 일어나서 냉장고에서 꺼내 먹기만 하면 되잖아!

아침 식사를 거르지 않기 위한
간단한 방법

누구나 이런 적이 있을 거야. 학교에 늦었는데, 배는 고프고 옷도 미처 다 못 입었는데 가방도 미리 싸 놓지 않아서 미칠 지경이지. 엄마는 밥부터 먹으라고 야단이야. "시간 없어요!" 너는 이렇게 소리치고는 현관문을 박차고 버스를 타러 달려 나가.

그래서 아침을 먹지 못했고 수업에 집중도 할 수 없는 데다 곧 배가 고파 기절할 지경이지. 몸은 마지막 연료 한 방울을 쥐어짜 태우는 중이고 하루 종일 어지럽고 짜증이 북받쳐. 정말 별로야.

다시 몇 시간 뒤로 돌아가 잠깐이라도 짬을 내서 아침 식사를 하는 장면을 상상해 보자. 시간도 없는 데다 학교 갈 준비까지 해야 하는데 일요일에 브런치 먹듯이 느긋하게 아침을 다 먹으라는 말은 못하겠지만 그래도 빠르고 간편하고 맛있게 아침을 먹을 방법들이 있어.

못 믿겠다고? 내가 알려 주는 레시피대로 한번 요리해 봐. 너무 쉽고 너무 맛있어서 깜놀할걸.

세상 간단 요거트 (4분)

그릭 요거트나 플레인 요거트
또는 좋아하는 요거트 아무거나
꿀이나 아가베 시럽

좋아하는 잼
다진 아몬드나
다른 견과류

그릇에 요거트를 담고 잼과 견과류를 얹으면 끝.

초고속 오트밀 (4~5분)

인스턴트 오트밀
저지방 우유나 아몬드 음료

베리류
코코아 파우더(또는 시나몬 가루)

오트밀과 우유를 그릇에 담아 전자레인지에 2분 정도 돌려.
베리류를 담고 코코아 파우더(또는 시나몬 가루)를 뿌려서 풍미를 더해.

과일 크로스티니 (4분)

바게트 빵 자른 것
리코타 치즈

꿀
얇게 썬 딸기

크로스티니는 작은 빵 위에 토핑을 올려 만드는 이탈리아 요리야.
리코타 치즈와 꿀을 섞어서 바게트에 발라. 잘라 놓은 딸기를 그 위에 얹어.

통곡물 죽 (10시간 + 10분)

물 1과 1/2컵	옥수수가루 1/2컵
귀리 3/4컵	바닐라 농축액 1작은술(선택 가능)
보리 3/4컵	소금 조금
갈색 설탕 3작은술	시나몬 가루 1작은술

물에 귀리, 보리, 갈색 설탕, 옥수수가루, 바닐라 농축액(없으면 빼도 돼), 소금, 시나몬 가루를 섞어 슬로 쿠커에 넣은 다음 하룻밤 동안 낮은 온도에 둬. 슬로 쿠커가 없으면 전기밥솥의 죽 기능을 써도 돼. 아침에 죽을 그릇에 담고 위에 견과류나 과일을 얹어.

훈제 연어 베이글 (3분)

반으로 자른 베이글	다진 파슬리 약간
크림치즈	다진 쪽파 약간
얇게 자른 훈제 연어	소금과 후추 약간

베이글을 구워. 자른 면에 크림치즈를 바르고 연어 조각을 얹은 다음 허브와 양념을 뿌려.

그래도 매일 아침 이런 것들을 해먹을 시간이 없다는 생각이 든다면 샌드위치나 스무디나 랩 샌드위치같이 싸갈 만한 음식을 미리 만들어 둬. 아니면 사과나 배 같은 과일도 좋겠지.

+ 맛있는 간식 도시락

혼합 견과류

길게 자른 오이와 당근
그리고 샌드위치

삶은 달걀

소금을 적게 친 팝콘

시리얼바

라면과 너무 친하게 지내지 마

어렸을 때 나도 라면을 엄청 먹었어. 우리 엄마는 간식이나 간단한 식사로 라면을 끓여 준 적이 많거든. 엄마가 인스턴트 라면을 요리하는 방법은 정말이지 끝내줬어. 엄마는 면에 끓는 물을 붓고 몇 분간 익히는 방법을 사용하지 않았어. 절대 그러는 법이 없었지. 엄마는 말 그대로 요리를 했는데, 깊은 냄비에 익힌 면을 넣고 볶은 다음 채소와 닭고기나 소고기를 넣고 엄마가 개발한 양념으로 맛을 냈어. 라면 스프는 사용하지 않았지. 엄마의 특제 라면을 맛본 뒤로 나는 다른 라면은 절대 먹지 않았다니까.

솔직히 나는 라면이야말로 최고의 음식이라고 생각했어. 그래서 라면이 건강에 좋지 않을 거라는 생각은 하지 못했지 뭐야. 자, 지금부터 라면만 먹고 살면 어떤 일을 겪게 되는지 살펴보자.

영국의 조지 리드먼이라는 소녀는 13년 이상 라면만 먹었대.

그리고 당분간은 그런 식습관을 바꿀 생각이 없다더라고. 조지의 말에 따르면 그렇게 먹다 보니까 과일이나 채소나 다른 음식의 질감을 참기 힘들어졌다는 거야. 다른 음식은 생각만 해도 구역질이 나는데 라면만큼은 그러지 않았대. 그래서 조지는 계속 그렇게 라면만 먹었지.

그 결과 조지는 라면을 팔지 않는 곳에서는 친구랑 약속을 잡지도 못하는 지경이 되었어. 심지어 자신이 먹는 라면에 뭔가 다른 음식이 들어 있기만 해도 기겁한대.

또 키란 둘리라는 아이는 다큐멘터리 〈슈퍼 사이즈 미〉를 보고 자극을 받아서 한 달 동안 라면만 먹고 살기로 했대. 그러다 병을 얻고 말았어. 키란은 하루에 라면 세 봉지 외엔 아무것도 먹지 않겠다는 목표를 세우고 도전했어. 학생으로 지내면서 이미 매일 라면을 먹고 있었기 때문에 그 일이 크게 어렵지 않을 거라고 생각했지.

키란은 실험을 재미있게 하려고 다양한 맛의 라면을 먹었어. 하지만 라면 봉지의 영양성분표를 살펴보다가 놀라운 사실을 깨달았지. 라면 한 봉지에는 약 1300mg의 나트륨(하루 권장 나트륨 섭취량은 2300mg 미만이야)이 들어 있어. 나트륨을 너무 많이 섭취하면 뇌졸중, 심장마비, 고혈압에 걸릴 위험이 증가해. 키란이 맞닥뜨린 문제는 나트륨뿐만이 아니었어. 어느 날 키란은 메스꺼워서 하루 목표치인 라면 세 봉지를 다 먹지 못했어.

도전이 끝날 때쯤, 키란은 건강하지 못한 방법으로 몸무게가 약 11kg 빠졌고 하루 종일 속이 울렁거렸지. 신체적인 변화 외에도 극도로 우울하고 짜증이 났어.

키란은 리면만 먹는 식단을 다시는 반복하고 싶지 않다고 했어.

"지옥 같았어요. 하지만 과학이라는 이름 아래에서는 가치 있는 경험이었죠."

키란은 이렇게 결론 내렸어.

올 것이 왔어, 조지는 온 세상 라면을 모두 먹어 치우고 먹을 것이 하나도 남지 않은 꿈을 꾸기 시작하는데…

두 이야기의 교훈은 나트륨이 잔뜩 든 음식만 먹으면 건강에 안 좋다는 사실이야. 의사들은 조지가 영양실조에다 80세 노인과 같은 건강상태라고 말했어. 조지는 고작 18살이었다고. 핵심은 비타민을 충분히 섭취할 수 있는 균형 잡힌 식습관을 유지해야 한다는 거지.

잘 먹는 법

친구와 함께 소파에 누워 빈둥대면서 좋아하는 과자를 부지런히 집어먹고 있으면 "그런 과자는 몸에 안 좋아"라고 말하는 친구가 한 명 쯤은 꼭 있지. 나는 주로 못 들은 척하면서 계속 먹는 편이야. 그런데 그날따라 갑자기 죄책감이 밀려오더라고. 먹지 말걸…. 그러고는 내 자신이 정말 싫어지기 시작했어. 또 친구들이랑 야식을 먹을 때가 있잖아. 그럴 때 야식을 먹는 사람이 나 혼자뿐이라면 죄책감이 두 배로 들지. 친구들은 밤늦게 야식을 먹으면 안 된다는 말을 차마 꺼내지 못할 거야. 하지만 그 애들에게 치즈 마늘빵을 게걸스럽게 먹는 내 모습이 어떻게 보일지는 눈빛만 봐도 감이 오지.

친구가 우리 집에 놀러 왔을 때가 기억나. 그 친구는 다이어트에 집착하고 있었어. 그건 괜찮아. 자기가 좋아서 그러는 거니까. 하지만 친구는 자신이 먹지 않는 음식을 다른 사람이 먹는 걸 보면 창피를 줬어. 그날 밤이었지. 저녁으로 (마카로니에 녹인 치즈를 섞은) 맥앤치즈를 먹는데 친구는 치즈가 과자처럼 바삭하게 익은 부분을 남기더라고. 식사를 마치고 나서 친구에게 남겨 놓은 치즈를 먹을 거냐고 물었는데 (그게 제일 맛있어서 남겨 뒀다 나중에 먹는 사람도 있거든) 글쎄 친구가 화를 내지 뭐야. 내가 자기를 살찌게 만드려 한다나. 나는 단지 치즈를 먹을지 안 먹을지 물어봤을 뿐인데…. 친구가 안 먹는다고 하면 내가 먹을 생각이었거든. 어쨌든 친구가 그 말을 하는 순간 나는 죄책감에 사로잡혀서 내 식습관에 의문을 가지게 되었어. 그래, 결국 난 친구가 남긴 치즈에 손도 대지 않았어. 대신 애초에 그걸 먹고 싶어 했다는 사실 자체로 기분이 안 좋아졌지.

난 기름지고 맛있는 음식이 좋아. 그런 사람이 나뿐만은 아닐 거야. 나는 맥앤치즈랑 감자튀김이랑 피자랑 파스타를 좋아해. 그래서 다른 사람에게 그런 음식을 먹지 말라는 말도 절대 하지 않아. 다른 사람이 나에게 그런 말을 하는 게 싫으니까. 운동코치처럼 굴면서 나한테 뭘 먹어야 하고 뭘 먹지 말아야 하는지 시시콜콜 말하는… 으아! 그래서 나도 너에게 그런 짓은 하지 않으려고 하는 거야. 네 입에 뭘 집어넣을지는 네가 결정하는 거야. 내가 할 일은 건강에 도움이 될 만한 방법 몇 가지를 알려 주는 것뿐이고.

나는 음식과 건강한 관계를 이어 가려고 노력해. 가끔 건강하지 않은 음식을 먹었다고 자신을 저주하거나 우울해할 필요는 없어. 마찬가지로 과자를 먹고 싶지 않은데도 굳이 먹을 필요는 없어. 네가 건강하게 잘 먹고 있다면, 존경해, 진심으로. 다시 말하지만 적절한 균형을 찾는 일이 핵심이야.

너에게 뭘 먹고 뭘 먹지 말라고 말하는 건 내 역할이 아니야. 하지만 내가 10대 시절부터 먹지 않기로 한 음식과 마시지 않기

음식은 결코 나를 실망시키지 않아.

로 한 음료를 말해 줄 수는 있어. (지금도 그렇게 하는 이유는) 그 맛이 싫기 때문이 아니라 내 몸에 좋지 않기 때문이니까. 내가 고등학교 이후로 먹거나 마시지 않는 것이 무엇인지 한번 살펴보자. 이 목록은 그냥 조금 더 건강한 음식을 먹기 위해 가능하면 줄이는 편이 좋다는 제안 정도로만 생각해 줘.

● **에너지 음료.** 온갖 종류를 다 먹어 봤어. 시험이나 평가를 앞두고 벼락치기 공부를 할 때뿐만 아니라 아무 일이 없을 때도 마셨어. 아침에 일어났을 때나 그냥 집에 있을 때도 말이야. 하루에 1L는 마신 것 같아. 그러다

귀에서 윙윙 소리가 들렸는데 몸에 심각한 해만 끼치는 쓸모없는 짓이라는 걸 깨달았지. 나는 에너지 드링크를 끊고 커피를 마시기로 했어. 카페인의 각성효과는 놓치고 싶지 않았거든. 대신 하루에 한 잔 이상은 마시지 않았어.

- **흰 빵.** 10대 시절 나는 흰 빵을 좋아했어. 통곡물 빵에 든 씨앗 씹히는 느낌이 싫었거든. 흰 빵은 영양가도 별로 없고 우리 몸에 지방을 축적시키기 때문에 먹지 않는 편이 좋아. 나는 통밀빵에 적응했고 이젠 그 맛을 제대로 즐길 줄 알아.

- **다이어트 음료.** 감미료와 인공향료가 엄청나게 들어가서 먹지 않기로 결심했지. 이제는 그 근처에도 가지 않아. 탄산음료를 마실 때는 일반 제품을 먹고 다이어트용 음료는 마시지 않아.

목록에 정크 푸드가 빠져 있지? 뭐, 내가 아직 그런 음식을 먹고 있기 때문이긴 해. 그래도 매일 먹는 건 아니라고. 매주 먹지도 않아. 건강한 음식과 가공식품 사이에서 균형을 유지하려고 노력 중이야. 나랑 식습관이 다른 친구들이 뭐라고 생각할지 걱정하지도 않아.

고기를 먹을까 말까?

(육류와 생선을 먹지 않는) 일반적인 채식주의자나 (육류뿐 아니라 우유, 버터 같은 유제품과 달걀 등도 먹지 않는) 엄격한 채식주의

자가 되어 볼까 고민해 본 경험이 있을지도 모르겠다. 어쩌면 이미 채식주의자로 살고 있을 수도 있고. 그럴 경우 지금부터 할 이야기의 대부분은 딱히 새롭게 느껴지지 않을 거야. 만약 채식을 할까 생각중이라면 육류와 채식주의에 관련된 내 경험담을 읽어 봐.

약 20만 년 전, 인류의 식생활에 큰 변화가 생겼어. 음식을 익히면 소화가 훨씬 잘 된다는 사실을 깨달았던 거지. 그렇게 수없이 많은 세대를 거치면서 인간의 소화 기관은 전처럼 힘들게 일할 필요가 없어졌어. 그래서 자연스럽게 크기가 줄어들었지.

우리 조상들은 주로 채소 위주에 육류를 조금씩 보충하는 식으로 먹었어. 인간이 영리해지면서 두뇌의 크기가 커졌고 에너지도 더 많이 필요하게 되었지. 그래서 뇌에 필요한 영양소를 섭취하기 위해 동물을 효과적으로 잡아서 죽이는 방법을 학습했어. 인간 종족이 이동해 간 곳에선 인간이 좋아하는 먹잇감의 씨가 금세 말라 버렸지. 고기를 얻기 위해 죽이는 동물이 워낙 많았기 때문에 인간은 굶어 죽지 않기 위해 농사를 지어야만 했어.

우리 조상들에게 고기는 아주 중요했어. 요즘, 우리는 겨울을 나기 위해 사냥을 할 일도, 고기를 많이 먹을 필요도 없어. 오늘날 채식주의자는 여느 육식주의자와 마찬가지로 건강해. 게다가 육식을 하는 사람들보다 심장마비를 겪을 가능성이 훨씬 낮대.

육식이냐 채식이냐? 풀리지 않는 수수께끼

고기는 많은 사람들을 사로잡는 완벽한 맛의 합을 가졌어. 소금을 뿌렸을 때 나는 감칠맛과 불에 익힌 지방의 맛 때문이지. 기본적으로 고기 맛은 중독성이 있어. 그런데 말이야, 우리에게 고기가 반드시 필요한 걸까?

사실 우리 몸에 필요한 단백질과 비타민을 공급할 식품은 얼마든지 많아. 좀 더 신경 써서 음식을 고른다면 건강과 수백만 동물들과 환경을 동시에 구할 수 있어. 네가 먹을 음식에서 육류를 빼면 물을 덜 쓰거나 전기를 절약하는 것보다 환경에 훨씬 도움이 돼.

햄버거 하나를 만들기 위해 필요한 물이 100일 동안 샤워할 만큼의 양과 맞먹는다는 사실 알아? 나도 몰랐어. 또 소고기 450g을 생산하는 데 곡물 4.5kg이 필요하다는 사실은 알고 있니? 우리의 고기 중독을 해결해 줄 농장을 짓느라 거대한 열대우림이 사라지고 있어. 이 얘기를 하자면 끝도 없지만 간단히 말할게. 육류 산업은 기후 변화의 주범이야.

예를 들어 달걀과 우유가 생산되는 과정을 살펴보면 한 가지 사실을 마주하게 돼. 일반적으로 그런 식품이 생산되는 곳은 동물들이 행복하게 지내는 친환경 농장이 아니야. 우리가 먹고 마시는 달걀과 우유의 거의 대부분이 공장형 축산 농장에서 생산되는데, 그곳에서는 동물을 빽빽하게 가둬 두고 쓰레기처럼 취급해. 동물들은 옴짝달싹하기조차 힘든 아주 작은 우리에 갇혀 지내는데, 농장주들이 돈을 많이 벌기 위해서 그런 방식으로 사육하는 거야.

아기 돼지들은 아주 어릴 때 거세되고(성기를 자르는 거야) 병아리들은 부리가 잘려 나가. 동물은 마취도 안 하고 산 채로 도살돼. 그러니까 축산물은 이런 끔찍한 관행의 결과인 거지.

은밀히 진행되는 잔인한 행위에도 불구하고 광고에서는 균형 잡힌 식습관을 위해서 축산물이 필요하다고 주장해. 우유를 마셔야 뼈가 튼튼해진다는 말 들어 본 적 있지? 뼈를 튼튼하게 만들기 위해 필요한 영양 성분은 식물성 식품에도 많이 들어 있어. 비타민 B12 역시 대신 섭취할 수 있는 식품만 찾으면 문제될 것 없어. 비타민 B12는 식물성분에는 함유되어 있지 않거든.

사실, 고기를 먹는 일에 문제가 많다는 점을 인정하는 데는 엄청난 용기가 필요해. 하지만 동물을 잔인하게 다루는 행동은 잘못되었기 때문에 멈춰야 한다는 사실을 이해하고 받아들이는 것만으로도 이미 변화를 향한 첫걸음을 뗀 셈이야. 이 책을 쓰려고 축산업과 영양에 대해 공부하기 전부터 나는 축산 제품을 한 가지씩 사용하지 않거나 다른 제품으로 대체하는 방식을 실천하는 중이었어. 쉽게 시작할 수 있는 일이어서 의식적인 노력 없이 해낼 수 있었고 어느덧 내 생활의 일부가 되었지.

- 우유 대신 아몬드나 코코넛 밀크 마시기
- 꿀 대신 아가베 시럽으로 단맛 내기
- 매주 하루나 이틀 채식하기
- 우유로 만든 요거트 대신 두유 요거트 먹기
- 식당에서 주문할 때 채식용 식단 고르기
- 채식 치즈 구입하기

아주 간단한 일이지만 동물을 학대하지 않으면서 내가 좀 더 건강한 생활을 하는 데 큰 도움이 돼. 머지않아 내 일상에서 동물과 관련된 제품이 사라진다면 정말 끝내줄 거야. 하지만 식습관을 극단적으로 바꾸는 여느 방법처럼 하룻밤 새에 모든 걸 따라잡으려는 건 좋은 생각이 아니야. 제일 중요한 일을 가장 먼저 해야 하는 법이지. 내 경우에는 붉은 살코기 먹는 횟수를 줄였어. 어떻게 됐냐고? 스테이크를 먹지 않은 지 1년이 넘었지.

벨기에에서는 '고기 먹지 않는 날'이라는 연간 캠페인을 진행하면서 사람들에게 40일 동안 고기를 먹지 말자고 권해. 채식을 권장하는 이 행사는 지난 몇 년 동안 큰 인기를 끌면서 연례행사로 자리 잡았어. 육식을 좋아하던 사람들도 캠페인에 참여하면서 채식 식단이 무척 다양하고 맛있다는 사실을 깨달았지. 나도 한때 고기를 그렇게나 좋아했는데, 이 40일간의 도전을 마치고 스스로 얼마나 자랑스러웠는지 몰라. 이건 인정할게. 절대 쉽지 않은 일이야. 나는 고기 금단 현상까지 겪었어. 조금씩 줄이지 않고 아무 준비 없이 하루 이상 고기를 먹지 않으니 그렇게 되더라고. 하지만 도전 막바지에 이를 때쯤엔 다양한 방법으로 채소를 요리하는 나 자신을 발견했지 뭐야. 새로운 맛과 향을 발견하는 건 정말 즐거운 경험이었어.

혹시 채식을 해 볼 마음이 있긴 한데 고기를 먹고 싶은 나머지 통제 불능 상태가 될까 봐 걱정스럽다면 그럴 필요 없어. 채소나 다른 대체 식품을 먹으면서 고기를 먹고 있다고 스스로를 속이는 일도 가능하거든. 채식주의자가 두부랑 케일만 먹을 거라는 편견은 버려. 진짜 촌스럽고 우스꽝스러운 생각이야. 채식주의자로 사는 건 절대 지겹거나 시시하지 않아.

하지만 치즈는 어쩌고!

맞아. 치즈는 우유로 만들었고 우유는 소나 염소 같은 동물이 만들어 내지. (언젠가) 육식을 포기할 생각이라면 너는 이미 올바른 길에 들어선 거야. 그다음 단계로 동물을 학대하지 않고 생산한 식품을 먹고 싶다면, 채식 치즈로 바꾸면 돼. 이미 굉장히 다양한 종류가 나와 있어. 게다가 일반 치즈랑 맛도 똑같아. 그러면서 죄책감을 느낄 필요도 없다니까! 한국에서도 구할 수 있어. 인터넷을 검색해 봐.

채식주의에 필요한 비용

맞아, 채식주의자를 위한 고기 대용 가공식품 중엔 좀 비싼 것들도 있어. 하지만 비싼 식품이 건강에 가장 좋다는 법은 없어. 다른 가공식품처럼 나트륨 함량이 높아서 생각처럼 그렇게 건강에 좋진 않거든. 채소, 과일, 견과류, 콩고기, 귀리 같은 음식을 선택하는 편이 훨씬 좋은데 가까운 마트에 가 봐. 그렇게 비싸지 않아.

일주일치 식단을 미리 짜 놓으면 시간과 돈을 아낄 수 있어. 한 번 구입한 채소들을 여러 번 나눠 사용할 수도 있지. 예를 들어, 월요일에 채식 파스타를 만들었다면 소스를 남겨 뒀다가 그 주에 부리토를 찍어 먹는 데 사용하면 돼. 셀 수 없이 많은 방법이 있고 다양하게 활용하는 재미도 있어. 그리고 요리는 치료 효과가 있어서 식사 준비를 처음부터 해 보면 굉장한 성취감을 느끼게 될 거야. 건강한 음식도 먹을 수 있고.

육식 가족들을 대하는 방법

나도 알아, 뭔가 새로운 일을 하려고 부모님을 설득하는 일은 정말 힘들지. 너희 가족은 아마 수십 년 동안 고기를 먹었을 테고, 함께 변화하기 위해서는 강한 자극이 필요할 거야. 가족이 참여하도록 만들기 위한 첫 단계는 식습관을 바꾸겠다는 계획을 공개적으로 말하는 거야. 그렇게 말하는 것만으로도 가족이 너를 배려해서 다른 음식을 요리하도록 하는 데 도움이 돼.

실제로 일주일 동안만이라도 건강하고 신선한 음식을 먹자고 가족을 설득하느라 나도 꽤 애를 먹었어. 지금도 가족들은 내 계획에 열렬히 호응하지 않아. 하지만 내가 계획대로 실천하는 걸 막지는 않지.

가족의 식습관을 조금씩 바꾸는 데 도움이 될 만한 것들을 적어 볼게.

- 네가 무엇을 위해 노력하는지 이야기하는 것이 시작이야. 그 일이 균형 잡힌 식습관은 물론이고 환경, 사회, 네 건강에 얼마나 중요한지 대화를 나눠 봐.

- 채소를 먹는 일이 지겹지 않다는 사실을 증명해 보이는 거야. 한 발 더 나아가서 가족을 위해 맛있는 요리를 준비해서 놀라게 해 주는 거지.

- 매일 채소를 먹자고 가족을 설득하는 데 실패했더라도 적어도 일주일에 한 번 정도는 채식을 해 볼 수 있어. 가족들이 익숙해질 기회를 만드는 거지. 인간은 습관의 동물이야. 채식에 익숙해지면 채식주의에도 마음

을 열게 될 거야.

- 고기를 먹지 않는다고 무슨 문제가 생기는 건 아니라는 점을 알려야 해. 깊이 뿌리내린 습관을 바꾸려면 의지가 중요해. 육류에 관한 정보를 계속 제공해서 채식 위주의 식사를 해야 하는 이유를 잊지 않도록 도와야 해.

- 준비되지 않은 상태에서 갑자기 변할 거라는 기대는 접어 둬. 변화에는 시간과 용기와 자극과 헌신이 필요해.

그래, 고기를 먹지 않으면 건강에 무척 좋아. 그뿐만 아니라 (일상 생활을 하는 동안 발생하는 이산화탄소를 양으로 표시한) 탄소 발자국을 줄이는 데도 도움이 돼. 꼼꼼히 살펴서 몸에 필요한 영양소를 골고루 섭취할 수 있도록 식단을 잘 조절해야 해. 오랫동안 의지해 온 소고기 치즈버거보다 맛있고 건강한 요리법이 널렸어. 사실상 선택지는 무제한이야. 채식 식단에 대한 정보가 필요하다면 다음을 참고해.

- 한국채식연합(https://www.vege.or.kr/)
  한국비건인증원(http://vegan-korea.com/)
  베지닥터(http://www.vegedoctor.org)
  한국채식영양연구소(http://www.vresearch.net/)

- 앱스토어나 구글스토어에서 '채식한끼' 앱을 다운받으면 채식 식당 정보를 얻을 수 있어.

● 인스타그램 계정을 팔로우하거나 블로그 이웃을 맺거나 카페에 가입하면 유익한 정보를 얻을 수 있어.

인스타 : #채식, #채식주의자, #채식식단

블로그 : 계월 (https://blog.naver.com/iu0413)

유튜브 : 아모르 베지

카페 : 한울벗채식나라 (https://cafe.naver.com/ululul/)

　　　채식평화연대 (https://cafe.naver.com/vegpeace)

● 끝내주는 채식 요리책

『이렇게 맛있고 멋진 채식이라면』(생강 지음), 『베지테리언 레시피』(타카시마 료야 지음), 『채식은 어렵지만, 채소 습관』(홍성란 지음), 『버터 계란 없이 만든 채식 베이킹』(박지영 지음), 『아무튼, 비건』(김한민 지음)

더 나은 세상을 위하여!

4장

패션 테러리스트?
패셔니스타?

넌 어느 쪽이야? 패셔니스타 vs. 패션 테러리스트. 사실 누가 14살에 자신만의 스타일을 가질 수 있겠어? 글쎄, 난 확실히 아니었어. 개성 있는 스타일을 찾는 법부터 체형에 맞는 브래지어 고르는 법까지 소개할 테니까 꼼꼼히 읽어 봐!

나만의 스타일 창조하기

인생에서 규칙이 없는 단 한 가지가 있다면, 그건 바로 패션이야. 사람들이 패셔너블하다고 생각하는 건 굉장히 주관적인데다 취향도 영향을 끼쳐. 사실, 뭐든 자신이 원하는 옷을 입으면 돼. 자신이 뭘 원하고 어떤 옷이 어울리는지 아는 게 중요해.

패션 세계를 좀 더 파고 들어가기 전에 안 어울리는 옷을 사느라 돈 낭비하지 않고 자신만의 스타일을 찾는 방법을 알려 줄게.

1. 전에 체형에 관해서 말했었잖아. 네 체형에 맞는 옷을 찾으면 시간과 돈을 절약하고 좌절도 피할 수 있어. 왜냐고? 멋지고 편한 옷을 입는 건 여러 가지로 핵이득이거든. 입고 있는 옷이 편하면 자신감도 올라가. 체형에 잘 어울리는 디자인을 찾는 일은 스타일을 만들기 위한 첫걸음인 셈이지.

2. 유행에만 신경 쓰면서 계절마다 옷장 속을 다 갈아 치우는 대신, 기본형 옷 몇 가지에 투자하는 편이 훨씬 나아. 10가지 정도 갖춰 놓고 유행하는 옷과 맞춰 입거나 화려한 액세서리로 포인트를 주면 이보

다 더 좋을 수는 없어.

3. 옷이 너무 많아서 옷장을 정리하고 싶다면, 이렇게 해 봐. 옷장에서 한 번도 꺼낸 기억이 없는 옷을 집어들 때마다 머릿속에는 이런 말이 울려 퍼질 거야. '언젠가는 입을지도 몰라.' 그 말은 무시해. 작년 한 해 동안 입은 적 없는 옷이라면 앞으로도 입을 일이 없다고 봐야 해. 버려도 전혀 아쉽지 않을 거야. 또 기억해 둬야 할 게 있어. 선택의 폭이 좁으면 옷 고르기가 훨씬 쉬워. 필요 없는 옷은 자선단체에 기증하거나 중고장터에 팔아. 네 옷이 누군가를 행복하게 해 줄 수 있으니까.

4. 가끔은 잘 입지 않던 색깔의 옷을 입어 볼 생각도 해 봐. 아직은 밝은 색 옷이 불편하다고? 사지 않더라도 옷가게에서 한번 시험 삼아 입어 봐. 검은색이 아닌 다른 색 옷을 입은 네 모습에 익숙해지는 방법이야.

5. 마음을 편히 가져. 패션은 과학이 아니라 표현 방식이야. 시행착오를 겪다 보면 감각이 늘 거야. 그러니까 톡톡 튀는 패션과 편안함 사이의 적절한 균형을 찾기 위해 거치게 될 몇 번의 시행착오를 겁내지 마. 자신만의 스타일을 창조하는 일은 하룻밤 사이에 일어나지 않아.

스타일과 유행의 차이는 뭘까? 스타일은 사라지지 않지만 유행은 순간이라는 점이겠지. 유행을 좇다 보면 지치기 마련이야. 돈이 많이 드는 건 말할 것도 없지. 유행하는 것마다 따라 하다 보면 얼마 지나지 않아 옷장이 터져 버리고 말걸. 지갑은 텅텅 빌 거고.

강추하는 10가지 기본템

크로스틴의 주장

흰색 기본 티셔츠

블라우스

검정 바지

민소매 상의

기본형 청바지

펌프스나 하이힐

스니커즈

(데님)치마

기본 스웨터

기본형 여름 민소매 원피스

스타일은 잘 어울리는 옷이나 액세서리를 찾는 것 이상을 의미해. 그건 자신을 대하는 태도이면서 동시에 장점을 살리고 자신감을 드러내는 방법이기도 해. 스타일은 네가 스스로를 어떻게 생각하는지 말해 줘. 자기 인생의 주인인 용감한 젊은 여성이라는 사실을 말이야!

다양한 모발 유형을 위한 실패할 염려 없는 헤어스타일

누구나 머리카락을 벗어 버리고 싶은 적이 있을 거야. 이 자리를 빌려 헤어스타일에 대해 여러 가지 이야기를 해 준 내 친구

쉽게 따라 하는 헤어스타일

네 머리나 친구의 머리로
시도해 볼 수 있어!

① 양쪽으로 말아 올리기(일명 뿌까 머리)
· 머리카락을 잘 빗어
· 머리카락 전체를 반으로 나눠 가르마를 타
· 양쪽을 묶고 동그랗게 말아 올려
· 자연스럽게 보이도록 머리기락을 몇 기닥 빼내서 늘어뜨러
· 스프레이로 고정하면 끝!

② 스카프나 반다나 이용하기
· 마음에 드는 스카프를 골라
· 스카프로 머리 전체를 두르거나 먼저 머리카락을 묶어
· 머리 뒤편에서 스카프를 묶어 매듭을 지어
· 헤어핀으로 양쪽을 고정해

③ 위쪽으로 올려 말기 (일명 똥머리, 머리를 감지 않았을 때 강추)
· 머리카락을 빗어 올려 모아 쥔 다음 끈으로 묶고 동그랗게 말아
· 손가락으로 머리카락을 느슨하게 만들어
· 자연스러워 보이도록 몇 가닥은 흘러내리게 해
· 스프레이를 뿌려서 자연스러운 볼륨을 줘

④ 자연스러운 곱슬머리 (열을 가하지 않고)
· 잠자리에 들기 전에 머리카락을 조금씩 묶고 작게 말아
· 다음날 아침 동그랗게 말아 둔 머리카락을 풀고 털듯이 만져 줘
· 헤어스프레이를 뿌리면 모양이 잘 잡힌 채로 곱슬머리를 유지할 수 있어

⑤ 반은 묶고 반은 늘어뜨리기
· 머리를 잘 빗어
· 위쪽 머리카락을 한데 모아 쥐고 묶은 다음 동그랗게 말아
· 나머지 반은 그대로 둬
· 하루 정도 머리를 감지 않았을 때 시도해 봐

 ⑥ 짧은 머리
· 왁스로 바짝 세워

들에게 감사 인사를 전할게. 각자의 취향을 알려 준 것도 고마워.

인생 화장을 위한 9가지 꿀팁

화장을 꼭 해야 할까? 그리고 왜 해야 할까? 혹시 생각해 본 적 있어? 난 누군가에게 잘 보이고 싶어서 화장을 한 적이 많아. 근데 어느 날부턴가 그게 너무 이상하더라고. 왜 그래야 하지? 난 그냥 내 만족을 위해 화장을 해. 나만의 패션 스타일을 만드는 거랑 비슷한 거지. 그러니 화장을 하고 싶지 않다면, 그리고 혹시 화장하는 것에 반대한다면 이 부분은 그냥 패스해도 돼.

빈털터리 학생 시절, 나는 돈과 노력을 아낄 만한 온갖 정보를 모아두길 좋아했어. 다양한 상황에서 나를 구원해 준 가성비 짱, 기분 짱 비법을 소개해 볼게!

꿀팁 #1

허벅지 안쪽이 쓸려서 피부가 가렵다고?

허벅지에 베이비파우더를 뿌리고 잘 문질러 줘

짜잔!

꿀팁 #2

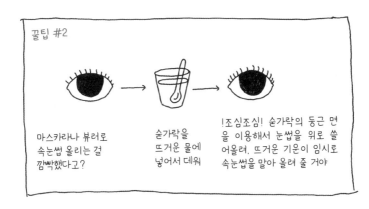

마스카라나 뷰러로
속눈썹 올리는 걸
깜빡했다고?

숟가락을
뜨거운 물에
넣어서 데워

!조심조심! 숟가락의 둥근 면
을 이용해서 눈썹을 위로 쓸
어올려. 뜨거운 기운이 임시로
속눈썹을 말아 올려 줄 거야

꿀팁 #3

① 블랙헤드 제거용 팩

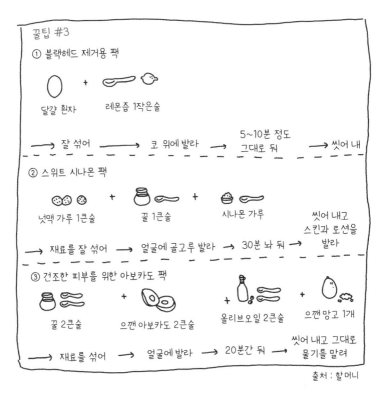

달걀 흰자   레몬즙 1작은술

→ 잘 섞어 → 코 위에 발라 → 5~10분 정도
그대로 둬 → 씻어 내

② 스위트 시나몬 팩

넛맥 가루 1큰술   꿀 1큰술   시나몬 가루

→ 재료를 잘 섞어 → 얼굴에 골고루 발라 → 30분 놔 둬 → 씻어 내고
스킨과 로션을
발라

③ 건조한 피부를 위한 아보카도 팩

꿀 2큰술   으깬 아보카도 2큰술   올리브오일 2큰술   으깬 망고 1개

→ 재료를 섞어 → 얼굴에 발라 → 20분간 둬 → 씻어 내고 그대로
물기를 말려

출처 : 할머니

101

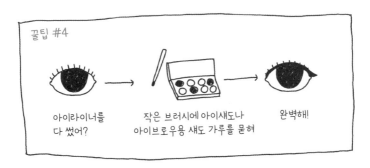

꿀팁 #4

아이라이너를
다 썼어?

작은 브러시에 아이섀도나
아이브로우용 섀도 가루를 묻혀

완벽해!

꿀팁 #5

입술이 갈라졌다고?

자기 전 입술에
바셀린을 발라 봐

반지르르 윤기 나는
입술 되시겠습니다!

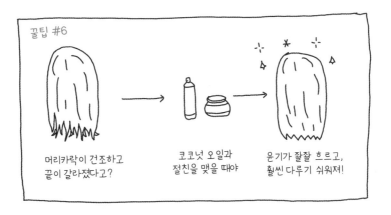

꿀팁 #6

머리카락이 건조하고
끝이 갈라졌다고?

코코넛 오일과
절친을 맺을 때야

윤기가 좔좔 흐르고,
훨씬 다루기 쉬워져!

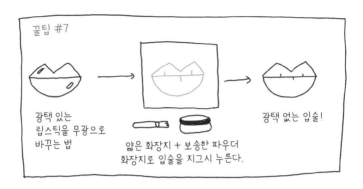

꿀팁 #7

강택 있는
립스틱을 무광으로
바꾸는 법

얇은 화장지 + 보송한 파우더
화장지로 입술을 지그시 누른다.

강택 없는 입술!

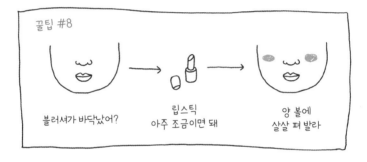

꿀팁 #8

블러셔가 바닥났어?

립스틱
아주 조금이면 돼

양 볼에
살살 펴 발라

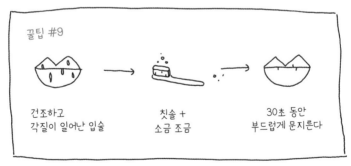

꿀팁 #9

건조하고
각질이 일어난 입술

칫솔 +
소금 조금

30초 동안
부드럽게 문지른다

물로 잘 씻어 낸 뒤 물기를 말리면 부드러워질 거야.
이렇게 하면 오래되고 건조한 각질이 떨어져 나가서 립스틱도 아주 잘 발려!

쇼핑 비용을 아끼는 6가지 꿀팁

우리 모두 그런 경험이 있을 거야. 아르바이트를 하고 받은 돈이라든가 명절에 받은 용돈이 말 그대로 휙, 순식간에 스쳐 지나간 경험 말이야. 신상을 사야 했으니까. 옷, 액세서리, 길거리 음식, 디저트, 뭐가 되었든 말이야. 잘 모아 둔 돈을 모조리 날리고 나면 바로 죄책감이 밀려들어. 이런 생각과 함께. "내가 무슨 짓을 한 거지?"

미래의 내가 이렇게 놀라는 일을 피하고 싶다면 미리 계획을 세워서 준비해 둬야 해. 내가 쇼핑 중독에서 벗어나는 데 도움이 되었던 절약 꿀팁 몇 가지를 소개할게.

1. 영수증을 모으고 지난달에 얼마를 썼는지 계산해 봐. 그렇게 하면 돈이 어디로 빠져나갔는지 추적해 볼 수 있어. 우리는 돈을 얼마나 쓰고 있는지 잘 몰라. 계좌 잔고를 확인하고서야 깨닫는 거지. 수입과 지출 항목을 나눠서 관리하면 돈을 어디에 주로 쓰는지 쉽게 파악할 수 있어. 또 이곳저곳으로 새 나가던 돈을 아껴서 계획한 목표에 쉽게 이를 수 있지. 요즘엔 가계부 어플도 있으니까 한번 활용해 봐.

2. 자신에게 이런 질문을 해 봐.
   - 지출 목록에 있는 것들 중 정말 필요한 건 몇 가지였지?
   - 간식을 사 가는 대신 집에서 가져갈 수는 없을까?

• 내가 산 물건들을 놓을 만한 공간이 있을까?

• 왜 이런 물건을 샀을까? 실제로 사용하고 있나? 아니면 그냥 멋지다고/예쁘다고/신기하다고 생각해서 산 걸까?

3. 새 바지가 필요해서 하나 사러 나간다고 상상해 봐. 우선 온라인에서 원하는 바지를 찾아보고 가격을 알아두면 좋아. 바지는 구입하기 전에 한번 입어 봐야 해. 그러니까 가게에 가서 직접 입어 보고 어울리는지 확인해 보는 걸 추천해. 가게나 쇼핑몰에 가기 전에 예산을 정해서 딱 그만큼만 가져가야 해. 여분의 현금이나 신용카드는 가져가지 마! 가져갈 돈을 예산에 맞춰. 처음엔 좀 불안할지도 몰라. 하지만 결국엔 감사한 마음이 들면서 스스로 자랑스러울 거야. 온라인에서 찾아본 가격과 가게에서 판매하는 가격을 비교해 보고 선택하면 돼!

4. 아껴서 모은 돈도 관리가 필요해. 돈을 저금통에 넣어 두거나 은행에 저금할 수도 있고 특별한 일이나 목돈이 필요할 경우를 대비해 모아 둘 수도 있어. 금액을 적어서 저금통에 붙여 두면 목표를 눈으로 확인하는 효과가 있어. 돈을 모으는 목표에는 이런 것들이 있지.

- 콘서트 티켓 구입
- 여행 경비 모으기
- 한정판 운동화 구입
- 새 자전거 구입
- 중고 노트북 구입

5. 중고 매장을 이용해 봐. 중고품 가게에서 파는 옷들을 보면 깜짝 놀랄 걸. 중고 옷이라고 다 냄새가 나거나 촌스러운

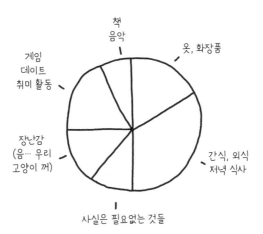

건 아니야. 중고 매장에서 디자인이 독특하고 값비싼 물건을 괜찮은 가격에 구입한 적이 한두 번이 아니라니까! 중고 쇼핑에 관해서는 이번 장이 끝나기 전에 더 자세히 다룰게.

6. 계획, 계획, 계획! 계획 세우기가 전부라 해도 과언이 아니야. 이번 주에 만 원을 절약했다고? 잘했어, 그것도 적어 둬. 그 돈으로 너무너무 사고 싶은 구두를 살 날이 올 거야. 미리 계획을 세워 두면 돈을 절약하기 훨씬 쉬워진다는 걸 명심해. 오랫동안 바라던 물건을 사기 위해 돈을 관리하고 모으면 만족감이 크고 그 물건이 정말 소중하게 느껴질 거야.

내가 좋아하는 옷을 입었는데
사람들이 자꾸 쳐다봐

자, 몇 가지 시나리오를 생각해 볼 수 있겠다. 일단 매일 아침 일어나면, 아래와 같은 순서대로 해 봐.

1. 평범하기 짝이 없다고 생각하는 옷을 입어. 그러면 사람들이 쳐다보는 일은 없을 거야. 안전한 방법을 찾아서 주변에 섞여 들면 눈에 띄지 않아. 아니면,

2. 네가 좋아하는 옷을 입어. 네가 입은 옷을 좋아할 유일한 사람은 바로… 너니까.

좋아하는 옷을 입는 건 자신을 표현하는 방법이자 네 감정, 취향, 생각을 드러내는 방법이기도 해. 그러다 같은 취향을 가진 사람과 마주칠 수도 있어! 사람은 사회적인 동물이야. 그래서 습관과 사회적 규범 같은 문화에 가치를 두지. 사람들이 너를 쳐다본다면 다 이유가 있어서야. (네가 어떤 사람인지와는 전혀 관련이 없어)

* 네가 입은 옷이 일반적인 복장 규정과 맞지 않을 때
* 네가 입은 옷이 계절과 어울리지 않을 때. 겨울에 핫팬츠와 탱크톱을 입으면 사람들이 고개를 돌려 쳐다볼 거야. 대부분은 네가 얼어 죽을까 봐 걱정되기 때문이지.
* 외국에 갔는데 그 지역 사람들이 네 스타일을 낯설게 느낄 때

자, 사람들이 너를 쳐다본다면 어떻게 해야 할까? 활짝 웃어! 밝은 미소는 매력적인데다 사람들의 마음을 편하게 해 줘. 네 미소의 99.9%는 미소로 화답 받을 거야. 그러지 않는 사람이라도 네가 웃어 준다는 사실에 충격을 받을 거고, 그 때문에라도 누군가를 쳐다보기 전에 한 번 더 생각해 보겠지. 어떤 쪽이라도 승리는 네 거야.

사람들이 네 옷을 쳐다봐도 신경 쓰지 마. 옷으로 널 판단하거나 괴롭히지만 않는다면 문제없어. 과감하게 입기로 맘먹었다

면, 그냥 쳐다보라고 해! 아마 너도 누군가를 쳐다본 적이 있을 거야. 자기도 모르게 그러는 경우가 많거든. 널 만든 분은 세상 모든 멋진 옷을 바라보라고 눈을 달아 줬으니까!

쳐다보는 건 본능일까? 분명히 그래. 하지만 사회공포증을 앓는다면(1장에서 자세히 설명했어), 사람들의 시선을 혐오나 반감이라고 해석할 수도 있어. 사실은 (대부분의 경우) 그렇지 않은데 말이야. 이렇게 자신이 다른 사람들의 관심을 집중적으로 받는

다고 생각하는 현상을 '조명효과'라고 불러. 그런 경험을 한다면 기본적으로 자신이나 자신의 행동에 다른 사람들이 기울이는 관심을 과대평가하는 거야. 솔직히 말하면 사람들은 너에게 그렇게까지 관심이 없어. 대부분은 자신에게만 엄청 관심이 있거든. 그러니까 스스로를 너무 의식한다는 느낌이 들면 조명효과를 떠올려 봐.

사람들은 대부분 자신이 너를 쳐다보고 있다는 사실조차 인식하지 못하고 있을걸. 그 순간조차 자기에게 열중하고 있을 테니까.

브래지어에 대하여

브래지어를 꼭 해야 할까? 사실, 안 하는 게 좋아. 적어도 종일 입을 필요는 없어. 과학자들도 온종일 브래지어를 하면 건강에 문제가 생길 수 있다는 데 동의하거든. 하지만 브래지어를 아예 하지 않으면 지지해 주는 기능이 부족해서 척추에 통증이 생길 가능성이 있어.

브래지어는 가슴을 받쳐 주는 역할을 해. 예를 들면 운동할 때 제자리에 고정해 주고 가슴 조직에 상처가 나지 않도록 보호해 줘. 가슴이 큰 편이라면 몸에 잘 맞고 품질 좋은 제품을 사야 돼. 이건 아주 중요해. 브래지어를 올바로 착용하면 척추 문제,

근육의 통증, 두통을 줄일 수 있어.

브래지어 사이즈를 잘 모르겠다고? 브래지어 사이즈를 찾는 건 그렇게 어렵지 않아. 혼자서 치수를 잴 수도 있고 엄마나 판매 직원에게 도와달라고 하면 돼. 가게에서 치수를 재 달라고 하는 걸 부끄러워하지 마. 그 사람들은 매일 하는 일이거든! 다음 순서 대로 하면 네 브래지어 컵 사이즈를 알아내는 데 도움이 될 거야.

1. 먼저 브래지어 밴드 사이즈를 알아야 해. 줄자로 가슴 바로 아래쪽 몸통을 두른 다음 바짝 당겨서 밑 가슴둘레를 재. 너무 꽉 조이지 않도록 주의하고. 밴드 사이즈는 5cm 간격으로 있어. 70, 75, 80, 85... 이런 식이지. 밴드 사이즈에 2.5cm를 더하거나 빼면 허용범위가 나와. 즉, 75 사이즈는 밑 가슴둘레가 72.5cm에서 77.5cm인 사람에게 잘 맞는다는 뜻이야. 방금 잰 밑 가슴둘레가 어디에 속하는지 찾을 수 있겠지?

2. 이제, 줄자를 유두 위로 지나게 둘러서 가슴에서 가장 큰 부분을 잴 차례야. 치수를 쟀으면 이 값에서 1번의 측정치를 빼. 두 숫자의 차가 브래지어 컵 사이즈야. 7.5cm 내외 = AA, 10cm 내외= A, 12.5cm 내외 = B, 15cm 내외 = C, 17.5cm 내외 = D, 20cm 내외 = E, 이런 식이야.

3. 1번에서 구한 밴드 사이즈(난 85가 나왔어)를 2번에서 구한 컵 사이즈(난 B야, 어떨 때는 C이고)와 합치면 브래지어 사이즈가 나와! 나는 85B야.

귀엽고 편한 브래지어 찾는 법

편한 브래지어는 숨겨진 보물과 같아. 그걸 찾으려면 시간을 꽤 투자할 각오를 해야 돼. 어디로 가서 찾아야 할지 알려 주는 지도조차 없잖아. 가슴에 착 붙으면서 생활 방식에 딱 들어맞는 브래지어를 찾기 위해서는 발이 부르터라 품을 팔고 가슴이 닳도록 입어 보면서 좌절의 신음을 내는 과정을 거쳐야 해. 가슴이 나오기 시작할 때(15살 때였지), 나는 별 생각 없이 나가서 귀엽고 잘 받쳐 주고 저렴한 제품을 찾아다녔어. 예산을 맞추기 위해 내 기준을 한 단계 낮춰 "잘 받쳐 줘야 한다"는 조건을 삭제해 버리기까지 했어. 그렇게 내 첫 번째 A컵 브래지어를 샀지. 그건 귀엽고, 저렴했어…. 하지만 잘 안 맞았어. 그건 거의 재앙에 가까웠어. 내가 고른 브래지어는 밴드 사이즈가 너어어어어무 작아서 등과 가슴이 밤도 못하게 아팠거든.

사실, 그렇게 귀엽지도 않았어. 하지만 그때까지도 내가 뭔가 잘못하고 있다는 생각은 들지 않았어. 그냥 다른 사람들도 이런 브래지어를 하루 종일 하고 있는 줄 알았지 뭐야.

브랜드마다 브래지어의 스타일이 다르고 크기도 달라. 네 취향을 제대로 알 때까지 망설이지 말고 각 브랜드와 여러 스타일과 다양한 재질로 된 브래지어를 입어 봐. 컵이 잘 맞나 어깨끈을 이리저리 조절하면서 맞춰 봐. 브래지어 때문에 피부가 쓸리거

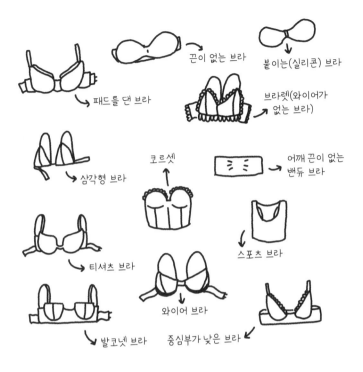

패드를 댄 브라

끈이 없는 브라

붙이는(실리콘) 브라

브라렛(와이어가 없는 브라)

삼각형 브라

코르셋

어깨 끈이 없는 밴듀 브라

티셔츠 브라

스포츠 브라

발코넷 브라

와이어 브라

중심부가 낮은 브라

나 상처가 나서는 안 돼. 끈이 너무 조여도 안 돼. 또 너무 헐렁한 느낌이 들어도 안 돼. 뒤쪽 후크로 밴드 길이를 조절해서 편안하고 안정된 느낌을 주는지 확인해.

중고 매장 쇼핑에 시동 걸기

누군가 버린 물건이 다른 사람에게는 보물이 돼. 내가 중고 매장을 사랑하는 데는 많은 이유가 있어. 우선 싸고, 독특한 물건을 팔고, 지역 공동체와 환경에도 도움이 돼. 뭔가 멋진 것을 아주 저렴한 가격에 샀다고 생각하면 정말 기분이 좋아서 날아갈 것만 같다니까! 중고 매장을 더 자주 이용해야 하는 이유를 몇 가지 적어 볼게.

1. 중고 매장이 활성화되면 환경을 보호하는 데 도움이 돼. 요즘 옷을 생산하는 주요 브랜드들은 오래가는 옷을 만들지 않아. 옷감의 질과 바느질도 중고 매장에서 파는 옷보다 질이 떨어지기도 해.

2. 가격이 싸. 엄청 싸.

3. 실제로 중고 매장에서 보물을 발견할 가능성이 커. 내가 빈티지 청재킷, 스니커즈, 카이보이 부츠, 인조 모피 코트, 액세서리, 멋진 빈티지 선글라스 등등, 매주 즐겨 입는 모든 것을 구입한 곳이 바로 중고 매상이거든.

4. 늘 놀라움이 가득한 곳이야. 중고 매장에서 뭘 찾아낼지 아무도 몰라. 이달의 추천 상품 같은 건 없어. 모든 제품이 완전 한정판이거든!

5. 버리고 싶은 옷이 쌓였다면 지역 중고 매장과 친하게 지내면 좋아. 그리고 기증하려고 가져갈 옷은 바로 입을 수 있을 만큼 깨끗해야 돼.

6. 중고 매장에서 종종 대폭 할인 판매를 한다는 사실 알아?

할인에 할인을 하고 또 할인을 한다는 얘기야.

7. 중고 매장에서 화장품을 살 때는 주의해야 돼. 명품 브랜드 제품을 싼 가격에 구입할 수 있다는 점은 확 끌리지만 밀봉이 잘 되어 있는지, 유통기한이 지나지 않았는지 잘 확인해야 해. 유통기한이 지난 제품은 피부에 자극을 줄 수 있거든.

이래도 중고 매장에 들러 봐야겠단 확신이 서지 않는다면, 무슨 말을 더 하면 좋을까. 그럼, 처음 방문한 중고 매장에서 마음껏 질러 봐! 하지만 앞서 말한 예산 짜기 꿀팁까지 나몰라라 하지는 마. 절대 무리해선 안 돼!

DIY 꿀팁 대방출

기쁜 소식이 있어. 멋져 보이기 위해 꼭 비싼 물건이 필요하지는 않다는 거야. 나는 오래된 액세서리나 중고 물건의 부속품으로 나만의 액세서리를 만들었어. 초커, 목걸이, 팔찌, 심지어 귀걸이까지 시간을 들여서 적당한 물건을 찾아내기만 하면 아주 싼값에 뚝딱 만들 수 있어! 진짜 쉽고 너무 재미있어.

잠깐! 수제 액세서리는 선물하기에도 아주 좋아! 내가 즐겨 만드는 액세서리 DIY 꿀팁을 풀어 볼게.

1. 초커

목걸이 한 개 가격으로 초커 20개를 만들 수 있는데 뭐하러 목걸이 하나에 만 원 넘게 쓰겠어? 이런 재료들만 있으면 돼.

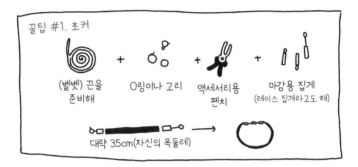

2. 독특하고 멋진 목걸이

초커는 별로라고? 그렇다면 세상에서 하나뿐인 목걸이를 아주 싼 가격에 만들어 봐. 가까운 공예품 매장이나 소품 가게에 가면 단순한 디자인의 목걸이나 목걸이 줄이 있을 거야. 빈티지 스

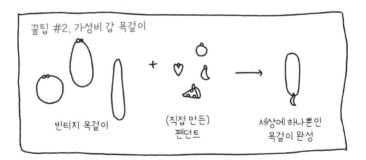

타일 펜던트도 찾아보고. 혹시 눈치챘을지 모르겠지만 중고 매장은 독특한 장식과 펜던트가 많은 곳이야. 이렇게 특별한 목걸이를 한 사람은 너뿐일걸!

3. 브로치

너만의 브로치를 만드는 건 아주 쉬워. 먼저 안전핀을 준비해. 색도 크기도 다양하니까 네가 만들고 싶은 핀을 생각해서 골라야 해. 나는 작고 금빛이 나는 핀이 좋더라. 그다음엔 구슬, 진주알, 폼폼 또는 네가 장식하고 싶은 물건을 골라서 핀에 고정해. 글루건을 쓰면 편해. 이런 브로치는 데님 재킷이나 흰 셔츠에 아주 잘 어울려.

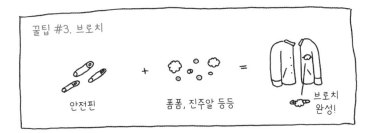

4. 스카프

목에 목걸이만 하라는 법은 없겠지? 귀여운 스카프나 숄은 몇천 원만 내면 살 수 있어. 스카프를 목이나 손목에 두르거나 머리에 둘러 봐. 예쁜 스카프는 패션을 완성시켜 줄 거야. 짜잔! 하나의 액세서리로 다양한 모습을 연출할 수 있지.

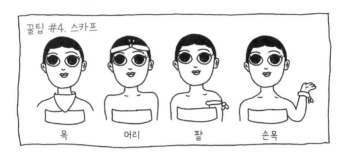

5. 옷 리폼

오래된 옷을 내다 버리는 대신, 업그레이드하는 거야! 멋진 와펜 패치와 버튼으로 색다른 느낌을 주는 거지. 새 옷을 사는 것보다 훨씬 싸면서 마치 새 옷을 입은 느낌이 들 거야!

이미지를 새롭게 바꿀 만한 옷이라면 버리지 마! 조금 잘라 내거나 바느질로 이어 붙이거나 박음질하면 아무렇게나 놔뒀던 옷이 옷장 속에 신선한 바람을 일으킬 거라고.

낡은 청바지를 리폼하는 게 얼마나 재미있는데. 반바지, 스카프, 벨트, 어깨에 매는 가방으로 재탄생 시킬 수 있어. 진짜 끝내 준다니까. 바지가 지겨워졌다고? 좋아하는 색깔의 천을 골라서 길게 두 줄로 자른 다음 바지 옆선을 따라 꿰매 붙여 봐. 새롭고 독특하고 발랄해 보일 거야.

끌팁 #5. 옷에 새 생명 불어넣기

오래 입은 옷에 창의력을 발휘해 봐!

낡은 원피스를 → 자르면... → 윗부분이 → 새로운 스타일로 변신!

밋밋한 청바지 + = 개성만점 청바지

이런 것들을 곁들여 봐 :

COOL ♥ 😊 멋진 와펜 패치들 · 핀 · 🐱 패브릭용 물감

5장

발칙한 우정 사전
신비한 가족 사전

친구들은 네가 고른 가족이야. 그럼 고르고 어쩌고 할 것 없이 함께해야 하는 진짜 가족은 너에게 어떤 존재지? 가족 모임은 어떻게 해야 할까? 아끼는 가족이나 친구에게 힘든 이야기를 자연스럽게 꺼낼 방법은 없을까? 이번 장에서는 친구와 가족 관계를 다룰 거니까 잘 들어 봐.

가족 모임은 어려워

겨울이 오고 있어. 사람들은 집 안팎을 장식해. 거리에는 예쁜 불빛이 반짝이고 맛있는 음식 냄새와 행복이 가득해. 크리스마스를 축하하든 아니든, 이번 장에서는 지긋지긋한 가족 모임에 익숙해지는 방법을 이야기해 보려고 해. 내가 우리 가족과 지내면서 겪었던 순간을 위주로 설명하겠지만 여기서 다루는 주제에 네 개인적인 에피소드를 자유롭게 끼워 넣어 봐.

지금부터 당황스러운 가족 모임에 대처하는 방법을 몇 가지 알려 줄게.

1. 뻔한 질문. 남친이 있냐고 묻는 사람이 꼭 있지.

그런 질문에 당황하지 마. 기분 나빠할 필요도 없어. 마음을 단단히 먹어야 해. 침착하게 대답하거나 농담으로 받아쳐. 둘 다 괜찮아. 그 질문을 한 사람은 진짜 궁금해서라기보다 대화할 만한 얘기가 딱히 떠오르지 않아서 그냥 물어본 걸지도 몰라.

짓궂은 질문에 대한 대답을 미리 준비해 놓아도 좋겠지. 질문한 사람을 뜨끔하게 만드는 거야. 이렇게. "고모, 아기는 어떻게 생겨요?" 아니면 "할머니, 외계인이 있다고 생각하세요?" 재미는 물론이고 심도 있는 대화까지 보장할게.

2. 계속 휴대폰만 들여다보면서 어색한 대화를 피하려 애쓰는 중인데, 누군가 그걸 지적해.

친척은 일 년에 한 번 정도 만나잖아. 소셜미디어에서 잠깐 떠나 반나절 정도 (온라인에서) 침묵한다고 죽진 않아. 종일 휴대폰만 붙들고 있으면 가족과 친척이 들려주는 흥미로운 이야기나 새로운 사건을 놓치고 말 거야. 사촌들과 얘기해 봐. 같이 모여 있는 동안은 함께 어울리는 게 좋아.

3. 어른들이 술에 취해서 차별적인 말을 내뱉기 시작해.

임무를 중단하라. 반복할게, 임무를 중단하라. 술과 가족 간의 갈등은 명절을 다툼과 안 좋은 기억으로 얼룩지게 하고 씁쓸한 뒤끝을 남기기도 해. 긍정적으로 생각해 보자. 이야기 주제를 바꿔 봐. 가족을 위해 기꺼이 희생하는 마음으로 개인적인 삶을 공개하고 세세한 이야기를 풀어 봐. 모두가 귀를 쫑긋 세우고 네가 겪는 일에 관심을 가질 거야. 만약 효과가 없다면, 그냥 그 자리에서 나와. 강아지와 놀거나 선물 상자에 뭐가 들었을지, 아니면 어른들에게 받은 용돈이 모두 얼마나 될지 상상해. 아이들이 어른들의 이상하고 황당한 토론의 희생양이 되는 일은 절대 없어야 해. 그냥 너 자신만의 파티로 만들어 버려!

4. 크리스마스 선물 상자를 열어 보고 실망감을 감추기 위해 온 힘을 다해 애쓰고 있는데 그걸 준비한 사람이 맘에 드냐고 물어봐.

1장에서 한 얘기 기억할 거야. 하얀 거짓말을 조금 하는 건 나쁘지 않다고. 이럴 때 고마움도 모르는 개념 없는 아이로 비치는 건 너도 싫을 거야. 또 가족의 감정이 상하는 것도 원치 않을 거고. 너를 위한 선물을 준비하느라 시간과 정성을 쏟았을 테니까. 상냥하게 고개를 끄덕이면서 표정엔 감정을 담지 말고 억지로라도 웃음을 지어. 그러면서 감사하다고 말하는 거야. 그렇게 시간이 지나고 나면 물건을 기증하거나 중고 매장에 팔면 돼.

5. 누군가 실수로 네 비밀을 폭로해 버렸어. 다들 너만 쳐다보는 상황이지.

정말 안됐지만, 쏟아진 물을 주워 담을 수는 없어. 그 사람에게 화를 내 봐야 소용없다는 뜻이야. 그래봤자 분위기만 싸해질 뿐이니까. 그럴 땐 피해를 수습하는 게 최선이야. 가족과 친척에게 침착하게 자초지종을 설명해. 이해하기 쉽도록 사건의 배경이나 전후 이야기도 곁들여 말하고. 그러면 널 이해해 줄 가능성이 커져. 더 설명해야 할 사람이 있다면 모임이 끝난 뒤에 더 자세히 이야기하는 게 좋겠지. 또 네 비밀을 말한 사람과도 대화를 해야 해. 비밀을 발설한 사람에게 가서 마음이 상했다고 솔직하게 말하는 거지.

가족 모임은 예측하기 어려울 때가 많아. 뭘 기대하고 뭘 기대하지 말아야 할지 알쏭달쏭할 거야. 그러니 긴장하는 것도 당연해. 그럴 땐 생각을 조금 비우고 즐거운 상상을 해 봐. (시간이 금세 지나간다는 것만 기억해 둬, 넌 잘 해낼 수 있어!)

친구나 가족에게
어려운 이야기 털어놓기

누군가에게 불쾌하거나 어려운 이야기를 털어놓는 건 정말이지 피하고 싶을 거야. 스트레스 받아서 손바닥에 땀이 나고 심장이 제멋대로 날뛰겠지. 누구나 한 번쯤은 겪는 일이야. 하지만 막상 어려운 이야기를 털어놓고 나면 마음이 천 배는 가벼워질 거야. 지금부터 내가 친구나 가족과 힘든 대화를 나눌 때 도움이 되었던 방법을 소개할게.

상황 #1. 잘못한 일이 있다면 부모님(이나 보호자)에게 털어놔야 해. 성적이 좋지 않을 때를 예로 들어 볼게. 학교 성적 문제는 그 자체만으로도 스트레스가 엄청나. 엉망인 성적표를 부모님에게 보여 주고 부모님의 실망스러운 표정을 확인할 땐 고통이 두 배가 되지. 자, 여기 나쁜 소식을 전하는 방법이 있어.

1. 대화하기 전에 준비가 필요해. 먼저 침착해야 해. 네가 침착하지 않으면 부모님도 침착하지 않을 거야. 낮은 성적을 받는 일은 학교에 다녀 본 사람이라면 누구나 겪는 일이야.

2. 정직하게 네가 시험을 망쳤다고 털어놓거나 교재를 이해하지 못했는데 도움을 구하지 못했다고 말해. 진실을 감추고 싶은 유혹이 들지도 모르지만 날 믿어. 혼자 뭉개고 있다가 들키면 문제가 더 커지니까.

3. 부모님과 대화하기로 마음을 정했으면 머릿속으로 상황을 상상해 봐. 가능하다면 먼저 선생님과 상의해 보는 것도 좋은 방법이야. 선생님의 도움을 받아 학습 계획을 세우고 부모님에게 보여드릴 수도 있어. 이런 것들은 네가 상황의 심각성을 깨닫고 실수를 반복하지 않기 위해 노력하고 있다는 증거가 되어 줘.

4. 부모님에게 성적이 좋지 않다는 말을 꺼내기에 적당한 시간과 장소를 골라. 아마 거실이나 네 방이 될 거야. 부모님이 직장에서 집에 돌아오고 바로 말하기보다는 시간을 좀

보낸 다음이 좋아.

5. 앉아서 심호흡을 몇 번 하고 나서 침착하게 왜 그런 일이 벌어졌는지 설명해. 공부를 충분히 하지 않아서? 교과서를 제대로 이해하지 못해서? 아니면 다른 문제가 있었어? 그걸 말하면 돼. 지금이 기회야.

6. 부모님께 그 문제를 어떻게 해결할지 설명해. 과외를 받거나 친구랑 같이 공부하겠다고 말할 수도 있겠지? 부모님의 의견을 들어 봐. 부모님의 조언을 네 계획에 보탠다면, 그분들도 너에게 도움이 되었다는 생각에 기쁠 거야.

7. 대부분의 경우 부모님은 너를 이해하고 도와줄 거야. 공부를 열심히 하지 않았기 때문에 그에 따른 벌을 줄 수도 있겠지. 아니면 다음 시험을 준비하는 데 도움을 주겠다고 적극적으로 나설 수도 있어. 부모님이 화를 내거나 좌절하는 것 역시 정상적인 반응이야. 그분들은 네가 학교에서 잘 해내길 바라니까.

성적이 잘 안 나왔다고 세상이 무너지는 건 아니야. 그건 고칠 수 있는 일이거든. 그보다 훨씬 더 심각한 문제가 있다면 어떡할 거야? 그 말을 하면 부모님이 널 집에서 쫓아낼까 봐 걱정된다면 어떡해야 할까?

상황 #2. 부모님은 네가 인문계 대학에 가기를 원해. 근데 너는 일반적인 대학에 갈 생각이 없어. 공부에 재능이 없는 건 아니지만 일반적인 공부보다 더 하고 싶은 게 생겼어. 피부미용 쪽 일을 하고 싶어. 친구들은 다 4년제 대학에 간다고 하고 부모님도 당연히 그럴 거라고 생각하지만 네 생각은 확고해. 피부미용을 배울 수 있는 2년제 전문대에 갈 거야. 이제 이 이야기를 꺼낼 때가 된 것 같아. 가족에게 그 사실을 털어놓기 전에 잘 준비하는 일이 무척 중요해. 다음 가이드라인을 따라 해 봐.

1. 모든 것을 목록으로 작성해. 무슨 생각을 하는지, 어떤 느낌인지, 무슨 말을 하고 싶은지 모두 말이야. 뭔가 말하려고만 하면 바짝 긴장해서 머릿속이 텅 빈 느낌이 드는 건 특별한 현상이 아니야. 하지만 무척 불편하지. 혀가 자꾸 꼬인다면 말하려는 내용을 간략하게라도 적어 두자. 하려는 말을 전달하는 데 도움이 될 거야.

2. 가족에게 어떤 방법으로 털어놓을지 결정해. 글 쓰는 데 익숙한 편이니? 그럼 편지를 쓰거나 이메일을 보내 봐. 가족들이 어떤 식으로 반응할지 두려울 때도 꽤 괜찮은 방법이야. 전화통화는 조금 더 친밀한 느낌이 들겠지. 그 밖에도 새롭고 다양한 방법을 시도해 볼 수 있어. 동영상을 찍거나 그림을 그리거나 만화로 표현하는 것도 가능해. 아니면 노래로 만들어도 돼. 안 될 게 뭐가 있겠어?

3. 가족들의 질문에 대비해 둬. 가족들이 뭘 알고 싶어 할지 예상해 보면, 더 자신 있게 대답할 수 있을 거야.

4. 네가 원하는 대로 사는 건 완전 멋지다는 사실을 기억해. 부모님이 어떻게 반응하든 너는 너의 길을 가야 해.

5. 만약 부모님이 네가 하고 싶은 일에 대해 잘 모른다면 (그분들이 알고 싶어 한다는 가정 하에) 무슨 방법을 써서라도 알려야 해. 신문과 잡지 기사, 웹사이트, 영화, 다큐멘터리 같이 그분들이 너의 관심사를 이해하는 데 도움이 될 만한 모

든 것을 동원해.

6. 부모님에게 시간을 좀 드려. 부모님이 전혀 준비가 안 되어 있을 수 있거든. 그렇다 해도 걱정하지는 마. 시간이 조금 걸릴 뿐이야.

7. 혹시 대화하다 논쟁이 거세져서 스스로 안전하지 않다는 느낌이 들면 가까운 사람 중 믿을 만한 사람에게 연락해. 그리고 너를 지킬 수 있는 안전한 공간을 찾아.

형제자매가 허락도 없이 물건을 빌려 가는 상황을 방지하는 방법

나는 남동생이 한 명 있는데, 내 허락 없이 물건을 가져가서 얼마나 싸웠는지 몰라. 만약 네 형제자매가 말도 하지 않고 네 방에서 물건을 수백만 번 가져갔다는 사실을 깨달았다면, 그리고 그런 도둑질을 멈추게 하고 싶다면 문제를 해결하는 데 도움이 될 간단한 팁 몇 가지를 소개할게.

1. 그런 행동이 왜 문제인지 말해. 네가 무슨 생각하는지 다 들려. '그건 이미 해 봤다고요.' 왜 아니겠어, 난 서로를 존중하는 대화를 말하는 거야. 왜 사람들이 네 방에서 물건을 가져가면 싫은지 이유를 적어 봐. 그 얘기를 하면서 소리를 지

남매

르거나 이성을 잃어서는 안 돼. 침착하게 말하지 않으면 네 생각을 전달하기 어렵고 상대방은 네 말을 이해하지 못할 거야. 또 이성을 잃고 폭발해 버리면 그 이야기를 다시 꺼내는 게 더 어려워져. 그러는 동안 형제자매는 네 물건을 마음껏 '빌려' 갈 테지. 운이 좋다면 그 애들이 스스로 죄책감을 느끼고 당분간 자제할지도 몰라. 하지만 얼마 못 가겠지.

2. 경고가 효과가 없다면 외출할 때 네 방문을 잠가 두는 방법이 있어(물론 부모님이 허락해야 해). 다른 방법은 네 물건을 꽁꽁 숨겨 두거나 외출 전에 물건의 위치를 사진으로 남겨 두는 거야. 그렇게 하면 돌아와서 방 상태와 사진을 비교해 볼 수 있지. 나는 방바닥에 밀가루를 뿌려 둔 적도 있다니까. 내가 외출한 동안 누군가 내 방에 들어오면 흔적이 남게 하려고 말이야. 완전 병적으로 집착한 셈이야. 이런 방법의 단점이라면 시간이 엄청 든다는 거야. 게다가 물건을

어디에 숨겼는지 기억하지 못해서 영영 찾지 못할 가능성
도 있어.

3. 1번과 2번 방법을 이미 사용해 본 적이 있을지도 모르겠다.
그래서 이 문제를 해결할 세 번째 방법을 소개하려고 해. 장
롱을 열고 네 물건을 맘껏 빌려 가도록 하는 거야. 원하는
건 뭐든지 사용하되 두 가지 조건은 꼭 지키라고 하는 거지.
사용하고 난 뒤엔 제자리에 가져다 놓기, 너 역시 그 애들
의 물건을 맘껏 빌려 쓸 수 있도록 허락하기. 옷장에 있는
옷을 모두 한꺼번에 입는 건 불가능하잖아. 그러니까 정말
원한다면 빌려주지 못할 이유가 뭐가 있겠어? 만약 형제자
매가 너와 한 약속을 어긴다면 부모님에게 도움을 청해도
좋겠지. 또 네 형제나 자매가 늘 빌려 가는 것이 뭔지 살펴
봐. 항상 같은 물건을 빌려 가니? 그 애가 그 물건을 그렇게
좋아한다면 그냥 주는 것도 괜찮은 방법이야.

나만 호구되는 거 아니냐고? 정말 그럴까? 의심이 되면 진
짜로 한번 해 봐. 놀라운 경험을 하게 될 거야. 위에서 말한
방법 중 아무것도 먹히지 않는다고 해도 화를 낼 필요는 없
어. 형제자매가 허락도 없이 물건을 빌려 가면 왜 그렇게
화가 나는지 차근차근 설명해 봐. 그런 행동이 너에게 어떤
영향을 끼치는지 그 애가 이해한다면 스스로 바꿀 가능성
도 커져.

진짜 친구 vs. 가짜 친구

우정을 테스트해 보고 싶으면 다음 쪽에 실어 놓은 진짜 친구 체크리스트에 체크를 해 봐. 하지만 기억해야 할 게 있어. 체크리스트는 네 친구가 진짜인지 가짜인지만 알려 줄 뿐이야.

살다 보면 사람들과 이별해야 할 때도 있어. 안타깝게도 이별하는 사람 중엔 친구도 있지. 천천히 사이가 멀어지거나 한 사람이 멀리 이사를 가면서 우정이 끝나기도 해. 아니면 엄청 심하게 다툰 뒤에 절교하기도 하지. 우정은 그렇게 변하기도 하고 아예 끝나기도 해.

친구가 처음 우정을 키울 때와 달라졌다는 느낌이 들어도 괜찮아. 사람은 변하기 마련이거든. 이 글을 읽는 동안에도 너는 변하고 있어. 친구랑 자주 말다툼을 했거나 단순히 함께 보내는 시간이 더는 즐겁지 않을 수도 있어. 어쩌면 진짜 친구라고 생각했는데 실은 가짜 친구라는 사실을 깨달았을 수도 있고. 친구끼리 갑자기 서로를 좋아하지 않게 되는 이유는 아주 다양하고, 그건 특별한 일이 아니야.

친구 관계를 잘 정리할 수 있는 몇 가지 방법이 있어. 사실 누구에게도 기쁜 일은 아니지만 일단 관계가 끝나면 마음이 편해져서 이전보다 만족스러울 수도 있지. 어깨 위에 얹혀 있던 무거운 짐을 벗어던진 기분이 든달까. 그러면 인생의 중요한 일들에

진짜 친구	가짜 친구
☐ 어떻게 지내는지 묻고 네가 하는 이야기를 잘 들어줘.	☐ 네 감정이 어떤지에 별로 관심이 없고 주제도 빨리 바꿔.
☐ 네 비밀을 잘 지켜.	☐ 네 비밀을 다른 사람들에게 말해.
☐ 진심 어린 칭찬을 해 줘.	☐ 속으로 네가 좋은 것을 가질 자격이 없다고 생각해.
☐ 너의 유별난 점을 잘 알아.	☐ 너를 알아 가는 데 별 흥미가 없어.
☐ 너를 위해 선물을 사 주거나 만들어 줘.	☐ 네 생일을 매번 잊어.
☐ 네 고민을 들어주고 위로해 줘.	☐ 슬프거나 화날 때 전혀 도움이 안 돼.
☐ 네가 편안하게 느끼길 원해.	☐ (사람들이 많은 데서) 자주 네게 창피를 줘.
☐ 네 의견을 중요하게 생각해.	☐ 너에게 이래라저래라 해.
☐ 침묵을 어색해하지 않아.	☐ 침묵을 못 견뎌.
☐ 때때로 문자를 보내.	☐ 너에게 뭔가 얻어낼 게 있을 때만 문자를 해.
☐ 약속을 지킬 줄 알아.	☐ 약속을 자주 깨.
☐ 네 자존감을 높여 줘.	☐ 강요하거나 억압해.
☐ 함께 놀자고 제안해.	☐ 너를 거의 또는 절대 초대하지 않아.
☐ 늘 한결같아.	☐ 친구들과 모여 있을 때와 둘이 있을 때 행동이 달라.
☐ 차이를 인정할 줄 알아.	☐ 네 관심사, 스타일, 취향을 놀려.
☐ 네 잘못을 용서해 줘.	☐ 너의 사소한 실수까지 다 지적해.
☐ 너를 존중해. 네 의견과 다를 때도 마찬가지야.	☐ 너보다 다른 사람의 의견을 존중해.
☐ 너에게 닥친 문제에 대해 이야기하고 대책을 함께 고민해 줘.	☐ 네가 어떤 일을 겪는지 절대 묻지 않아.
☐ 책임감 있어.	☐ 너를 위해 시간을 내지 않아.
☐ 같이 있으면 기분이 좋아.	☐ 아무 이유 없이 죄책감이 들게 해.
☐ 네가 사귀는 사람과도 친구로 지내려고 노력해.	☐ 널 질투하거나 네 남친에게 치근대.
☐ 너를 변호해 주려고 해.	☐ 너에 관한 안 좋은 소문을 퍼뜨려.
☐ …	☐ …
☐ …	☐ …

→ 너만의 목록을 더 만들어 봐!

133

다시 집중하게 될 거야.

소셜미디어에서 친구를 삭제하거나 말 한마디 없이 친구의 번호를 차단하는 일은 우정을 끝내는 가장 쉬운 방법처럼 보일 거야. 친구도 그 덕분에 확신하겠지. 하지만 그 방법은 최선의 선택이 아니야. 친구로서는 상처받거나 화날 수도 있어. 또 언젠가 그 친구를 다시 마주칠 날이 올지도 모르잖아. 왜 차단했는지 설명해야 하는 끔찍한 상황을 겪지 않으려면 상황을 능동적으로 헤쳐 나가야 해. 성숙하게 행동하는 게 좋다는 거지.

우정을 정리하는 대신, 함께 우정을 나눈 사이였던 만큼 다시 한 번 기회를 줄 수도 있어. 먼저 둘의 사이가 예전 같지 않아서 걱정된다고 말하는 거지. 어쩌면 친구도 우정을 좀먹는 문제를 기꺼이 고치려 할지도 몰라. 그런 경우라면 관계를 회복하기 위해 노력해 볼 수도 있겠지. 만약 절교하는 편이 낫다고 판단했다면 두 사람은 우정을 끝낼 수도 있어. 성숙한 모습으로, 싸움도, 격한 감정도, 분노도 없이 말이야. 이런 이별 시나리오는 두 사람이 심하게 상처받지 않도록 도와줄 거야.

누군가와 헤어지는 건 쉬운 일이 아니고 길게 보면 건강한 선택이 될 수도 있다는 점을 기억해 둬. 네 인생에서 누구와 함께할지 정할 권한은 너에게 있어. 대화를 나누기 전에 잘 준비해 둬야 해. 그래야 뒷감당도 잘할 수 있어. 흔들리지 않도록 마음을 단단히 먹고 선을 넘지 말아야 한다는 점을 기억해.

하하! 이 짤 재미있는데 친구한테 보내야겠다.

아... 맞다. 깜빡했네.

내가 하고 싶은 말은 너 자신을 잘 돌보라는 거야. 친구와 관계를 끊으면 처음엔 무척 괴로울 거야. 하지만 고통은 곧 사라져. 네 친구(였던 아이)가 감정적으로 치우쳐서 너의 결정을 받아들이지 않으려 해도 기다려 줘야 해. 그런 반응은 당연해. 특히 그 아이가 이런 상황이 닥칠 거라고 예상하지 못했다면 더 그래. 그러니까 그 단계를 거치면서 상황을 받아들이도록 충분히 시간을 줘야 해.

고집 센 친구를 다루는 법

"한번 피워 봐. 긴장도 풀리고 훨씬 편해질 거야." 친구들이 담배를 권해. 그러면 담배를 피기 싫은데도 어쨌든 동의하는 시늉이라도 하게 되지. 그래야 친구들에게 놀림을 당하지 않고 소외된 느낌도 들지 않을 테니까. 이런 상황에서 경험하는 일을 또래 압력이라고 불러. 또래 압력은 마음속으로 꺼려서 별로 하고 싶지 않은 일을 누군가 부추길 때 발생해. 넌 네 마음과 양심에 따라 행동하니, 아니면 좀 불편해도 친구들의 결정에 따르는 편이니?

어린이나 10대들만 또래로부터 받는 압력에 대처해야 하는 건 아니야. 어른들도 그런 일을 겪어. 심지어 더 자주 겪기도 하지. 정말이야. 사람들은 대개 주변 사람들과 잘 어울리고 인정받고 싶기 때문에, 또는 함께 어울리지 않으면 놀림을 당할 거라는 두려움 때문에 압력에 굴복해. 또래 압력이 항상 나쁜 건 아니야. 그래서 괜찮은 때와 그렇지 않은 때를 구분하기가 어려워. 긍정적인 또래 압력의 한 예로 친구들이나 가족들이 뭔가 새로운 것에 도전해 보라거나 좋은 사람으로 자라라고 격려해 줄 때가 그렇지.

청소년 잡지에 글을 쓰는 작가 엘리슨 벨은 (부정적인) 또래 압력을 피할 수 있는 훌륭한 조언을 정리해 목록으로 만들었어. 엘리슨의 비법에 도움을 받아서, 나도 이 목록을 작성했어. 맹세컨대 효과가 있을 거야.

1. 단호하게 싫다고 말해. 무언가를 거절하려고 땅을 바라보면서 주저하는 목소리로 머뭇댄다면 친구들은 바로 알아채고 네가 받아들일 때까지 더 강하게 밀어붙일 거야.

2. 싫다고 말할 때 이유 따위는 필요하지 않다는 걸 기억해. 싫다는 말은 말 그대로 싫다는 뜻이야. 친구들이 왜 싫으냐고 물으면 그냥 "내가 원하지 않으니까"라고 말해.

3. "누구나 다 해"라는 말은 믿지 마. 내가 장담하는데, 누구나 하고 있지 않아.

4. 누구도 다른 사람에게 자신의 생각을 강요할 수 없다는 사실을 기억해.

5. 우정을 평가해 봐. 진정한 친구는 네가 불편하거나 하고 싶지 않은 일을 하라고 끝까지 밀어붙이지 않아. 이번 장 앞부분에서 말한 가짜 우정을 끝낼 방법을 다시 살펴봐.

6. 그런 상황과 그런 친구들에게서 벗어나! 떠나야 해. 탈출해. 불편한 곳에 머물 필요는 없어.

대학에 들어가면 (심지어 고등학교에 들어갔을 때도) 또래 압력이 더 교묘해져서 대처하기가 훨씬 까다로워. 술이나 성관계나 다른 누군가에게 뭘 하라는 식의 압력이 가해질 수도 있어. 몇몇 학생들은 그런 압박에 굴복하곤 해.

사람들은 끊임없이 또래나 주변으로부터 인정받고 싶어 해. 인정받았다는 건 받아들여져서 그 집단의 일원이 되었다는 의미거든. 하지만 집단의 결속을 다지기 위해 또래 압력을 사용한다면 그런 방법으로 받아들여지는 건 사실 가짜야. 그래서 뿌듯하기보다 오히려 마음이 공허해질 거야.

친구들은 술을 마시거나 모임에 나오라는 강요에 전혀 내켜 하지 않는 너에게 '시시하다'거나 '나약하다'고 말할지도 몰라. 술과 왕따, 폭력이 그 친구들의 주된 오락거리일 테고, 그 애들은 그런 것이 학교 생활의 전부라고 믿을지도 몰라. 하지만 그런 말에 속지 마. 그런 사람들과 똑같이 느끼거나 행동할 필요 없으니까.

그래, 우리는 모두 재미있게 지내고 싶어. 하지만 재미라는 건 때에 따라 완전히 다른 의미가 될 수 있어. 지금 옆에 있는 친구들이 그걸 존중해 주지 않는다면 같은 가치관이나 관심사를 나눌 만한 다른 친구들을 찾을 때가 된 거야.

나도 멋진 파티를 좋아해. 밤새 춤을 출 수도 있어. 하지만 술은 한 방울도 입에 대지 않아. 술 마시는 걸 반대해서가 아니라 즐거운 시간을 보내는 데 술이 필수라고 생각하지 않아서야. 다음 날 아침, 전날 밤 상황이 모두 또렷하게 기억나면 기분이 아주 상쾌해. 내 친구들이 그걸로 뭐라고 하지 않느냐고? 전혀. 내 친구들은 멋진 애들이고 내 선택과 내 몸과 내 결정을

쓸데없는 법 따위는 무시하고 막 나가 보자고!!

아니면 우리 인생을 진지하게 생각하고 우리가 오염시킨 환경을 회복하도록 돕자!!!

존중해 주거든.

결론이 뭐냐고?

싫다고 말한다고 루저가 되거나 나약한 사람이 되지 않는다는 거야. 사실 거절할 줄 안다는 건 스스로 선택하는 일을 편하게 여길 만큼 자존감이 높다는 뜻이지. 그리고 친구들과 다른 사람들은 나의 그런 점을 높이 사. 신념을 굽히지 않고 원하는 바를 행동으로 옮길 때 진짜 강한 사람이 되는 거야.

부모님이 이혼했어

이혼은 정말 겪고 싶지 않은 일이야. 우리 부모님도 이혼했어. 내가 10살 때였지. 나는 우리가 '행복한 가족'이었던 시절이 잘 기억나지 않아. 아빠는 야간 근무를 했고 엄마는 낮에 일하러 다녔거든. 헤어졌다는 이유로 부모님을 비난하고 싶진 않아. 두 사람 사이의 관계가 깨졌는데 서로 사랑하라고 강요하는 건 의미가 없잖아. 부모님이 자식(나랑 내 남동생)을 위해 함께 지냈다면 나는 성장기를 조금은 편하게 보냈을지도 몰라. 하지만 솔직히 잘 모르겠어. 경험하지 못한 일이어서.

나는 부모님에게 무슨 일이 일어났는지 금방 이해했어. 부모님은 나와 동생에게 이혼 이야기를 꺼내기가 무척 힘들었을 거야. 두 분이 이혼을 결심한 이유는 같았는데, 나와 동생을 불러서 각자 새로운 인연을 만났다고 말해 주셨지. 그 말은 거의 트럭에 치이는 것만큼이나 큰 충격으로 다가왔고, 우리 가족이 언젠가 다시 모일 거라는 희망은 산산이 부서지고 말았어. 나는 모르는 누군가가 우리 가족 사이에 끼어든다는 사실이 무척 싫었어.

이건 인정해야겠다. 나는 다루기 쉬운 아이가 아니었어. 어릴 때는 특히 더 그랬어. 새아빠, 새엄마를 만난 건 10대 때였는데, 그래서인지 일이 쉽게 풀리지 않았지. 나는 10대였고, 그런 변화에 화가 났던 것 같아. 당시의 나는 모든 것이 불공평하다고 생각했어. 그래서 새로운 부모님을 받아들이기가 무척 힘들었어. 그래서 두 분 중 누구와도 안정적인 관계를 맺지 못했지. 어쨌든 그때의 경험이 지금 자신감 있는 내 모습의 뿌리가 되었다고 생각해. 물론 의붓 부모와 의붓 자녀 사이가 항상 나쁜 건 아니야. 의붓 부모와 잘 지내는 아이들도 많고 어떤 아이들은 친부모보다 더 가깝게 지내기도 하니까.

네 부모님이 이혼 절차를 밟는 중이거나 최근에 이혼을 했을 수도 있어. 부모님이 이혼하는 이유는 다양해. 두 분의 관계가 예전 같지 않거나 의사소통이 부족했거나 혹은 음주나 약물 문제거나 가정 폭력이나 경제적 문제거나 둘 중 한 분이 불행하다고 느꼈거나 바람을 피웠거나 등등, 이유는 끝도 없어. 이혼 절차가 진행되는 과정이나 이혼한 뒤 오랫동안 심한 감정 기복을 겪는 건 흔한 일이야. 일상생활의 수많은 변화에 익숙해져야 하는데 한꺼번에 받아들이기엔 너무 힘들지. 스트레스, 외로움, 분노, 불안, 죄책감, 슬픔을 경험할 거야.

어떤 이유로 부모님이 이혼했든 넌 그 결과를 어떤 방식으로든 받아들여야 해. 일상생활에 큰 영향을 끼치는 변화가 생길지도 모르니까 거기 대비해 두는 편이 좋아. 양육권 조정이 시행되면 너와 법정은 부모 중 누구를 언제 얼마나 만날지 결정해야 해. 부모님 중 누구와 살 생각이니? 그 문제가 결정되면 이사를 고민해야 해. 물건을 전부 옮길지 아니면 일부만 옮길지 생각해 봤어? 또 학교는 어떻게 해야 할까? 전학해야 할까? 다른 가족이나 친척은 부모님의 이혼에 어떤 반응을 보일까? 가족이나 다른 친척들과 계속 연락하고 지낼 거니? 속상할 때 그 사람들에게 의지할 수 있니?

이런 과정은 쉽지 않아. 반드시 명심해야 할 점은 네 잘못은 하나도 없다는 사실이야. 이런 상황을 스스로 선택하지 않았으니까. 네가 부모님을 똑같이 사랑한다는 사실을 알리는 것도 중요해. (만약 두 분과 계속 연락하며 지내고 싶다면 말이야) 네 부모님은 널 어중간한 상태로 방치하거나 다른 한쪽에 대한 불평을 털어놓기 위해 이용해서는 안 돼. 만약 그런 일이 일어난다면 그런 행동이 너를 화나게 하고 누구 편도 들고 싶지 않다고 분명히 말해야 해.

이혼으로 겪을 고통과 스트레스가 옅어질 때까지는 충분한

시간이 필요해. 그 사실을 받아들 **부모님의 이혼은 이런 느낌이야**
이는 데 몇 주면 충분한 사람도 있
지만 어떤 사람은 수년이 걸리기도 해. 부모님의
이혼 뒤 몇 년이 흘렀다고 울컥하지 말라는 법
은 없어. 그때도 너는 수많은 변화를 이해하고
받아들이려 애쓰고 있을 테니까.

　어쩌면 지금 넌 새로운 가족과 함께일지도 모
르겠다. 부모님이 새로운 인연을 찾았거나 너에
게 새로운 형제나 자매가 생겼을 수도 있어. 갓 태
어난 아기가 가족사진에 들어오는 상황은 어때?
이럴 때 완전히 낯선 감정을 경험하는 건 지극히
정상이야. 그런 감정을 부모님에게 털어놓는 것도
좋아.

　10대들이 자주 저지르는 실수 중 하나는 자신의 감정
을 드러내지 않는다는 거야. 어떤 감정이 들 때 글로 적어 보거나
그림으로 표현하거나 말로 털어놓으면 도움이 될 거야. 산책이
나 운동도 스트레스를 누그러뜨리는 데 도움이 돼.

　마지막으로 중요한 조언 한 가지만 더 할게. 네가 믿고 이야
기할 사람을 찾아. 친구도 좋고 가족이나 친척(할아버지, 할머니,
오빠, 언니, 삼촌, 외숙모 등)도 괜찮아. 필요하다면 전문가를 찾아
상담을 받아 봐. 그 사람들은 네가 처한 특별한 상황에 대처하는

적절한 방법을 알려 줄 거야.

너만을 위한 공간을 만들어

사생활을 지키는 일은 무척 어려워. 특히 형제자매와 방을 함께 쓴다면 더 그렇겠지. 네 방이 있더라도 가족들이 아무런 기척도 없이 수시로 쳐들어오고 말이야. 나도 그랬다니까. 나는 몇 년 동안이나 남동생과 함께 다락방을 썼는데, 나이가 들면서 그 상황이 정말 불편했어. 옷 갈아입는 것부터 친구랑 통화하는 것까지 뭐 하나 쉬운 게 없었어. 노래를 듣거나 TV를 보는 일도 마찬가지였지. 동생이랑 나는 완전히 취향이 달랐거든. 그런데 네 방이 있는데도 자기만의 공간이 없는 것처럼 느껴진다면 어떻게 해야 할까?

그 얘기를 꺼내는 일이 시작이야. 너의 가족은 그 사실을 눈치채지 못하고 있을 가능성이 커. 네가 방에서 뭘 하는지 또 앞으로 뭘 하고 싶은지 이야기해 봐. 온라인 게임을 하거나 학교 숙제를 한다고 얘기해. 아니면 누군가 데려올 사람이 있다거나 방해 없이 혼자 보낼 시간이 필요하다고 말해도 좋겠지. 부모님이 중요하지도 않은 일로 네 방에 불쑥 들어오지 않도록 신뢰를 얻는 일도 중요해. 네가 책임감 있고 믿을 만하다는 사실을 증명하면 부모님도 널 어린애 취급하지 않을 거야.

물론, 신뢰를 얻으려면 대가를 지불해야 해. 어른 대우를 받으려면 어른처럼 행동해야 한다는 뜻이야. 부모님은 널 책임져야 하는 분들이고 네가 이상한 일에 휘말리길 원치 않는다는 사실을 기억해. 부모님에겐 적어도 네가 무슨 일을 하는지 물어볼 권리가 있어.

집에서 신뢰를 얻고 사생활을 보장받을 수 있는 방법을 알려줄게.

- 네가 사용하는 기기에 비밀번호를 걸어 둬. 비밀번호는 추측하기 어렵게 만들어야 해.
- 인터넷 브라우저의 시크릿 창 기능(인터넷 사용 기록이 남지 않아 사생활을 보호받을 수 있어)을 잘 이용해 봐.
- 집안 다른 곳에 놓여 있어야 할 물건을 네 방에 두지 마. 접시나 컵 같은 물건들 말이야. 그러면 그런 물건을 가지러 네 방에 누군가 들어올 일도 없어.
- 가족들에게 네가 잘 지내고 있다는 사실을 확신시켜. 혹여나 네가 잘 지내지 못한다면 그렇다고 솔직하게 말해야 해. 네 삶을 가족들과 많이 나눌수록 신뢰도 커져.
- 집안일을 도와. 집 안에서 활발히 움직인다면 가족들도 고마워할 거고 어른처럼 대할 거야.

사생활은 신뢰가 있을 때 지킬 수 있어. 서로 존중하는 태도이자 지켜야 할 예의이기도 하지. 다른 사람의 사생활을 존중해 주면 상대방도 네 사생활을 존중해 줄 거야.

　다음 페이지에 있는 그림을 복사한 뒤 오려서 방 문고리에 걸어 둬. 너만의 시간을 센스 있게 지켜 낼 수 있을 거야.

6장

사랑해도 될까요?

왜 누군가를 사랑할 땐 하늘을 날아다니는 기분이 드는 걸까? 그러다가도 트럭에 치인 듯 고통스러운 이유는 뭘까? 사랑은 이해하기 무척 어려운 주제야. 어쩌면 분석하거나 이해할 필요가 없을지도 모르지.

사랑에 빠질 때 일어나는 일들

사랑에 빠지면 어떤 느낌일지 설명할 만한 명확한 표현은 없어. 왜냐하면 느낌은 사람마다 다르잖아. 나에게 사랑에 빠지려는 순간의 강렬한 감정은 '열병' 같아. 뜨겁고 아픈 느낌이랄까. 그런 느낌은 시간이 지나면서 진짜 사랑으로 바뀌지.

사랑에 빠졌는지를 알아챌 만한 특별한 낌새가 있냐고? 없어. 하지만 네 감정이 말해 줄 거야. 너 자신이 특별한 사람이라는 생각에 마음이 훈훈하고 포근한 느낌이 들지도 몰라. 생각만 해도 행복하고 아무 이유 없이 웃음이 나오기도 해.

내가 처음 사랑에 빠진 건 2011년이었어. 한동안 이성적인 생각이 불가능할 지경이었지. 그 때문에 몇 주간 먹지도 자지도 공부도 못했지 뭐야. 그 사람 생각만 계속했고 믿을 수 없을 정도로 행복했어. 그 남자애한테 연락해서 만나자고 하기까지 엄청난 용기가 필요했지. 최근에 우리는 사귄 지 5년 6개월째가 됐어. 이렇게 잘 지낼지 알았냐고? 나도 몰랐어.

우린 같은 고등학교에 다녔어. 그래서 나는 그 친구를 매일 봤지. 그 애랑 '우연히' 마주칠 가능성이 있다는 사실을 알고 나서 나는 최선을 다해 옷을 골랐고 아주 귀엽게 보이려고 애썼어. 좀 소름 끼칠 수도 있지만, 그 애가 언제 어디서 수업을 듣는지 기억해 뒀다가 몇 초라도 보고 교실로 돌아왔다니까. 사랑에 빠지면 흔히들 그러잖아, 맞지? 그 애를 생각하면서 그림을 그리고 글을 썼던 기억이 나. (남자친구는 내 그림이랑 글을 구두 상자에 보관했는데 그게 세 상자나 되더라고)

그때 나는 16살이었는데 내가 사랑에 빠졌다는 사실을 직감했지. 사람들은 풋사랑이라고 했지만 난 그 애가 나랑 맞을 거라는 느낌이 오더라고. 사실, 사랑은 감정이야.

그러면 사랑에 빠졌다는 걸 언제 어떻게 알 수 있을까? 내 경우에는 그 아이의 관심을 끌고 싶은 마음에 어리석은 짓을 하면서 사랑에 빠졌다는 사실을 깨달았어. 우스꽝스럽게 굴거나 더 멋져 보이려고 하진 않았어. (그건 내 스타일이 아니거든) 하지만 그 애가 나를 알아보도록 더 애썼지. 몇 달이 지나자 흥분이 천천히 가라앉더니 현실적이고 진정한 사랑을 할 여유가 생기더라고. 나는 우리의 관계를 소중히 유지하고 좋은 것들을 함께 나누기 위해 열심히 노력해야겠다고 생각했어.

사랑한다는 건 겨울 저녁에 따뜻한 담요를 덮고 있는 느낌이랑 비슷해. 아니면 찌는 듯 무더운 여름날에 마시는 시원한 음료

수 같은 느낌이랄까. 달콤한 초콜릿으로 목욕하는 기분이랑 비슷할 것 같기도 해. 한동안은 아무런 문제도, 어떤 스트레스도 없는 것처럼 느낄지도 몰라. 사랑에 빠지면 세상에서 가장 귀여운 강아지 10마리에게 둘러싸인 기분이 들 거야.

사랑을 하게 되면 대부분 자신에게 만족하게 돼. 사랑이 응답받는다면 그건 다른 사람이 네 안에서 사랑할 만한 무언가를 발견했다는 뜻이기도 하니까. 네가 홀딱 빠진 사람과 너의 모든 것을 공유할 텐데 그건 네가 상처받기 쉬운 상태가 된다는 뜻이기도 해서, 한편으로는 위험을 무릅써야 할 상황이 생길 수도 있어. 하지만 넌 그런 것마저 감수할 만한 가치가 있다고 말하겠지.

사랑에 빠지는 건 의지로 되는 일이 아니야. 뇌가 화학물질과 신경전달물질로 강력한 칵테일을 만들어서 사랑이라는 감정을 느끼도록 만들거든. 어떤 과학자들은 사랑을 중독과 비슷하다고도 해. 틀린 말은 아니지. 너는 사랑하는 사람의 존재, 그 사람이 하는 말, 그 사람의 관심에 중독되어 갈 거야. 그 와중에 뇌의 어떤 부분은 네가 그 사람에게 꽂힌 이유에 의문을 품기도 해. 엄청나게 매력적인 것도 아니고 좀 이상한 면도 있기 때문이지. 하지만 그 점이 바로 그 사람에게 폭 빠진 이유기도 해. 사랑을 시작하면, 진짜 사랑에 빠지면 말이야. 감정은 외모 이상의 가치에 반응하며 한층 깊어질 거야. 넌 상대방이 재미있고, 위트 있고, 똑똑하고, 개성있고, 귀엽고, 상냥하기 때문에 더 좋아질 거야. 처음에는 네 감정에 조금 겁이 날 수도 있어. 하지만 사랑이라는 아름다운 감정에 굴복하고 나면 그런 공포는 천천히 사라져. 또 다른 사람이 너희 둘을 어떻게 생각하는지 따위는 신경도 안 쓰일 거야.

아직도 네가 사랑에 빠졌는지 확신이 안 든다고? 큐피드의 화살에 맞았을 때 나타나는 숨길 수 없는 증상을 몇 가지 적어볼게.

- 그 사람을 보거나 목소리를 들으면 네 표정이 환해져. 그 사람에게 문자를 받으면 심장이 제멋대로 날뛰지. 너에게 관심을 보일 때뿐만 아니라

곁에 있다는 사실만으로도 놀라운 감정을 경험하고 온종일 행복해.

- 네가 왜 그 사람을 좋아하는지 정확하게 설명하기 힘들 거야. 그냥 전부 좋으니까! 그 사람이 자신의 열정을 말하는 방식, 웃는 얼굴, 관심사, 뭔가를 하는 모습 등등 모두 다 말이야.

- 더는 의심하지 않아. 이 사람을 좋아한다는 확신이 들거든. 그리고 그 사람도 너를 좋아하길 바라지.

- 로맨틱한 영화를 볼 때면 스크린 위에 너와 좋아하는 사람의 모습이 겹쳐 보여.

- 머릿속에서 항상 그 사람에게 말을 걸지. 멈추지 않는 상상의 대화랄까. 그 사람과 함께하는 온갖 종류의 시나리오를 쓰면서 몽상에 잠겨. 아주 흔한 일이야.

- 절대 헤어지고 싶지 않아.

- 근처에 그 사람이 있으면 긴장되고 수줍음을 타.

- 그 사람에게 문자가 오길 기다리거나 다음엔 뭐라고 문자를 보낼지 내내 생각하지.

- 그 사람이 하는 말은 모두 흥미진진해. 정말 평범한 내용인데 말이야.

- 그 사람이 행복했으면 좋겠고 네가 행복하게 해 주고 싶어.

그 사람과 함께 있는 순간만큼은 행복해지기 위해 다른 어떤 것도 필요치 않을 정도로 완전한 느낌이 들어. 너의 별난 구석에도 불구하고 (아니면 별난 구석 때문에?) 두 사람은 서로 사랑해. 넌 다른 사람처럼 행동하지 않아도 되고 마침내 진정한 네 모습을 발견하게 돼. 그 느낌은… 마치 차가운 겨울에 따뜻한 집에 돌아온 듯할 거야.

짝사람에 대하여

짝사랑은 끔찍해. 진짜 지긋지긋하지. 누굴 좋아했는데 너 혼자만의 감정으로 끝난 적이 있다면 너도 잘 알 거야. 좋아하는데 함께 있지도 못하고 상대방도 원하지 않는 그 느낌 말이야. 그건 정말 이상한 경험이야. 사귀기도 전에 이별의 아픔을 경험하는 거잖아. 그런 감정은 네 자존심에 상처를 줄 수 있어. 그래서 준비해 봤어. 대답 없는 일방통행 사랑을 정리하는 데 도움이 될 만한 방법들!

사랑에 빠지는 건 어쩔 수 없는 일이야. 이성적인 조율이 불가능하거든. 그건 모두 감정과 관련되어 있어서 통제하기 힘들어. 그러니까 누군가를 사랑한다는 이유로 자신을 탓하지 말아야 해. 그 사람이 네 사랑을 받아주지 않는다면 그건 네가 아니라 상황의 문제야. 그 사람이 너를 거절한 데는 나름의 이유가 있을지도 몰라. 그 사람에게 네가 모르는 특별한 존재가 있을 수도 있고 어쩌면 연애할 준비가 되지 않았거나 아예 연애에 관심이 없을지도 몰라. 이유가 뭐든 위로가 될 만한 사실은 이 또한 다 지나간다는 거야.

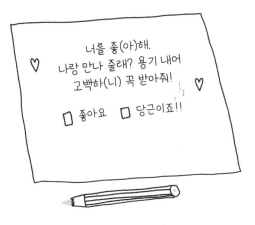

1. 우선, 자신을 의심하지 마. 우리는 재빨리 자신에게서 온갖 결점을 찾아낸 다음 좋아하는 사람에게 사랑받지 못한다고 스스로를 비난해. 그러다 보면 자신감이 떨어져서 이런 생각이 들지도 몰라. "난 진짜 별로야!" 자매님, 일단 멈추시오. 너에겐 문제가 없어! 누군가 너에게 육체적으로 혹은 정신적으로 끌리지 않는다고 해도 그건 네 문제가 아니야.

2. 그 일을 개인적으로 받아들이지 마. 다시 말하지만, 문제는 네가 아니야. 두 사람이 처한 상황의 문제야. 상대방도 네 마음을 아프게 해서 괴로울 거야. 사랑은 사람이 어떻게 할 수 없는 일이라는 거 너도 알잖아. 왜 누구도 어찌할 수 없는 일로 자책해? 사랑을 강요할 수는 없어.

3. 자신에게 너무 모질게 굴지 마. 어떤 이유에서인지 우리는

상처받았을 때 스스로를 괴롭히는 경향이 있어. 하지만 자신에게 친절해야 해. 네 잘못이 아닌 일로 자신을 몰아세우지 마. 오히려 이 일을 계기로 자신에게 더 신경 써야 해. 쇼핑도 하고, 여행도 가고, 새로운 경험을 하고, 사람들과 자주 만나 이야기도 나누고, 외출도 자주 하고, 목욕도 하고, 요리도 배우고, 악기도 배우고, 운동도 하고, 여자들끼리 밤을 지새우기도 하고….

4. 누군가를 향한 마음이 받아들여지지 않았다는 사실을 깨닫고 '일시 중지' 버튼을 누른 뒤 한동안 고통 속에서 뒹구는 건 자연스러운 반응이야. 다만 그 상태가 너무 오래가도록 놔두지는 마. '재생' 버튼을 누르고 다시 인생살이를 시작해야 해! 현실을 똑바로 바라봐야 해. 방 안에 앉아서 그 사람이 널 사랑해 주길 기다리고만 있을 수는 없어. 널 만나서 행복해하고 너와 사랑에 빠질 사람들이 세상엔 너무나도 많아. 하지만 네가 지난 일을 한탄하며 숨어 지내기만 한다면 그 사람들과 만날 기회도 사라져 버리겠지.

5. 한 걸음 뒤로 물러나. 너를 거절한 사람과 거리를 유지하는 편이 훨씬 좋아. 소셜미디어에서 팔로우를 취소하는 것도 도움이 돼. 완전히 삭제하거나 차단할 필요는 없지만 얼굴 마주칠 일을 안 만드는 게 좋아. 거절당하고 나면 그 사람과 마주칠 때마다 심장이 작은 칼에 찔리는 느낌이 들지도

모르거든. 그런 상황은 네가 앞으로 나아가는 데 전혀 도움
이 안 돼.

대부분의 사람이 실연의 아픔을 겪는다는 사실을 기억해. 누
군가 너를 사랑하지 않는다고 세상이 끝나지는 않아. 너도 누군가
를 거절할 날이 올 테고 말이야. 빨리 털어 버리고 일상을 살면 곧
멋진 사람을 만날 거야. 네 사랑을 소중히 여기고 조건 없이 너를
사랑해 줄 그런 사람 말이야. 10대로 사는 건 쉽지 않아. 우리 모
두 그 사실을 알지. 청소년기에는 성장통이라고도 부르는 고통을
겪어. 하지만 시간이 약이라는 말도 있잖아. 그 말은 사실이야.

데이트 신청하는 법

한 조사에 따르면 미국의 10대 중 상당수가 '직접' 데이트 신
청 받는 걸 좋아한대. 요즘같이 다양한 소셜미디어가 있는 시대
에 말이야. 옛날 방식대로 누군가를 직접 만나 데이트를 신청한
다는 건 네가 노력하고 있고 거절당할 위험을 감수하면서 용기
를 냈다는 사실을 보여 주는 행동이야.

우선, 여자가 데이트를 신청한다고 문제 될 건 전혀 없어. 우
린 21세기에 살고 있잖아. 사람들은 멋지고 배짱 있다고 생각하
기도 해. 결국, 누군가를 직접 대면하는 일에는 용기가 필요하니

까. 학교 졸업 파티든 동창회든 그냥 평범한 토요일 밤이든 데이트를 신청할 최선의 방법을 찾아봐. 만약에 상대편이 어떤 방식을 좋아하는지 잘 모르겠다면 그건 아직 그 사람을 잘 알지 못해서일 거야. 그럴 때는 서로 친해지는 것이 먼저야. 자주 대화하면서 친해지는 거지. 그러면 데이트를 신청할 때 훨씬 자신 있게 말할 수 있을 거야. 자연스럽게 어울리면서

서로를 알아 가는 방법도 있어. 어떤 방법을 사용하든 한두 번 데이트했다고 낯선 사람이 중요한 사람이 될 거라는 기대는 금물이야. 물론 가능하긴 해. 하지만 그런 일은 드물어. 잘 알지 못하는 사람이 나에게 데이트 신청을 한 적이 있는데, 어색하고 불편해서 거절했어. 서로 좀 더 잘 알았다면 데이트 신청을 받아들였을 거야.

자, 네가 어떤 친구에게 친구 이상의 감정을 느껴서 데이트를 해 보고 싶다고 마음먹었다 치자. 대충 즉흥적으로 데이트 신청을 하는 것보다 미리 생각해 본 뒤에 물어보는 편이 현명한 선택일 거야. 어디서 어떻게 만났으면 좋겠어? 두 사람만 있길 원해, 아니면 사람이 많은 곳에 가고 싶어? 두 방법 모두 장점이 있지

만 중요한 건 네가 선택한 환경이 편해야 한다는 점이야. 처음 만나기엔 공공장소도 괜찮아.

(영화관처럼) 아늑한 곳에서 만나고 싶어, 아니면 카페에서 만나거나 산책하는 게 좋아? 상대와 조금 가까워진 상태라면 무엇에 관심이 있는지, 어떤 활동을 좋아하는지 이미 알 거야. 그러니 그 사람이 재미있어할 만한 활동을 넣어서 계획을 짜면 돼.

좋아, 이제 어디서 뭘 할지 정했으니까, 질문을 던질 차례야. 어떻게 말을 꺼내지? 상대방이 싫다고 하면 어쩌지? 그 사람이 질겁해서 날 멀리하면 어떡해? 이러면? 저러면? 그러면 어쩌지? 중요한 건 이거야. "~하면 어쩌지?"라는 태도를 버려. 그냥 도전해. 행동하지 않으면 결과도 없어. 그래서 만약 상대방이 싫다고 하면 어쩌지? 상처받겠지만 죽지는 않아.

마음의 준비가 됐니? 그럼 데이트 신청하는 법을 정리해 볼게.

- 데이트 신청은 직접 만나서 하는 게 좋아. 네가 노력하고 특별히 신경 쓰면 진가를 인정받을 거야. 너 역시 그 사람의 반응을 즉시 확인할 수 있고. 상대방의 반응을 문자나 이메일을 보냈을 때보다 더 잘 알 수 있다는 뜻이야. 겁나는 일이라는 거 알아. 나도 그랬거든.

- 감정을 글로 적는 데 익숙하다면 그 방법을 사용해. 상대방에게 편지나 이메일을 보내는 거야. 즐긴다는 마음으로 써 봐. 사랑과 데이트는 즐거운 일이니까. 미래의 데이트 상대가 사용할 수 있는 소소한 쿠폰을 동봉하는 것도 좋아. 유머나 위트를 싫어할 사람은 없거든.

- 좀 이상하게 느껴질 수도 있지만, 조사를 좀 해 보는 방법도 있어. 잘 아는 사이가 아니라면, 그 사람의 소셜미디어 계정에서 어떤 사람인지, 무엇에 관심이 있는지, 어느 곳을 여행했는지 등의 정보를 찾아낼 수 있어. 그러면 대화 주제도 다양해지고 이것저것 질문을 던질 수도 있지. 솔직히 말해 봐. 벌써 그 사람의 계정을 기웃거렸잖아, 내 말이 맞지?

- 너무 긴장돼서 좋아하는 사람이랑 단 둘만 있기가 힘들다면, 그룹 데이트를 하는 방법도 있어. 그냥 같은 반이나 같은 학교 친구들과 함께 평상시처럼 몰려다니는 거지. 그러다 보면 일대일 데이트에서 느낄 만한 부담감 없이 편안한 환경에서 자연스럽게 이야기를 나눌 기회가 생길 거야.

자, 힘내! 얼른 가서 네가 찍어 둔 그 사람에게 데이트하지 않겠냐고 물어봐. 최악의 시나리오는 이거겠지. "거절당한다." 하지만 넓은 안목으로 본다면 그렇게 나쁜 일은 아닐지도 몰라. 거절당했다면 적어도 그 사람이 너를 어떻게 생각하는지 알게 된 거니까, 그냥 가던 길을 가면 돼. 잘 풀릴 가능성이 없는 관계에 시간을 들일 필요 없잖아. 넌 너에게 반할 뿐만 아니라 너만큼 너를 사랑하고 원하는 사람을 만날 자격이 있어.

섬-관-계, 그 얘길 해 보자

언제 성관계할 준비가 되는 거냐고? 몇몇 10대들은 '일찍 일어나는 새'가 되는 반면 소위 '늦게 피는 꽃'들은 남들이 생각하는 성관계를 갖기 적당한 나이 따위에 연연하지 않아. 성관계를 할 준비가 되었다는 건 완전히 개인적인 느낌이자 결정이야. 그러니까 이 문제를 다른 사람이 결정하도록 내버려둬서는 안 돼.

몇 살이 적당한 나이냐고? 그에 대한 논쟁은 끝도 없고 의미도 없지. 왜냐하면 일찍부터 성숙한 10대도 있지만, 영원히 12살에 머무는 듯 보이는 10대도 있거든. 그러니까 모든 사람이 성관계할 준비가 되었달 만한 기준 연령이라는 것은 없다는 말이야. 이 문제는 그런 식으로 작동하지 않으니까. 법률적 기준에서 보면 양쪽이 최소한 만 16세가 되어야 해. (어떤 주에서는 만 17세나 18세로 정해 놓았어) 이걸 성관계 승낙 연령이라고 해. 그 나이가 되거나 지나면 법에 따라 성관계를 허용한다는 뜻이야. 대한민국은 만 13세가 기준이야. 형법 제305조에 의하면 만 13세 미만의 사람에 대하여 간음 또는 추행을 한 자는 처벌을 받도록 규정되어 있어. 즉 만 13세 이상은 본인이 동의했을 경우 합법적인 성관계로 인정한다는 뜻이기도 해. 하지만 이 법을 악용하는 사례가 많은 탓에 꾸준히 문제가 제기되었어. 최근 만 19세 이상의 성인이 만 13세에서 16세 청소년의 '궁박한 상태', 즉 가난하고 난처한 상황을 이용해 간음하면 3년 이상의 징역형을 받도록 하는 내용을 담은 아동·청소년의 성보호에 관한 법률 개정안이 국회를 통과했어.

자, 문제가 시작되는 지점은 바로 여기야. 법률상 명시한 나이가 되기 전에 준비가 되었다고 느끼면 어떻게 해야 할까? 아니면 나이는 되었지만 마음의 준비는 전혀 안 된 상태인데 친구가 경험했다는 이유로 압박을 느낀다면 어떡해야 할까? 또 너와 너의 소중한 사람이 법적 연령이 안 되었는데도 준비된 느낌이라면? 너 자신과의 관계는 물론이고 타인과도 건강한 관계를 맺는 비결은 바로 소통에 있어. 행동으로 옮기기 전에 성관계에 관해 누군가와 이야기를 나눠 봐. 오빠나 언니 또는 엄마나 아빠, 혹은 학교 상담 선생님, 할머니, 할아버지(안 될 게 뭐야?), 또는 믿을 만한 누군가에게 고민을 털어봐.

그런 걸 어떻게 이야기하느냐고? 그리고 왜 이야기해야 하느냐고? 성관계라는 건 둘이 결정해야 하는 문제긴 하지. 하지만 서로의 몸과 마음에 상처를 줄 수도 있는 민감한 일이기도 해. 손을 잡거나 포옹을 하는 것과는 달라. 그러니 성관계라는 게 정확히 어떤 건지, 대비해야 할 게 뭔지, 어떤 일이 일어나는지에 대해서 알 필요가 있어. 이미 다 들어서 알고 있다고? 유튜브나 친구들한테 듣는 것도 좋지만 조금 더 인생을 살아 본 분들한테 이야기를 들어 보는 것도 도움이 돼. 물론 부모님이 버럭 화를 내실 수도 있어. 세상 모든 부모님들은 다 네가 잘되기를 바라서. 성관계 때문에 네가 상처받을까 봐 크게 걱정이 되시는 거지. 그러면 너도 같이 화를 내지 말고 부모님이 걱정하는 부분에 대해서 먼저 충분히 듣는 게 좋겠어. 그다음에 네 생각을 이야기해 봐. 그 자리에 결론이 안 나면 혼자 조금 더 고민할 시간이 필요하다고 하고 다시 이야기해보는 것도 좋고.

너와 사귀는 사람과도 이야기해. 실제로 성관계를 하기 전에 먼저 성에 관한 이야기부터 나누고 싶어 한다고 문제 될 건 없어. 오히려 둘의 사이가 더 건강해질 거야.

나에게 묻는다면 무척 현명한 선택을 한 거야. 성관계를 고민할 때 반드시 짚고 넘어가야 하는 중요한 문제가 있는데 바로 피임법이야. 임신을 피하는 방법 말이야.

피임법은 꽤 다양해. 잘 알려진 방법들을 하나씩 설명해 볼게.

- 남성용 콘돔 : 음경에 착용해. 약국, 슈퍼마켓, 공중화장실 자판기, 온라인 등에서 살 수 있어. 사용법을 정확히 따르면 아주 효과적인 방법이야. 남성의 정자가 성관계를 맺는 상대방과 접촉하지 않도록 막아 줘.

- 여성용 콘돔 : 질 안쪽에 착용해서 정자가 자궁 안으로 들어가지 못하도록 막아. 역시 정확히 사용하면 아주 효과적인 방법이야. 한국에서는 페미돔이란 이름으로 알려졌어. 한국에는 아직 정식으로 판매하는 곳이 없어서 해외직구를 이용해야 해.

- 경구용 피임약(프로게스테론만 함유) : '미니 필'이라고 부르는 먹는 알약이야. 매일 같은 시간에 복용해야 해. 이 약은 프로게스테론이라는 여성 호르몬을 함유하고 있어. 에스트로겐 성분은 들어 있지 않지. 용법을 잘 지키면 피임 효과가 거의 100%야. 하지만 이 방법은 (성관계로 전염되는

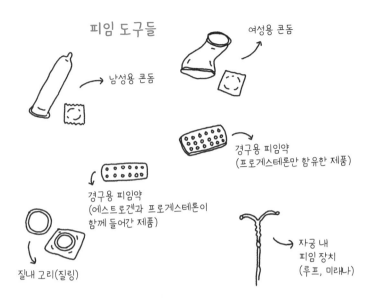

피임 도구들

여성용 콘돔

남성용 콘돔

경구용 피임약
(프로게스테론만 함유한 제품)

경구용 피임약
(에스트로겐과 프로게스테론이
함께 들어간 제품)

질내 고리(질링)

자궁 내
피임 장치
(루프, 미래나)

여러가지) 성병을 예방해 주지 못하기 때문에 콘돔과 함께 사용하는 게 좋아. 피임약을 복용할 생각이라면 반드시 먼저 의사와 상의해야 해.

● 경구용 피임약(두 가지 호르몬 결합형) : 이 알약 역시 매일 같은 시간에 복용해야 해. 이 약에는 프로게스테론과 에스트로겐이 함께 들어 있어. 복용 방법을 잘 지키면 거의 100%의 효과가 있지만 성병을 막아 주지는 못해. 콘돔과 함께 사용하면 좀 더 안전하지. 피임뿐만 아니라 심한 생리통을 치료하는 데도 쓰여. 경구용 피임약으로 피임을 할 생각이라면 항상 의사와 먼저 상의해야 해.

● 질내 고리(질링) : 작은 플라스틱 링으로 질 안쪽에 삽입했다가 21일 뒤에 제거하는 방식으로 사용해. 이 방법 역시 아주 효과적인 데다 (경구용 피임약과 달리) 매일 신경 쓰지 않아도 돼. 하지만 성병을 예방해 주지 못해. 콘돔과 사용하면 아주 안전하지.

- 자궁 내 피임 장치(루프, 미래나) : 플라스틱과 구리 재질로 된 T자 모양의 작은 기구로 의사가 자궁 안쪽에 삽입해. 효과가 아주 큰 방법이고 한번 삽입하면 5년에서 10년 정도 사용하기 때문에 매번 신경 쓸 필요가 없지. 이 방법 역시 성병을 예방하지는 못해. 역시 콘돔과 함께 사용하면 안전하지.

무방비 상태의 성관계는 절대 피해야 해. 둘의 사이가 한결같고 두 사람 다 성병에 걸리지 않았다 해도 보호 장치가 없는 상태의 성관계가 어떤 결과로 이어질지 반드시 생각해 봐야 해. 네가 얼마나 건강한지는 중요하지 않아. 성병에 걸리거나 원치 않는 임신을 할 위험은 항상 있어. 성병에 걸리지 않았다고 확신하더라도 보균자일 가능성도 있어. 대부분은 증상이 드러나지 않기 때문에 알아채지 못할 때가 많거든. 보이지 않고 느끼지 못했다고 존재하지 않는 건 아니잖아! 공중화장실에서 성병에 옮을 수도 있고 속옷을 자주 갈아입지 않거나 생리대를 자주 갈지 않아도 문제가 생길 수 있어.

독창적인 데이트 아이디어 5가지

한눈에 반한 그 사람과 데이트할 방법을 찾고 있다고? 현재 연애 중인데 두 사람의 사랑에 색다른 분위기를 더해 변화를 줄 만한 뭔가를 찾고 있다고? 잘 오셨습니다. 편하게 앉아서 맘 편히 내가 제일 좋아하는 5가지 데이트 방법을 한번 들어 보세요.

＊ **스포일러 경고** : 저녁을 먹고 영화를 보는 일은 목록에 없습니다. 오해는 말아요. 나도 영화 보거나 저녁 먹는 걸 좋아한다고요. 하지만 그건 늘 하는 거잖아요. 나는 깜짝 놀라는 이벤트를 좋아하고 내 남친을 놀라게 하는 건 더 좋아한답니다.

1. **넷플릭스 관람용 요새 구축하기.**
   내가 남자친구와 사귀기 시작할 즈음에 했던 일이야. 우리는 실제로 뭔가 함께 만드는 일이 꽤 재미있다고 생각했어. 그래서 좋아하는 영화를 볼 만한 아늑한 은신처를 만들었지. 비가 오거나 추운 날씨에 딱 어울리는 깜짝한 아이디어지 뭐야. 여기서는 베개 싸움, 공포 영화 몰아 보기, 음악 듣기, 그냥 느긋한 시간을 보내거나 이야기를 나눌 수도 있어.

2. **동네 투어하기.** 자신이 사는 곳을 잘 안다고 생각하겠지만 여행자의 눈으로 보기 전에는 모든 걸 안다고 하긴 어렵지! 비법을 알려 줄게. 네가 사는 마을이나 도시의 관광지나 명

165

소를 찾아서 여행 경로를 짜는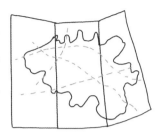
거야. 맛집이나 카페도 잊지 말
고 넣어야 해. 마치 전에 와 본
적이 없는 것처럼 사진도 많이
찍는 거야. 이런 데이트를 하면 네가 사는 곳을 더 잘 알게
된다는 장점도 있어.

3. **수업 듣기.** 먼저, 두 사람 다 잘하거나 관심 있는 분야를 찾
아. 새로운 것을 배울 기회를 얻는 건 물론이고, 뭔가 함께
하는 건 너와 네 남친을 더욱 가깝게 만들어 줄 거야. 윈윈
전략이지!

4. **게임의 밤 개최하기.** 디지털
게임이든 보드게임이든
좋아하는 걸로 하면 돼.
간식과 음료수는 각자 가져오는 거야.
함께 게임을 하면 상대방을 더 잘 알 수 있어. 미친 듯 경쟁
하는 스타일인지 침착한 스타일인지 알게 되는 거지. 게다
가 게임에서 지면 진짜 모습이 드러나기 마련이잖아! 게임
을 썩 잘하는 건 아니지만 새로운 경험이나 경쟁을 좋아한
다면 이 방법이 정말 마음에 들 거야!

5. **함께 요리하기.** 요리는 함께하기에 아주 훌륭한 활동이야.
게다가 같이 먹을 음식도 생기잖아. 요리를 하다 보면 대화

도 많이 할 수 있어. 네가
그 친구를 만날 때 긴장
하거나 아직 서로를 잘 모
른다면 특히 도움이 되지.

이 활동은 돈을 많이 들이지 않고 음식을 함께 먹을 기회이
기도 해.

나는 위에 말한 5가지 아이디어가 정말 맘에 들어. 물론 네가
뭘 하고 싶은지 생각해서 새로운 방법을 목록에 더해도 좋아. 직
접 해 본 방법 외에도 다양한 아이디어가 샘솟는다면, 즐거운 시
간은 완벽 보장이라니까!

가장 덜 괴로운 방법으로
안 좋은 관계 끝내기

연인과의 관계가 불행하다고 느끼는 데는 많은 이유가 있을
거야. 상대방이 네 험담을 하니? 지나치게 비관적이고 무책임
해? 아니면 너무 공격적이야? 함께 있는데도 외롭고 소외된 느
낌이 든다고? 네가 다른 누군가를 사랑하게 됐어? 사귀는 사람
이 질투가 심하거나 널 통제하려고 들어? 그 사람 때문에 네가
나쁜 사람이라는 느낌이 드니? 아니면 네가 원치 않는 일을 억지

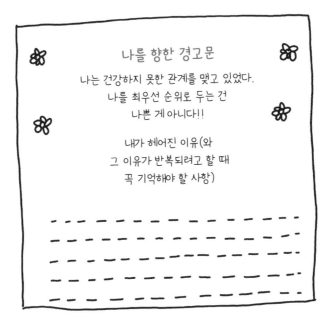

나를 향한 경고문

나는 건강하지 못한 관계를 맺고 있었다.
나를 최우선 순위로 두는 건
나쁜 게 아니다!!

내가 헤어진 이유(와
그 이유가 반복되려고 할 때
꼭 기억해야 할 사항)

로 하게 해? 그냥 행복하지 않거나 더는 사랑하지 않는 거야? 어떤 이유든 불행하다고 생각한다면 더 늦기 전에 관계를 정리하는 것이 최선이야. 함께하는 것이 두 사람 모두에게 좋지 않기 때문이야.

소중한 사람과 헤어지는 데 '좋은' 방법이란 없어. 헤어지려는 이유가 무엇이든 간에 마음을 열고 대화를 나눠 봐야 해. 가장 중요한 건 소통이야. 네가 사귀었던 사람은 너와의 관계를 다르게 생각할 수도 있어. 또 이별에 충격과 상처를 받고 슬퍼할지도 몰라. 어떤 갈등이 생기더라도 네 생각을 말하는 게 중요해. 이별을 위한 대화는 무척 어려운 데다 어느 편에서도 절대 즐겁지 않지. 무슨 말을 하든 상대방의 감정을 상하게 하리라는 사실을 알고 있어야 해. 거부당하는 입장에서는 고통스럽기 마련이니까. 하지만 정직하고 숨김없는 태도로 대한다면 상대방이 겪을 감정적 고통을 조금은 누그러뜨릴 수 있을지 몰라.

누군가와 헤어질 때 저지르기 쉬운 실수 몇 가지가 있어. 때때로 사람들은 일을 제대로 끝맺기 위해 아무런 노력도 기울이지 않아. 하지만 올바로 끝내지 않으면 상대방은 아무것도 이해하지 못한 채 상처받고 아파할 거야. 게다가 두 사람 모두 서로를 존중하는 태도를 제대로 배우지 못하겠지.

헤어지려는 이유를 거짓으로 꾸며 낼까 하는 유혹이 들 수도 있어. 거짓말을 하면 상대방의 기분을 상하게 하는 상황은 피할 수도 있겠지만 결국 진실은 드러나게 되어 있고 상대방은 너에게서 진실을 먼저 듣지 못했다는 이유로 더 큰 상처를 받을 거야. 그러니 반창고 붙여 주려는 시늉 따윈 하지 마. 정직이 최선이라는 말은 바로 이럴 때 필요해.

또 헤어질 때 저지르기 쉬운 실수 한 가지는 바로 소셜미디어를 이용하는 방법이야. 너희 두 사람이 서로에게 헌신적이었고 특별한 순간을 함께했다면 그 모든 시간을 인스타그램이나 페이스북 메신저로 끝내서는 안 돼. 너와 사귀었던 사람은 정식으로 이별 통보를 받을 자격이 충분해. 온라인 매체나 문자 메시지로 이별을 통보하면 그 사람이 너에게 그다지 중요한 존재가 아니었다는 뜻이 돼. 그 방법이 훨씬 쉽기 때문이라는 점은 이해해. 하지만 서로에게 전혀 도움이 되지 않아.

또 다른 안 좋은 전략은 상대방이 너를 정리하게 만들어서 그 사람을 정리해야 하는 상황을 피하는 방법이야. 대개 소중한 사람에게 무례하게 군다거나 바람을 피운다거나 그 사람의 험담을 하거나 무시하면서 시작되지. 결국, 상대방은 화가 나서 네게 똑같이 갚아 주려 할 거야. 장담하는데 이런 행동은 상황을 더 악화시킬 뿐이야. 게다가 관계를 안전하게 끝내는 방법도 아니지. 다른 사람이 그런 식으로 널 대한다고 생각해 봐. 정말 기분이 나쁠 거야. 우리가 따라야 할 한 가지 원칙이 있다면 네가 대접 받고자 하는 대로 다른 사람을 대접하라는 거야.

서로 사귀었던 시간을 돌아봐. 그리고 언제부터 잘못되었는지 곰곰이 생각해 봐. 사건이 발생하거나 변하기 시작한 순간이 있을 거야. 대체 왜 이렇게 되었는지 전혀 감이 오지 않거나 이유를 모를 수도 있어. 감정이 변하는 건 지극히 정상이야. 마음이 바뀌면 관계도 끝나기 마련이지만 상대방과 꼭 대화를 나눠야 해. 감정이 예전 같지 않은데도 혼자 끌어안고만 있으면 두 사람의 관계는 곧 폭발하기 위해 똑딱똑딱 소리를 내는 시한폭탄으로 변하고 말아.

어려운 이야기를 꺼내기로 마음먹었다면 사귀는 (또는 사귀었던) 사람과 네가 편안하고 조용히 머물 만한 장소를 골라. 누구에게도 방해받지 않을 만한 곳이 좋겠지. 물과 티슈도 있는지 확인하고. 간단하고 솔직해야 해. 빙빙 돌리지 말고 바로 본론으로 들어가. 상대방을 비난하지 말고 네 생각과 감정을 말해. 감정이 격해지거나 수많은 질문이 쏟아지는 데 대비해. 아무쪼록 대화를 마칠 때쯤엔 마음이 훨씬 편해지길 바랄게.

두 사람이 친구로 남는 데 동의했다면 정말 잘된 일이야. 둘 중 한 사람이라도 너무 마음이 아프다면 당장은 시간이 좀 걸리겠지. 아니면 영원히 친구로 지내지 못할 수도 있어. 그건 헤어지기로 마음먹은 뒤에 떠올려 볼 만한 일일 뿐이야. 단지 연인을 잃는 것만이 아니라 친구를 잃을 가능성도 있으니까.

이별은 절대 즐거울 수 없어. 그러니 조심스럽게 접근할 수밖에. 그건 다른 사람의 마음을 다루는 일이잖아. 예의를 갖추고 상대편의 마음에 공감하는 과정을 거치면 상대방이 이별의 상처를 극복하는 데 도움이 될 거야. 결국 너희 두 사람은 과거를 뒤로하고 앞으로 나아가야 하니까.

상처받은 마음을 치유하는 법

마음에 상처를 입으면 그야말로 최악의 기분을 경험하게 돼. 누군가를 사랑하는데 그 사람은 널 사랑하지 않는다거나 최근

사랑하는 사람에게 버림받았을지도 모르겠다. 네가 바람을 피웠거나 상대에게 이별을 통보했을 수도 있고. 맞아, 먼저 이별을 결심한 사람이 너라고 해도 괴롭긴 마찬가지야.

사랑하는 사람과 헤어진 뒤 한동안 무척 슬픈 건 지극히 정상이야. 상대방이 헤어지자고 하는 너를 존중했다고 해도 말이야. 처음엔 충격을 받을지도 몰라. 특히 관계가 끝나리라는 사실을 예상하지 못했다면 더 그럴 거야. 슬프거나 화가 난 상태로 얼마나 오래 버텨야 할지 알 방법은 없어. 며칠 혹은 몇 주면 툴툴 털고 일상을 시작하는 사람도 있고, 몇 달 혹은 몇 년이 지나야 겨우 이별의 아픔에서 벗어나는 사람도 있어. 충분히 슬퍼하는 게 좋아. 펑펑 울고 싶다면 그렇게 해. 얼마나 오래 슬퍼할지도 내키는 대로 해. 그러고 나면 다시 일상을 살아야겠다는 마음이 들 거고, 그 사람을 보내 줘야겠다는 결심도 설 거야.

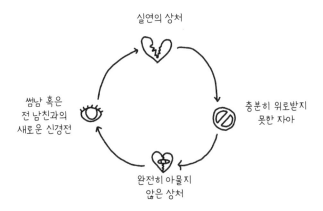

실연의 상처가 서서히 치유될 때 특히 몸과 마음을 잘 돌봐야 해. 몸의 건강은 마음의 건강만큼 중요해. 운동을 하거나, 샤워를 하거나, 밖으로 나가 신선한 공기를 마시거나, 생각을 글로 적어 보면서 슬프거나 부정적인 기분을 잠시라도 떨쳐 내 봐. 다른 사람에게 네 감정을 이야기해. 그러면 인생에는 끝나 버린 관계를 슬퍼하는 일보다 훨씬 많은 것이 있다는 사실을 알게 될 거야.

전 남친과 계속 연락을 주고받는 일은 꽤 까다로워서 장단점을 따져 보는 것이 좋아. 친구로 남고 싶은지도 스스로 결정해야 해. (네가 버림받은 상황이라면) 상대방이 너를 정리한 것에 죄책감을 느끼게 하지는 마. 그건 좋은 방법이 아니고 그렇게 한다고 상황이 달라지지도 않아. 두 사람이 다시 사이가 좋아지면서 서로 어울리기 시작하면 그런 상황이 양쪽에게 옛 감정을 불러일으킬 수 있어. 그러니까 전 남친과 다시 만날 때는 신중해야 해. 두 사람 모두 다시 사귀려는 마음이라기보다 그냥 누군가와 함께하는 느낌이 그리운 걸 수도 있어. 전 남친과 연락하지 않기로 마음먹었다면 친절하고 예의를 갖춘 방법으로 전 남친에게 네 의견을 분명히 전하면 돼.

네가 이별을 통보한 사람이건 통보받은 사람이건 관계가 끝날 땐 항상 교훈을 얻기 마련이야. 그 관계에서 너는 무얼 배웠니? 다음번엔 어떤 부분에 더 신경을 써야 할까? 결국 헤어지게 된 이유는 뭘까? 네 책임은 얼마 정도나 될까?

마지막으로, 다시 누군가를 사귀는 일에 관해서라면 걱정할
것 없어. 시간이 모든 상처를 낫게 해 줄 테고 넌 그냥 기다리면
서 네게 필요한 일을 하면 돼. 일단 완전히 회복하면 자연스레 새
로운 사랑을 향해 마음을 열고 싶을 거야. 그동안 스스로 강한 사
람이라 믿고 자신감을 키워. 이런 시간은 자신을 알아 가고 사랑
할 기회가 될 거야.

전 남친을 다루는 법

전 남친을 상대하는 일은 조금 까다로울 수 있어. 아직 그 사
람을 향한 다양한 감정이 남아 있지만, 네 마음 깊숙한 곳에서는
서로의 삶에 간섭하지 않는 편이 두 사람 모두에게 좋으리라는
걸 알아. 어쩌면 같은 학교에 다니거나 같은 곳에서 아르바이트
를 해서 계속 마주칠지도 모르겠다. 그런데 그 사람이 다른 누군
가와 사귀기 시작한다면 어떡할 거야? 그럴 때 어떤 태도를 보이
는 것이 좋을까? 일단, 네 마음이 가장 중요해. 넌 상처받거나 속
상하거나 화나거나 외롭거나 질투가 날 거야. 그런 감정은 모두
정상이야. 네 인생에서 가장 행복한 순간을 그 사람과 함께했는
데 갑자기 모든 것이 사라져 버렸잖아.

전 남친을 다시 보거나 그 사람이 누군가와 사귀기 시작한다
는 사실을 알고 격한 감정을 느끼는 건 당연해. 그 사람에게는 먼

저 새로운 사람을 만날 권리가 있어. 누가 먼저 다른 사람을 만나느냐 따위로 경쟁하는 건 쓸모없는 짓이야. 그보다 네 마음을 치유하고 미래에 집중해. 전 남친이 새로운 사람과 함께 있는 모습을 보면 무척 괴롭겠지만, 너와 그 사람이 다시 사귈 가능성이 없다는 사실을 받아들이는 편이 둘의 관계를 더 빨리 정리하는 데 도움이 될 거야.

전 남친을 건강한 방식으로 대하는 요령을 몇 가지 적어 볼게.

- **'지나치게' 질투하지 마.** 전 남친을 질투하는 건 정상이야. 특히 너 없이 아주 잘 살면서 즐거워하는 모습을 본다면 더 그렇겠지. 어쩌면 그건 이별에 대처하는 그 사람만의 방법일지도 몰라. 전 남친에게 무슨 일이 일어나는지도 너무 걱정하지 말고.
  네가 헤어진 이유를 떠올리면 힘든 시기를 헤쳐 나가는 데 도움이 돼. 이유를 적은 다음 반복해서 읽어 봐. 그러면 그 사람에 대한 미련도 옅어지고 그 사람이 하는 (혹은 하지 않는) 일에 질투심도 덜 생길 거야.

- **자신을 다른 사람과 비교하지 마.** 특히 전 남친에게 새로운 연인이 생겼다면 더더욱. 전에 말했듯이 인간관계는 누가 최고인지, 누가 가장 예쁜지, 누가 가장 재미있는지, 누가 가장 똑똑한지와 전혀 관련이 없어. 너는 그의 새로운 연인과 경쟁할 필요가 없어. 미쳐서 망상에 사로잡힌 사람이 되고 싶진 않겠지?

- **스토킹은 안 돼!** 전 남친을 볼 기회가 줄어들수록 그 사람 생각도 덜 하게 돼. 성숙한 방식으로 대할 수 없다면 그 사람이 있을 만한 곳은 피하

175

자신을 전 남친의 새 연인과 비교하지 마.
그러다가는 미쳐 버리고 말 거야.

나보다 착해

나보다 똑똑해

나보다 예뻐

는 편이 좋아. 온라인 스토킹 역시 좋은 생각이 아니야. 그건 강박적인 행동이고 건강에도 무척 해로워. 온라인 스토킹도 직접 스토킹하는 것처럼 문제가 될 수 있어. 소셜미디어에서 전 남친을 너무 자주 확인하지 않도록 조심해.

● **다른 사람들과 네 감정에 관해 이야기를 나눠.** 믿을 만한 사람과 대화를 나누면서 네가 어떤 기분인지 설명해. 좋은 친구라면 네 말을 잘 들어주고 슬픔을 극복하도록 도와줄 거야. 네 감정을 솔직하게 드러낼수록 좋다는 사실을 기억해. 감정을 꽁꽁 숨겨 둬선 안 돼. 마음속에 있는 것들을 끄집어내면 기분이 편해지고 머리도 맑아질 거야.

● **두 사람이 함께 아는 친구들의 편을 가르지 마.** 이별은 너에게도 힘든 일이지만 너와 전 남친을 함께 아는 친구들에게도 무척 곤란한 상황이

야. 친구들은 너희 둘 모두를 좋아하기 때문에 둘 중 한 사람을 고르라고 하는 것은 불공평해. 그 친구들과 네 전 남친에 관해 험담하지 않는 게 좋아. 너는 그런 인간이 되고 싶진 않을 거야.

시간과 장소와 자유를 누려. 늘 함께하던 사람이 없으면 일상이 많이 달라질 거야. 더 나빠진다는 의미는 아니야. 자신만을 위한 시간이 있을 때 개인적인 목표에 집중해 보면 어떨까. 그러다 보면 어느새 새롭고 특별한 사람이 네 삶에 들어올지 몰라.

7장

학교에서
살아남는 법

우리 중 많은 친구들은 하루 대부분을 학교에서 보내. 그런데 학교에서 가르쳐 주지 않지만 인생에 꼭 필요한 (직업을 갖고 경력을 쌓는) 일은 어디서 배워야 할까? 이번 장에서는 학교에서 살아남는 법과 이력서 작성법, 공부(나 일)을 좀 더 생산적으로 하는 방법에 대해서 알려 줄게!

학교는 정말 이상한 곳이야!

솔직히 말해서 중고등학교 시절은 내 인생에서 가장 이상했어. 가끔 그때를 떠올리면 궁금해. "나는 무슨 생각을 하면서 살았을까?" 13살에서 19살 사이에 나는 많은 변화를 겪었고 여러모로 바뀌기도 했어. 천차만별의 친구들과 어울리고, 이상하기 짝이 없는 장소와 파티에도 갔고, 엉뚱한 사람과 한통속이 되어 어울린 적도 있고 그 밖에도 갖가지 이상한 짓을 하고 다녔지. 완전 미친 사람처럼 옷을 입고 다녔는데 지나고 생각해 보니까 왜 아무도 나를 말리지 않았는지 궁금하더라고. 그 당시 나는 내가 되고자 하는 모습과 내 원래 모습 사이를 끊임없이 왔다 갔다 했어. 짝사랑하던 사람뿐만 아니라 절친이라고 생각했던 아이들 때문에 마음에 상처도 많이 받았지.

학교는 정말 가혹한 곳이었어. 아이들은 서로 괴롭히고 따돌리고 욕했지. 뒤에서 험담도 많이 했어. 생각해 보면 게임 속 세상 같기도 했어. 누가 가장 예쁘고, 가장 똑똑하고, 가장 날씬하고, 가장 멋지고, 가장 유명한지 정하기 위한 오디션 같았다니까. 그리고 누가 누구에 관해 무슨 말을 했는지가 너무나 중요했어. 시험 점수는 뛰어나게 잘했을 때나 끔찍하게 나쁠 때만 중요했어. 어중간한 점수와 어중간한 사람들은 관심 밖이니 대화에 오를 일도 없었지.

그런데 중고등학교 시절이야말로 인생에서 가장 좋을 때라고? 맙소사, 말이 됨?

중고등학교가 인생에서 무척 중요한 시기라는 사실을 모르는 사람은 없어. 우리는 정체성과 성적과 사랑과 사회적 위치와 우정과 시간 관리와 건강과 가족과 일일 수분 섭취량과 정신 건강을 위해 애쓰지. 알아, 불평하면 안 된다는 거. 내가 교육을 받을 수 있었던 건 특권이고 나에게 주어진 기회에 감사하고 있어. 학교에 다닐 수 있었다는 사실 자체에 감사해야 한다는 것도 알아. 하지만 그렇다고 중고등학교가 완전 이상하다는 사실은 변하지 않는다고! 그런데 대체 왜 그런 걸까?

넌 매일 8시간 이상 의자에 앉은 채로 누군가 설명해 주는 무언가를 한

귀로 듣고 한 귀로 흘려보내고 있지. 집중하려 애쓰는데도 머릿속에서는 끝나고 친구랑 놀 생각만 떠올라. 아니면 저녁으로 뭘 먹을까 하는 생각뿐이지. "딩동댕동!" 마침내 종이 울리면서 하루가 끝났다고 알려 줘. 집에 가면 부모님이 학교에서 어땠냐고 묻지. 그러면 너는 "잘 지냈어요"라고 대답해. 방으로 도망치듯 들어가기 전에 매일 반복되는 일이야. 문을 닫으려는데 부모님이 또 묻겠지. "공부는 열심히 했니?" 공부라니. 지긋지긋해.

배우고는 싶은데 공부하기는 싫다고? 반가워, 나랑 비슷하구나. 난 인생과 세상에 관해 뭔가 새로운 걸 배울 때면 엄청 신이나. 특히 역사가 재미있었어. 체육 시간에도 최선을 다했지. 하지만 다른 것도 배우고 싶었어. 요리법이라든가 바느질이라든가 세금 처리하는 법이라든가 불이 났을 때 살아남는 법, 또 심폐소생술과 세탁법과 부서진 물건을 고치는 법과 벽에 페인트칠 잘하는 방법 같은 것들 말이야. 우리 집 사정이 좀 복잡했던 터라 어렸을 때 이런 기술을 배우지 못했거든.

사실, 학교에서 배운 것이 내 인생과 어떤 관련이 있는지 궁금했던 적이 셀 수 없을 정도로 많아. 나에게 학교는 오로지 시험 통과라는 단 하나의 목적을 위해서 교과서를 달달 외우는 것이 전부인 곳이었어. 재미있지만 써먹을 곳 없는 상식, 죽어도 안 외워지는 이름, 날짜들…. 내 성적이 평균치였던 이유지. 내가 중요하게 여기지 않았다거나 관심이 없기 때문이 아니었어. 그저 나는 학교 공부에 취미가 없었을 뿐이라고. 새로운 언어나 기술을 배우는 건 즐거웠지만 인간 몸속의 각 세포의 이름과 기능을 공부하는 일은 내 능력 밖이었어.

다음으로 숙제에 관해 말해 볼까. 그 당시 늘 끔찍한 불안과 긴장에 시달렸던 기억이 나. 수업이 끝나면 산처럼 쌓인 숙제가 나를 기다리고 있었기 때문이지. 시간 관리는 내 강점이 아니었어. 게다가 난 엄청난 완벽주의자였어. 그래서 모든 것을 미루기 일쑤였지. 제출하기 전에 완벽한 모양새를 갖춰야 한다고 생각했거든. 결과가 어땠냐고? 나는 항상 막판에 숙제를 끝냈는데 시간이 없었기 때문에 대부분 벼락치기로 했어. 결과가 좋았을 리가 없지. 숙제는 중고등학교 시절에서 어마어마한 스트레스를 담당하지.

숙제 문제는 학교를 이상한 곳으로 만든 또 다른 이유였어. 기대감도 사람을 괴롭게 만들잖아. 우리 반에는 전 과목 A학점을 받지 못하면 지나치게 스트레스 받는 아이들이 있었어. 성적에 실망하거나 마무리를 제대로 하지 못했다고 생각해서가 아니라 부모님이나 보호자가 화를 낼까 봐 겁이 나서였어. 나로서는 절대 이해하지 못할 상황이었지. 학교에서는 실패를 두려워하지 않도록 가르쳐야 하잖아. 학생들은 성취를 강요받으면서 어마어마한 압박감 속에서 지내. 그게 무슨 도움이 될까? 그 문제에 관해서는 지금까지도 답을 찾지 못했어.

대학에 들어가자마자 나는 아무도 다른 사람의 성적에 신경을 쓰지 않는다는 사실을 깨달았어. 모두가 똑같은 일을 겪었고 그것이 우리를 하나로 만든 거야. 좋은 성적을 받은 사람과 나쁜 성적을 받은 사람들 사이에는 아무런 차이도 없었지.

사실, 고등학교를 졸업한 뒤엔 상황이 조금씩 나아져. 흔히 대학 과정이 더 어렵다고들 하지만 지나온 과정을 생각해 보면 훨씬 쉬운 셈이야. 나는 불가능한 기준에 맞춰 살고자 애쓰면서 자신을 볶아 대느라 청소년기를 낭비했어. 다시 돌아갈 기회를 얻는다면 자잘한 쪽지 시험 따위나 걱정하는 대신 내 성장과 발전에 시간을 투자할 거야.

학교가 이상한 이유는 나이와 사춘기라는 특징과 관련이 있어. 사실 학교에 다니는 건 나이와 상관없이 힘들어. 하지만 10대 때라면 10배는 더 안 좋아. 10대 때는 말 잘 듣고 바르게 행동하고 좋은 성적을 받아야 한다고들 말해. 그리고 놀랍게도 이 원칙은 반대 방향으로 작동하지 않아. 어른들은 네 이야기를 들으려고 하지도 않으면서 네가 스스로 무슨 말을 하고 뭘 느끼고 뭘 하는지도 모른다고 우기잖아. 그 와중에 너는 처음 생리를 하고 새로운 스타일의 옷과 메이크업을 시도해 보고 누가 진짜 친구인지 고민하면서 여러 가지 일을 겪지. 넌 가슴이 나오고 엉덩이가 커지고, 그런 것들 때문에 무척 혼란스러울 거야. 그리고 어머, 그 사람이 너한테 작업을 걸었다고? 어쨌든 그 때문에 너는 더 헷갈리겠지. 또 이상한 곳에 털이 나. 게다가 그걸 깎아야 하는 건지 아닌지도 고민일 거야. 학교 자체만으로는 그렇게 나쁘지 않아. 사춘기를 겪는다는 사실이 학교를 더 참을 수 없게 만드는 거지.

마지막으로, 인기가 네 사춘기 시절 경험 전체를 좌지우지할 수 있어. 나는 잘 나가는 부류의 친구들과도 친했지만 그렇지 않은 친구들도 많았어. 나는 사람들이 만나 본 적도 없는 누군가를 못 참아 주겠다고 말하는 것이 싫었어. 나는 외모가 특출하진 않았지만 유머 감각이 뛰어났고 그 덕분에 어떤 면에서는 '인기 있는' 아이였지. 청소년기는 일종의 게임과 같아서 거기에서 벗어나기 전까지는 인기라는 것이 실제로 얼마나 말도 안 되고 의미 없는 개념인지 깨닫지 못해.

학교는 다양한 이유로 이상해. 높은 기대, 사춘기, 나이, 인기 있는 사람이 되어야 한다는 압박감, 숙제 스트레스 같은 것이 뒤

섞여 있지. 하지만 지금 아무리 끔찍해 보이더라도 곧 괜찮아질 거야. 약속할 수 있어. 머지않아 나이가 조금 더 들면 학교를 벗어나 너에게 맞는 직업과 친구와 살 장소를 선택할 시기가 올 거야. 겁난다고? 이해해. 자란다는 건 두려운 일이야. 지금은 학생의 신분으로 네게 주어진 시간을 즐겨. 둘 다 장점이 있으니까!

누군가 괴롭힘을 당할 때
네가 할 수 있는 일

괴롭힘은 여러모로 곤란하고 복잡해. 학교에서 괴롭힘은 좀처럼 사람들의 눈에 띄지 않아. (사이버 폭력도 마찬가지야) 그래서 맞서기가 무척 까다로워. 만약 네가 괴롭힘의 피해자라면 누군가 도와주거나 편들고 보호해 주기를 바랄 거야. 그러니까 너도 누군가 괴롭힘 당하는 모습을 보면 도와주려고 노력해야 해. 그렇다면 과하다는 생각이 들지 않으면서 네가 피해를 당하지 않게끔 개입하는 방법은 없을까?

피해자에게 필요하면 언제든지 도움을 요청하라고 일러 주는 것만으로도 이미 큰일을 한 거야. 점심시간이나 쉬는 시간에 괴롭힘을 당하는 아이 옆에 앉아서 말을 걸어 봐. (매일 혹은 온종일 그럴 필요 없이 가끔이면 돼) 또래 집단의 압력에 굴복하지 말고 괴롭히는 아이들이 널 위협하도록 내버려두지도 마. (또래 압력과 그에 저항하는 방법은 5장에서 자세히 다뤘어) 앙갚음하겠다거나 혼쭐을 내 주겠다는 생각은 버려. 여기서 맞불 작전은 통하지 않아. 직접 뛰어들어 싸우는 행동은 피해자를 더 곤란하게 만들 수도 있어.

행동으로 옮기기 전에, 네가 도우려는 아이가 괴롭힘을 당하고 있다는 사실을 확인해 볼 필요가 있어. 정보를 더 얻기는 쉽지 않을 거야. 괴롭힘을 당하는 사람이 그 사실을 말하기 싫을 수도 있으니까. 너무 속상하고 부끄럽거나 무슨 일이 일어나는지 말했다가 더 큰일이 날까 봐 무서울지도 몰라. 하지만 분명히 신호가 있을 거야. 특별히 잘 살펴봐야 할 부분은 이런 것들이야. 그 아이가 자주 결석하거나 수업 시간에 산만해 보이니? 최근에 그 아이에 관한 (고약한) 뜬소문을 들은 적 있니? 그 아이는 쉬는 시간에 혼자 떨어져 있거나 체육 시간에 팀을 고를 때 계속 마지막으로 뽑히니? 혼자 있는 모습이 자주 눈에 띄니? 누군가 단체 채팅방이나 소셜미디어에 그 아이에 관해 이상하고 상처받을 만한 내용을 올린 걸 본 적 있니? 그 아이에 대해 험담하는 걸 들은 적 있니? 그 아이가 모욕적인 말을 듣거나 신체 폭력을 당하는 장면을 목격한 적이 있니? 괴롭히는 사람이 한 사람이었니 아니면 여러 명이었니? 지금까지의 질문에 여러 번 그렇다는 답을 했다면 그 아이가 괴롭힘을 당하고 있을 가능성이 높아.

괴롭힘은 극도의 스트레스를 주고 지울 수 없는 상처를 남겨.

피해자들은 트라우마에서 벗어나기 위해 전문가를 찾아야 할 때가 많아. 자해를 하거나 제대로 먹지 못하고, 자살 충동이 일어나기도 해. 자존감이 낮아지고 남을 믿지 못하면서 정신적, 육체적으로 오랫동안 지속되는 다양한 문제로 고통받기도 해. 그러니까 괴롭힘을 당하는 사람을 즉시 돕는 일은 매우 중요해.

그렇다면 가해자가 괴롭히는 이유는 뭘까? 그 이유를 알고 싶다면, 그 사람의 배경이나 가정사를 아는 것이 도움이 되기도 해. 누군가를 괴롭히는 이유는 무척 다양한 데다, 그런 일은 어디서나 일어나. 학교, 직장, 가정, 놀이터, 군대 등등, 말 그대로 모든 곳에서야! 괴롭힘을 막기 위해 활동하는 세계적인 비영리 단체 '디치 더 레이블'은 최근의 한 연구에서 대부분의 사람이 생각하는 것과는 전혀 다른 사실을 밝혀 냈어. 연구 결과에 따르면 괴롭힘은 피해자가 누구이며 무슨 일을 하고 어떤 생김새인지와 전혀 상관없이 발생해. 즉 괴롭힘은 가해자에게 있는 해결하지 못한 문제들 때문에 발생한다는 거야. 다음 자료를 보면 가해자들이 어떤 일을 겪었고 왜 그런 행동을 하는지 이해하는 데 도움이 돼.

- **스트레스와 트라우마** : 우리는 모두 각각의 방식대로 스트레스에 반응해. 어떤 사람들은 스트레스를 줄이기 위해 (명상, 상담 치료, 운동 같은) 긍정적인 행동을 할 테고, 또 다른 사람들은 (괴롭힘, 폭력, 마약 같은) 부정적인 행동을 하지. 스트레스를 어떻게 다뤄야 할지 전혀 모르는 사람들도 있어.

- **가해자들은 과거에 괴롭힘을 당했던 경우가 많아** : 괴롭힘은 자신을 방어하려는 방편으로 사용될 때가 많아. 가해자들은 사람들에게 지목당하지 않기 위해서 괴롭힐 사람을 선택해.

- **가해자는 가정에서 어려운 상황을 겪고 있어** : 가해자들의 30% 정도는 일상에서 부모님이나 보호자와 함께 충분한 시간을 보내지 못한대. 그 아이들은 자신을 마땅히 사랑해 줘야 할 사람들에게서 거부당했다고 느껴. 그래서 관심을 끌기 위해 나쁜 행동을 시작하기도 해.

- **가해자는 인간관계에 자신이 없어** : 가해자는 가장 친한 친구와 가족이 자신을 사랑하지 않거나 자신의 편이 아니라고 느낄 때가 많아.

물론 이런 이유가 있으니 괴롭힘과 폭력을 이해하자는 뜻은 절대 아니야. 가해자의 상황을 알면 문제 해결의 실마리를 얻을 수 있어.

그렇다면 피해자들을 어떻게 도울 수 있을까? 먼저, 괴롭힘을 당하는 사람에게 혼자가 아니라는 사실을 알려 줘야 해. 사실 단순히 함께하는 것만으로도 엄청난 차이를 만들어 낼 수 있어. 또 어른들에게 알리는 것도 좋은 방법이야.

친구나 아는 사람이 괴롭힘 때문에 위험에 처했다고? 그렇다면 믿을 만한 어른에게 알려. 선생님이나 부모님이나 학교 상담 선생님이 떠오를 거야. 어른들은 교장 선생님이나 가해자의 부모님에게 알릴 가능성이 커. 그런데 너는 피해자를 도우려는 마음뿐이지만 피해자가 다른 사람에게 피해 사실을 알리고 싶어 하지 않거나 창피하게 생각할 수도 있어. 자기 일에 간섭한다고 너에게 화를 낼 수도 있어. 그래서 신중하고 조심스럽게 접근해야 해. 그러지 않으면 피해자가 극심한 스트레스를 겪게 될 수도 있어.

피해자나 피해자의 지인에게 e끌림 청소년사이버상담센터를 알려 주는 방법도 있어. 괴롭힘뿐만 아니라 청소년기에 겪는 일상적인 고민과 가출, 학업 중단, 인터넷 중독 등에 대해 다양한 도움을 받을 수 있는 곳이야. 국번 없이 1388로 전화를 해도 되고, 인터넷 사이트(http://www.cyber1388.kr/) 게시판에 글을 올리거나 1:1 상담을 받을 수도 있어. 또 #1388번으로 문자나 카카오톡 상담도 가능하니까 편한 방법을 이용하면 돼. 모든 내용은 비밀 보장을 원칙으로 해. 네 동의 없이는 절대 알려지지 않으니 그 부분은 걱정하지 마.

그런데 네가 가해자라면 어떡해야 하지? 먼저 너 자신에게 가해자라는 꼬리표를 붙이지는 마. 괴롭힘은 네가 아닌 너의 행동을 정의하는 말이니까. 그리고 행동은 네 의지로 바꿀 수 있어. 네가 다른 사람을 괴롭히는 이유가 뭔지 알아내야 해. 널 자극하는 어떤 일을 겪고 있니? 나쁜 행동의 원인이 무엇인지 이해하면

근본적인 문제를 다룰 수 있어.

　네 상황에 관해 이야기해 봐. 친구나 믿을 만한 어른이나 전문 상담사나 의사에게 네가 처한 상황을 털어놓는 거야. 신뢰가 가는 사람과 함께 앉아서 무엇이 너를 초조하게 만들고 있는지 이야기하는 것만으로도 마음이 편해지고 힘이 날 거야. 누군가를 끌어내리는 행동은 절대 널 높여 주지 못해. 괴롭힘이 어떤 영향을 끼치는지 반드시 알아 둬야 해. 네가 하는 행동은 사람들에게 정말로 큰 해를 끼치고 평생 회복하기 힘든 상처를 입혀.

　이런 말을 하는 이유는 손가락질하고 판단하려는 게 아니야. 우리가 함께하는 이유는 함께 배워 나가기 위해서야. 네가 괴롭힘을 당하고 있거나 괴롭힐 대상을 찾고 있다면 반드시 누군가의 도움을 받아야 해.

　괴롭힘에 관해 더 알아보고 싶다면 다음 사이트를 방문해 봐.

• 웹사이트 : 푸른나무청예단 (http://www.jikim.net/index.asp)
• 도란도란 학교폭력예방 홈페이지(http://www.edunet.net/nedu/doran/doranMainForm.do?menu_id=140)

미루지 않게 도와주는 10가지 꿀팁

　이 책 작업을 시작하기까지 몇 달을 꿈지럭댔는지 몰라. 마감을 지키지 못하면 어쩌나 걱정하면서 몇 주 동안 뜬눈으로 밤을

공부를 해야 할 때
내가 실제로 하는 것

집중

공부 중
(이런 모습이
공부하는 모습이라면)

<u>실제로</u>
내가 하는 것

게임 /
소셜미디어 확인

다른 사람
분석하기

간식 먹기
아니면 야식 먹기

멍 때리기
(대부분 음식 생각)

먼 산
바라보기

친구들이랑
수다 떨기

공부와 전혀
상관없는 것들
만들기

음악 듣기

지새웠어. 엄청난 스트레스와 때때로 밀려오는 공황발작을 겪으면서 지난 몇 주를 보냈고…. 다 내가 책 작업을 시작하기 전에 지나치게 오래 시간을 끌며 미적거렸기 때문이야. 나는 책 작업을 마치기 위해서 마감을 앞둔 몇 달 동안 미친 듯이 일해야 했어.

왜 나는 마감에 이르는 마지막 몇 주에 고문하듯 그렇게 스스로를 몰아붙였을까? 작업 일정은 충분했는데 말이야. 사실 1년 동안 한 달에 한 챕터씩만 쓰면 되는 거였어. 하지만 질질 끌다 보니 일주일에 한 챕터씩 써야 가까스로 원고를 완성할 수 있는 지경에 이르렀지.

내가 긴장 속에서 일하는 걸 좋아해서일까? 아니면 그냥 게으른 사람이라서? 아니면 스트레스를 즐기는 걸까? 아니면 그냥 글을 쓰지 않으려고 끊임없이 변명하고 있었던 걸까?

진실은 이거야. 누구나 가끔은 일을 미뤄. "내일 하지 뭐"라고 말하는 건 무척 쉽거든. 그러다 내일이 그다음 내일이 되고 그 내일은 다음 주가 되고 다음 주는 영영 미궁 속으로 사라져 버리고 말지. 우리는 해야 할 일을 하지 않기 위해서 갖가지 창의적인 변명을 지어 내. 가장 최근에 운동을 미루기 위해 했던 변명은 뭐였어? 너무 춥다거나 덥다거나 습하다거나 피곤하다거나 너무 늦었다는 말? 우리는 작은 일만 미루는 게 아니야. 사실, 할 일 목록에서 일이 크고 중요할수록 더 자주 미루는 경향이 있어. 왜냐하면 실패할까 봐 두려운 마음이 더 많이 들거든. 겁이 나서 미루고 싶은 일에는 이런 것들이 있어. 학교에서 내 주는 큼직한 과제들, 가짜 친구를 다루는 일, 썸남한테 좋아한다고 고백하는 일, 장기 목표를 이루는 일, 새로운 알바를 구하는 일….

망할, 해야 할 일이 아직도 산더미야

…알바 구하기

…방 청소
하기

…발표 준비
하기

…숙제하기

…엄마에게
전화하기

…빨래하기

얼마 뒤.

우리는 자신에게 오늘은 적당하지 않다고 끊임없이 말해. 몇 몇 상황에서는 사실이겠지만 대부분 그건 큰 도약을 피하기 위한 변명이야. 변명은 공포심을 줄이기는커녕 더 크게 키울 뿐이야. 시간이 흘러도 '언젠가'를 향한 우리의 꿈과 포부는 정확히 그 상태로 남아 있어. 꿈과 포부로만 말이야. '언젠가'라는 때는 결국 제시간에 오지 않을 수 있다는 점을 잊지 말아야 해. 그 '언

우리가 가장 많이 미루는 일들

- 운동
- 청소
- 가족에게 안부 전화하기
- 정리하기, 특히 서류들
- 약속 잡기
- 시험공부
- 누군가에게 사과하기
- 학교나 모임의 진도 따라가기
- 편지나 이메일에 답하기
- 미래를 위해 저축하기
- 악기 배우기
- 이불 정리하기
- 새로운 언어 배우기
- 적당한 시간에 잠자리에 들기
- 새로운 요리법 시도하기
- 새로운 헤어스타일 시도하기

젠가'가 왔을 때는 실제로 뭔가 하기에 나이가 너무 들거나 경제적으로 불안정한 상황일 수도 있고, 아니면 단순히 오늘 해야 할 일을 미루기에 너무 늦은 때일지도 몰라.

자주 미루는 것들 중 몇 가지는 별일 아닌 것처럼 보일 거야. 하지만 그런 일들도 조금 전에 말한 두려움을 불러일으킬 수 있어. 공부나 학교와 관련된 것이라면 아무리 작은 일이라도 불안을 자극해서 완벽하지 못하거나 실패할까 봐 두려운 마음이 들게 해. 네가 얼마나 많이 어지르느냐에 따라 물건을 정리하겠다는 생각은 압도적인 힘을 발휘할 수 있어. 돈 문제나 중요한 결정을 미룬다면 그런 행동 역시 실패에 대한 두려움에서 시작되었을 가능성이 있어. 사람을 만나는 걸 자꾸 미룬다면 거절이나 갈등을 두려워한다는 뜻일 수 있지.

다행히 미루는 습관을 고칠 방법은 많아. 경험의 법칙에 따르면 현재의 삶을 살아야 해. 너무 늦을 때까지 기다려선 안 돼. 이건 네 안전지대를 벗어나는 문제야. 1장에서 했던 이야기 기억나니? 안전지대 바깥의 일을 하려면 스트레스 받고 불안해. 하지만 시야를 넓히기 위해서는 단호하게 행동해야 해. 매일 반복하는 일의 순서를 바꾸거나 다른 방식으로 해 보는 것도 미루는 습관을 고치는 데 큰 도움이 돼.

먼저, 해야 할 일과 마감 시간을 정리해. 그 일을 학교, 일, 취미, 친구 등 관련 분야별로 나눠서 일정을 짜는 거야. (오른쪽 표를

194

참고해서) 우선 순위표를 만들어. 표는 생활하는 분야에 따라 나뉘니까 개인적인 일과 학교 숙제를 섞어 놓으면 안 돼. (미국의 사업가이자 강사면서 『성공하는 사람들의 7가지 습관』이라는 베스트셀러를 쓴 작가) 스티븐 코비는 시간 관리 매트릭스라는 유명한 개념을 제시했어. 해야 할 일을 중요도와 급한 정도에 따라 분류하면 무엇을 먼저 해야 할지 쉽게 확인할 수 있어. 다시 말해서 표를 보면 네 우선순위가 보인다는 뜻이야.

스티븐 코비의 매트릭스는 이렇게 생겼어.

중요하고 급함 : 진짜 일 (1)	중요하지만 급하지는 않음 : 선한 일 (2)
● 내일 마감인 중요한 학교 숙제 ● 동생 데려오기 ● 치과 가기	● (여자) 친구들과 여행 계획 짜기 ● '나만을 위한 시간' 내기 ● 기타 배우기
중요하지는 않지만 급함 : 성가신 일 (3)	중요하지도 급하지도 않음 : 무의미한 일 (4)
● 남친에게 문자하기 ● 반려동물에게 쉴 새 없이 관심 보이기 ● 새로운 짤과 게시물 올릴 때마다 친구 계정 연결하기	● 영혼 없이 인터넷 화면 위아래로 훑기, TV 채널 바꾸기 ● 소셜미디어 들락거리며 확인하기, 액괴 만지작대기 ● 수행 평가 과제를 앞에 두고 갑자기 방 청소하기

왼쪽 위 1사분면에는 가장 중요하고 급한 일이 적혀 있어. 지

금 당장 해야 하는 일들이지. 오른쪽 위 2사분면에 있는 일은 중요하지만 급하지는 않아. 장기적인 목표를 이루려면 2사분면의 일에 집중해야 해. 왼쪽 아래 3사분면에는 지우거나 줄여야 할 일들이 적혀 있지. 좀 귀찮을 수도 있는 일들이야. 시간만 잔뜩 잡아먹는 데다 대부분 다른 사람에게나 중요하지 너에겐 그렇지 않거든. 오른쪽 아래 4사분면에 적힌 일은 중요하지도 않고 급하지도 않은 것들이야. 네 일에 도움도 안 되고 대부분 시간 낭비지.

이 방법은 매일 해야 할 일을 계획하고 생산성을 높이는 데 아주 효과 만점이야. 효율적으로 일하는 데 도움이 될 만한 방법을 몇 가지 더 알려 줄게. 그만 꾸물대고 당장 시작해!

1. 해야 할 일마다 마감 시간을 정해. 정해진 기한이 없다면 일이 얼마나 중요한지와 상관없이 쉽게 미뤄 버리거든. 일이나 목표를 작은 단위로 나누면 부담감 때문에 시작조차 못하는 상황을 피하고 조금은 가벼운 마음으로 시작할 수 있어.

2. 목표를 눈에 보이게 만들어. 여행하고 싶은 곳, 가고 싶은 대학, 배우고 싶은 기술, 존경하는 사람의 사진 등을 붙여 놓는 거야. 네 목표를 사람들에게 말하는 방법도 있어. 지금 하는 일이 아닌 네가 앞으로 하고 싶은 일에 어울리는 옷을 입어. 일단 성공을 향해 가고 있다고 믿기 시작하면 그곳에

도착하기 위해서 긍정적으로 생각하게 될 거야.

3. 목표한 방향대로 잘 가고 있다면 보상을 해. 계획대로 잘 해낸 뒤에는 스스로 수고했다고 다독일 필요가 있어. 중요한 과제를 끝냈다고? 정말 잘했어! 저녁에 외출하거나 좋아하는 아이스크림을 사먹을 자격이 충분해. 작은 성취를 축하하는 시스템을 잘 마련해 두면 일을 처리하기가 훨씬 수월할 거야. 그러다 보면 어느새 목표에 성큼 다가가 있겠지.

4. 적당한 때라는 건 없어. 적어도 하루에 한 번쯤은 너의 안전지대를 벗어나 봐. 얼마나 빨리 가고 있는지는 중요하지 않아. 진짜 중요한 건 네가 가고 있다는 사실이야.

5. 10분 규칙을 실천해 봐. 내가 큰 효과를 본 방법이야. 운동이든 책 원고 작업이든, 딱 10분 동안만 하겠다고 다짐하는 거야. 이렇게 하면 부담 없이 시작할 수 있어. 또, 일단 시작만 하면 전신 운동을 끝내기도 하고 몇 시간을 작업해서 원고 한 페이지를 끝내기도 해. 정해 놓은 10분을 넘겨서 일하고 나면 기분도 끝내주고 보람도 있어.

6. 일단 시작한 뒤에 속도를 내. 아드레날린이 주는 흥분이나 쾌감처럼 뭔가를 끝낸 뒤 느끼는 만족감은 그 자체가 보상이야. 그런 성취감은 자신감을 높이고 뭔가 계속하도록 만드는 동기가 돼. 기억해 둘 점이 있어. 얼마나 많이 미뤘든 정신 차리고 시작하기에 늦은 때란 없다는 사실이야.

7. 진짜 중요한 일에 집중해. 빨리 또는 쉽게 끝낼 수 있는 일 말고. 어렵다는 건 알아. 나는 소셜미디어에서 팔로워 수를 늘리려고 시간과 에너지를 엄청나게 쏟아 부은 적이 있어. 지금은 길게 보고 해야 하는 일에 집중하고 있어. 오랫동안 중요하게 기억될 작품을 남기고 싶거든. 이 책이 그런 것이 겠지. (2사분면에 해당하는 일이니까) 팔로워 숫자를 확인하거나 페이스북 상태에 뭐라고 쓸지 연연하는 대신 말이야. (그건 4사분면에 적힌 일이니까)

미루지 않으면
이런 기분이야

8. 미루는 일을 더 어렵게 만들어 봐. 숙제를 방에서 한다면 낮잠의 강렬한 유혹을 떨치기 힘들겠지. 공부와 사생활을 분리해. 도서관에 가거나 거실이나 카페로 가서 공부하는

거야. 아니면 친구와 함께 공부하는 방법도 있어. 능률이 올라서 목표한 분량을 훨씬 빨리 끝낼 거야.

9. 시간별 계획을 눈에 보이게 만들어. 각각 다른 색을 사용해서 달력에 마감일을 표시해.

10. 일을 시작하기 전에 준비해 둬. 먼저 자료 조사를 해 두면 일을 훨씬 쉽게 진행할 수 있어. 휴대폰이나 게임기나 TV처럼 정신을 산만하게 하는 것들은 치우고 커피나 차를 준비해 둬. 그런 다음 고고고!

눈이 번쩍 뜨이는 이력서 쓰기

이 부분은 약간 멀게 느껴질 수도 있어. 공부하기도 바쁜데 무슨 이력서냐는 생각이 들지도 몰라. 근데 솔직히 궁금하지 않아? 멀게 느껴지긴 하지만 언젠가는 필요한 일이기도 하지. 편안하게, 부담 없이 한번 읽어 봐.

이력서는 너의 학업, 직업, 경험 등을 엮어 낸 문서야. 일반적으로 직업을 얻기 위해 (자기소개서와 함께) 필요한 서류지. 지원 과정에는 입사 면접이 포함되기도 해. 이력서를 잘 작성하면 원하는 직업을 얻는 데 도움이 돼.

이력서를 작성하는 일은 고용주에게 너 자신을 소개하는 작업이야. 어떤 사람들은 이력서에 자신을 소개하는 일을 너무 수

줍어하거나 두려워하기도 해. 아주 외향적인 사람들조차 이력서 작성을 어려워해. 그래서 많은 지원자들이 자신을 고용할 사람의 이목을 끄는 데 실패해. 하지만 이력서를 잘 써 놓으면 여러 가지로 도움이 돼. 잘 쓴 이력서는 무척 설득력이 있어. 면접 보러 오라는 연락을 받아낼 수 있는 거지. 그 일에 너보다 더 좋은 자격을 갖춘 사람이라도 형편없는 이력서를 제출했다면 기회는 너에게 돌아갈 거야.

좋은 이력서는 한 페이지 안에 경력과 학력에 대한 모든 걸 보여 줘야 해. 먼저 어울리는 이력서 양식을 골라. (인터넷에서 다양한 이력서 양식을 무료로 구할 수 있어) 너무 평범한 건 좋지 않아. 그렇다고 지나치게 화려해서도 안 돼. 여기서도 균형을 찾아야 해. 읽기 쉬우면서도 눈에 띄어야 해.

먼저 네 개인정보를 써. 이름, (이메일) 주소, 전화번호 등을 정확하게 적어야 해. 그런 다음 학력을 써. 네가 졸업하거나 현재 재학 중인 학교를 쓰고 공부하는 (전공) 분야를 적으면 돼. 그다음엔 지원하는 분야와 관련된 경력과 특기를 써. 특기 란에는 대외 활동이나 수상 경력, 자격증 등을 적으면 돼. 취미나 관심사를 적어도 좋아. 이런 것들은 이력서에 적는 기본 사항이야. 눈에 띄는 이력서를 작성하는 방법을 알려 줄게.

● 예를 들어 인터넷으로 작업하는 일을 찾는다면 네가 직접 제작한 웹사

크로스틴

특이 사항 :
- 잘하는 것 : 짤 만들기
- 썩 잘하지 못하는 것 : 시간 지키기(그래도 노력하고 있어요)

내 소개 :
고양이를 좋아해요. 그러니까 고양이랑 관련 있는 일이라면 정말 즐겁게 할 수 있을 거예요. 시간을 잘 지켜서 깜짝 놀라게 해드리겠습니다.

저를 고용해 주세요. ☺

크로스틴 드림

이트를 문서에 직접 링크하거나 개요를 정리해 첨부하면 좋아. 전에 일했던 회사의 웹사이트를 추가해도 좋겠지. 네가 다녔던 학교나 다니고 있는 학교나 입학 예정인 학교도 적어. 지금 공부하는 분야를 밝히는 것도 도움이 돼. 이런 내용은 글쓰기나 컴퓨터 사용 능력뿐 아니라 사회성도 보여 주거든.

- 내용은 구체적이고 명확해야 해. 너를 묘사하는 데 불분명한 단어를 써서는 안 돼. 불분명한 단어가 뭐냐고? 유연하다거나 사교적이라거나 팀워크가 장점이라거나 열심히 일한다거나 활동적이라거나 동기부여를 잘한다거나 야심차다는 단어들이지. 이력서 내용만 보면 누구나 유연하고 사교적이며 팀워크가 좋거든. 네가 지원하는 분야와 관련 있는 부분

을 드러내려고 노력해. 그러려면 창조했다, 준비되었다, 성취했다, 관리했다, 훈련했다, 개선했다, 집중했다, 이뤄 냈다 같은 단어를 사용해. 학교나 이전 직장에서의 경험을 이야기할 때 이런 단어를 효과적으로 사용하면 좋아.

이건 안 돼 : 저는 창의적입니다.

이렇게 써 : 저는 (ㄱ, ㄴ, ㄷ 회사를 포함한) 여러 브랜드와 일하며 로고 이미지와 웹사이트 상단을 디자인했습니다. 또 삽화를 그리고 애니메이션 작업도 하고 있습니다. 제 개인 웹사이트(○○)와 인스타그램(ㅁㅁ)에서 더 많은 작업물을 확인하실 수 있습니다.

이건 안 돼 : 저는 팀워크에 뛰어납니다.

이렇게 써 : 학교에서 다양한 그룹 프로젝트를 진행하며 팀을 이뤄 작업하는 법과 팀을 이끌어 나가는 법을 배웠습니다. 저는 지시하기보다 적극적으로 일하며 팀원을 이끄는 쪽이었습니다.

이건 안 돼 : 저는 미술 경연 대회에 참가해 우수한 성적을 거두었습니다.

이렇게 써 : 저는 2018년에 열린 (○○) 라이브 아트 경연대회에 참여해 은메달을 땄습니다.

이건 안 돼 : 저는 △△ 대학 커뮤니케이션 프로그램에 합격했습니다.

이렇게 써 : 저는 △△ 대학 커뮤니케이션 프로그램에 합격했습니다. (△△ 대학은 한 학기에 25명의 학생을 선발하고 입학률은 7%입니다)

- 네가 가진 기술이나 장점을 쓰기가 힘들다면 친구나 가족에게 말해 달라고 부탁해 봐. 네가 미처 생각하지 못한 장점을 말해 주거나 잊고 있던 수상 경력을 알려 줄지도 몰라. 또 네가 당연하다고 생각해서 깜빡 잊고 있던 부분을 짚어 줄 수도 있어.

- 솔직하고 간결해야 해. 경력과 기술에 관해 거짓말을 하면 안 돼. 네가 다녔던 학교 이름이 그 과정이나 프로그램을 성공적으로 마쳤다는 사실을 뜻하지는 않아. 이력서를 살피는 고용주도 그렇게 이해하고 증명하도록 할 거야. 사실 모든 직업에 학위가 필요하진 않지만 학력을 위조하거나 학위를 거짓으로 적어 넣으면 직업을 얻을 기회마저 잃게 돼. 아직 졸업하지 않았다면 그것도 솔직히 말해야 해.

대학생이라면 전공 이외의 활동과 동아리 활동을 추가해서 이력을 더 풍부하게 만들 수 있어. 정치, 역사, 과학소설에 관심이 있을지도 모르겠다. 취미가 어떤 도움을 줄지는 결코 알 수 없어. 일반적인 지식과 다양한 분야의 취미를 드러내면 매력적인 지원자로 보일 가능성이 있지. 인턴사원으로 근무한 경험이 있다면 그곳에서 했던 역할을 밝히면 좋아. (예를 들면, "OO 회사의 언론 홍보부에서 인턴사원으로 일했습니다.")

이력서를 여러 번 읽고 고쳐서 다듬어. 작성한 이력서를 여러 번 읽었다면 오탈자를 잡기가 더 어려울 거야. 내용에 너무 익숙해지면 틀린 게 잘 안 보이거든. 제출하기 전에 친구나 지인에게 읽어 봐 달라고 하는 것도 좋은 방법이야. 채용 담당자가 오탈자나 문법적인 실수에 민감한 경우도 많아서 그것 때문에 떨어질 수도 있거든.

이력서를 주기적으로 업데이트해. 새로운 경력이 생기면 그때그때 적어 넣어. 새로 이수한 과정과 이력, 수상 경력 등 관련 있는 모든 것을 추가하면서 이력서를 생명체 돌보듯 관리해야 해. 일을 얻은 뒤에도 미래를 대비해서 계속 관리해.

이렇게 취업 전선에 뛰어드는 거야! 이력서를 여러 회사의 채용 담당자에게 보내. 이메일에 간략한 자기소개와 그 일을 하고 싶은 이유를 담은 짧은 문장을 덧붙인 뒤 정성껏 작성한 멋진 이력서를 첨부해서 보내.

일자리를 구할 때 알아야 할 것들

(처음) 취업을 위해 지원하는 일은 언제나 흥미로워. 주중에는 학교에 다녀야 하니까 학생을 위한 시간제 일자리는 일하는 시간이 길지 않고 기간도 짧은 편이야. 대개 시간제 일자리는 학교에서 공부하는 분야와는 관련이 없어. 용돈을 벌기 위한 수단 정도로 생각해야 하지. 시간제 일자리엔 이런 것들이 있어. 식당 종업원, 바리스타, 계산원, 판매 직원, 방과 후 과외교사, 안내 직원, 청소노동자, 아이스크림 판매원, 도서관 보조…. 그 밖에도 동네에서 여러 가지 시간제 일자리를 알아볼 수 있어.

학생이라면 시간제로 일하기가 쉽진 않을 거야. 그래서 네 스케줄에 맞는 일을 찾아봐야 해. 일자리를 구할 때 기억해야 할 사항들을 적어 볼게.

- **일하는 곳이 집이나 학교와 가까운지, 적어도 오가기 힘들지는 않은지 확인해야 해.** 지각 걱정에 스트레스 받고 싶지는 않을 테니까.

- **수업 시간에 맞춰서 교대 시간을 조절해.** 아침 시간이나 저녁이나 주말 또는 휴일에 일해야 하는 직업도 있어. 학업과 일 사이에 균형을 유지할 수 있도록 시간을 잘 관리해야 해. 지나친 욕심은 금물이야.

- **네가 좋아하는 일을 찾아.** 일을 찾을 때 급여는 중요한 부분이야. 일해서 번 돈으로 여행을 떠나거나 원하는 물건을 살 수 있으니까. 하지만 즐

겁게 할 수 있는 일을 찾는 것 역시 중요해. 그 일을 반드시 좋아할 필요는 없지만 싫어해서는 안 돼. 싫어하면 계속 일하기가 어렵거든.

- **그 일이 미래의 경력에 도움이 될까?** 시간제 단기 일자리가 네 관심 분야의 전문직과 관련 있다면 넌 이미 큰 걸음을 내디딘 거야. 좋아하는 브랜드, 신규 업체, 지역 사업체에서 인턴으로 일할 수도 있겠지. 그곳에서 쌓은 경험은 훗날 네 직업에 큰 도움이 될 거야.

자, 무엇을 중요하게 생각하고 따져 봐야 할지 알았을 테니, 이제 직업을 구하러 나설 차례야! 어디서 일을 찾을 수 있을까? 면접을 통과하기 위해 무엇을 하고 무엇을 하지 말아야 할까? 대개 시간제 일자리 면접은 격식을 갖추거나 긴 시간 진행되지는 않아. 그냥 용돈이 필요해서 일하는 거라면 많은 경험이나 기술을 요구하지 않는 단순한 일을 구하면 돼. 하지만 조금 더 숙련된 기술이 필요한 일이나 졸업한 뒤 네가 꿈꾸던 분야에 진출하기에 앞서 디딤돌이 될 만한 일을 찾는다면, 계속 읽어 나가!

일자리는 어디서 찾나요?

일자리를 얻으려고 지원하기에 앞서 관심 분야에서 사람을 뽑는지 먼저 알아봐야 해. 일하고 싶은 회사가 있다면 기업 홈페이지나 소셜미디어 계정을 확인해서 채용 계획이 있는지 알아봐. 또 구직 사이트나 고용노동부에서 운영하는 워크넷에 등록

하는 방법도 있어. 네가 관심 있는 분야의 일자리가 있으면 알림이나 연락이 올 거야.

친구나 가족에게 혹시 함께 일할 사람을 구할 계획이 있는 지인이 있는지 물어보는 것도 좋은 방법이야. 또 네가 관심 있는 회사나 가게에 들어가서 혹시 사람을 구하지 않냐고 직접 물어보는 방법도 있어. 모든 가게나 회사에 자리가 있진 않겠지만 이 방법은 일자리를 찾는 데 꽤 효과적이야. 무엇보다 네가 배짱 있고 진취적이라는 사실을 증명하는 방법이기도 해!

취업을 위한 면접 :
강추 vs. 비추

네가 지원한 곳에서 면접 보러 오라는 연락을 받았다면 (축하해!) 면접에서 해야 할 일과 하지 말아야 할 일을 잘 알아 둬야 해. 이런 행동은 강추야.

- **미리 준비해 둬.** 지원한 회사와 면접을 진행할 사람에 관해 꼼꼼히 조사해. 많이 알수록 채용될 확률이 커져.

- **시간을 잘 지키고 최선을 다하는 태도를 보여 줘.** 첫 번째 면접에 늦는 지원자만큼 채용 담당자를 짜증 나게 하는 사람도 없어. 그쪽에서는 너를 무례하고 상대방을 존중하지 않는 사람이라고 생각할 거야.

- **면접관을 만나면 허리를 숙여 정중하게 인사해.** 인사를 잘하면 자신 있고 단호하며 의욕적인 사람으로 보일 수 있어. 대화할 때는 면접관과 눈을 맞추고 밝게 미소 지어. 허리를 펴고 앉아서 상대방의 눈을 마주 봐.

- **대답하기 전에 생각해.** 질문에 대답할 때는 먼저 답변할 내용을 요약해서 말한 뒤에 각 요점을 상세하게 설명하는 방법이 효과적이야. 서두르는 것보다 생각을 충분히 하고 나서 대답하는 편이 나아. 이건 면접이지 달리기 경주가 아니야!

- **질문해.** 업무, 고용주, 사업에 관련된 질문을 하면 네가 업무에 흥미가 있고 일을 배우고 싶어 한다는 인상을 줄 수 있어.

면접 보러 가기

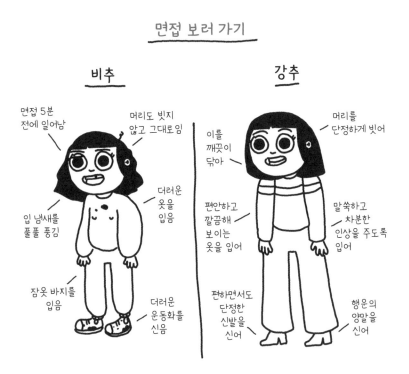

비추 · 강추

이런 건 절대 비추야.

- **면접을 보는 동안 뭔가 먹거나 껌을 씹는다.** 일에 관심이 전혀 없어 보이고 예의 없는 행동이야.

- **전화를 받거나 문자 메시지를 보낸다.** 휴대폰을 무음으로 바꾸거나 전원을 끄고 가방에 넣어 둬.

- **거짓말한다.** 거짓말은 아무런 도움도 안 돼. 질문에 대답할 것이 없다는 사실을 인정하는 한이 있더라도 모든 질문에 솔직하게 대답해.

- **레깅스를 입고 면접장에 나타난다.** 면접은 면접관과 소통하는 시간이야. 그러니 면접관들의 취향이나 생각을 존중할 필요가 있지. 면접관들은 대부분 나이가 많고 가치관이 뚜렷해. 그러니 그분들의 생각에서 크게 벗어나지 않는 적절한 옷을 입는 게 좋아. 첫인상은 무척 중요해. 정장을 갖춰 입으라는 뜻은 아니야. 하지만 면접 때 입는 옷은 그 회사와 잘 어울려야 해. 네가 원하는 일에 맞는 옷을 입어. 단정하게 입고 머리도 잘 빗고 이를 닦고 가. 입을 옷이 편한지 미리 확인하는 것도 중요해.

- **숨 쉬는 것도 잊는다.** 스트레스는 많은 것을 잊게 만들어. 하지만 긴장감이 널 지배하도록 둬서는 안 돼. 너무 긴장된다면 면접 전에 차분히 호흡을 해 봐. 큰 도움이 될 거야! 하지만 너무 티 나지 않게 조심해야 해. 면접관에게 네가 지나치게 긴장했다는 사실을 보여 줄 필요는 없으니까.

- **상관없는 주제에 관해 이야기한다.** 면접관과 고용주는 네 연애 이야기나 종교관엔 관심 없어. 그에 관해 질문 받은 것이 아니라면 객관적이고 전문적인 자세를 잃지 마. 농담하는 건 괜찮지만 너무 오버하지는 말고.

다른 지원자들 사이에서 돋보이기 위한 보너스 꿀팁

- 이전 업무 경험을 강조할 만한 자료를 제출하고 학업 외에 관심을 가졌던 분야, 예를 들면 블로그를 운영하거나 작곡을 했다거나 운동부 주장을 맡거나 학습 도우미를 한 경험을 적어도 좋아.

- 인터뷰를 하고 24시간 안에 감사 편지나 이메일을 써 봐. 채용 담당자에게 소식을 고대하고 있다는 이야기도 해. 면접 때 나눈 대화가 즐거웠고 다음 단계를 기대한다는 내용도 넣으면 좋겠지.

- 시작과 끝부분에 네가 그 일에 지원한 이유를 밝히도록 해. 채용 담당자는 열정과 의욕을 확인하고 싶어 해.

- 자연스럽게 행동해. 면접에 붙고 싶다고 다른 누군가가 될 필요는 없어. 회사는 네가 되고자 하는 사람이 아니라 지금의 너를 고용하는 거야.

네 열정과 부모님의 꿈이
어긋날 때

모든 부모는 자녀가 성공하길 원해. 언제나 '의사, 변호사, 교수' 노래를 하지. 다 너 잘되라고 하는 말이야. 부모님은 네가 안정적인 직업과 놀라운 미래를 갖길 원하니까. 하지만 네 꿈이 의사, 변호사, 교수가 되는 것과 상관없다면 어쩌지? 전혀 다른 분야에 열정을 쏟고 있다면 어떡해야 할까? 예술가가 되고 싶다면? 셰익스피어 못지않은 작가가 되고 싶다거나 드라마 주인공이 되고 싶다면? 뭐가 되고 싶은지는 아직 모르겠고 그냥 뭐가 되기 싫은지만 확실하다면? 네가 무엇에 꽂혔든지 여기서 중요한 점은 흰 가운을 입고 청진기를 목에 걸치거나 사장 명패가 놓인 책상 뒤에 앉아 있는 사람이 되고 싶은 건 아니라고 부모님에게 말해야 한다는 사실이야.

먼저, 너는 부모님이 미래의 직업을 스스로 고르도록 놔두지 않으리라고 생각할지도 모르겠다. 어쩌면 벌써 부모님의 반대에 부딪혔을 수도 있고. 그건 부모님이 널 걱정하고 보호하고 싶기 때문이야. 그게 그분들의 일이야. 부모님도 어쩔 도리가 없지. 또 네가 인생에서 자기 길을 찾고 스스로 결정을 내리는 모습을 지켜보는 일은 부모님으로서는 조금 걱정스러울 수도 있어. 부모님은 젊은 시절 자신들이 꿈꾸는 대로 살 수 없었기 때문에 후회하거나 부러움을 느낄 수도 있어. 부모님이 네 나이였을 때 세상은 완전히 다른 곳이었거든. 그 당시 젊은 이들에게는 지금처럼 자신의 열정을 좇는 일이 쉽지 않았어.

나는 중산층 노동자 가정에서 자랐어. 아빠와 할머니는 우체국 공무원이었지. 할아버지는 병원의 관리 기술자였고 엄마는

고국에서 가수였는데 (미국에 와서) 청소노동자로 일했지. 그러니까 나의 부모님과 조부모님은 화려한 생활이나 상류층의 삶과는 전혀 관련이 없었어. 그분들은 가족을 먹여 살리기 위해 정말 열심히 일했어. 그래서 나와 내 동생은 인생에서 성공해야 한다는 엄청난 압박을 받아야 했지. 우리 가족 중에서 고등학교 졸업 뒤에도 계속 교육을 받은 사람은 우리가 처음이야. 특히 엄마는 고국에서 공부할 기회조차 없었어. 그래서 엄마에게는 우리가 공부해야 한다는 사실이 진짜 중요했지. 엄마는 본인의 성장에 관심을 갖거나 학위를 받을 기회가 전혀 없었기 때문에 우리는 반드시 그래야 한다고 생각했어.

나는 어렸을 때 무엇이 되고 싶은지 잘 몰랐어. 지금도 마찬가지야. 나는 내가 되고 싶은 것 때문에 공부하고 싶지는 않았어. 난 진짜 무엇이 되고 싶은지 정하지 못한 채 고등학교를 졸업하고 곧바로 대학 언론정보학과에 진학했어.

그러기 전에 먼저 1년 동안 여행을 해야 했을까? 유학을 떠나거나 새로운 기술을 익히거나 그냥 취업하는 편이 좋았을까? 시작도 하기 전에 공부가 적성에 맞지 않는다는 사실을 이미 알고 있었는데 말이야. 그래도 대학 생활은 즐거웠어. 언론 분야에서 일하고 싶다는 생각은 없었지만 내가 전공하는 분야의 학위가 있으면 실제로 어떤 일을 하게 될지 계속 알아봤어. 또 한편으로는 전업 예술가가 되고 싶다는 생각을 하고 있었지.

예술 분야(그리고 인문학 계열을 포함한 다른 많은 분야)는 지금도 전문적인 일로 받아들여지지 않아. 대부분 그런 일을 직업이 아닌 취미라고 생각하지. "진짜 직업을 찾아", "그래도 학위는 필요해"라는 말은 내가 예술가로 일하며 들어야 했던 편견 가득한 말이었어. 사람들은 대부분 크게 성공하지 못한 예술가는 정규직이 아니라고 단정 지어. 나는 그림 작가나 글 작가 또는 두 가지를 한꺼번에 하고 싶다고 생각한 적이 한 번도 없어. 그건 누구도 그런 선택이 가능하다고 알려 주지 않아서이기도 해. 내가 그렇게 할 수 있는지 몰랐던 거야! 그래서 전업 일러스트레이터가 된다는 건 과대망상에 가까웠지.

사실 내 꿈은 부모님이 자랑스럽게 생각하는 딸이 되는 거였어. 난 우리 가족 중에서 처음 대학에 들어갔거든. 엄마는 나더러 항상 선생님이 되었으면 좋겠다고 했어. 하지만 나는 곧 선생님을 선택지에서 빼 버렸지. 나랑 어울리지 않았거든. 중학교 시절 언젠가 다른 도시의 예술 학교로 전학을 가 버리고 싶다는 생각을 한 적이 있어. 난 어렸고 그곳으로 간절히 가고 싶어 하는 친구의 광적인 에너지에 영향을 받은 탓도 컸지. 물론 부모님은 허락하지 않았어. 그 계획은 서서히 마음 깊은 곳으로 숨어 버렸지. 대신 일주일에 한 번 미술학원에 다녔어. 부모님이 왜 전학을 막았는지는 이해할 수 있었어. 그곳에 가고 싶은 이유에 대해 충분히 생각하지 못했던 거야. 그 당시 난 겨우 열다섯이었고 혼자 다른 도시로 매일 통학할 준비가 되지 않은 상태였지. 또 그 일에 관해 부모님과 충분히 의논하지도 않았어. 그냥 갑작스럽게 툭 던졌고 그래서 잘 받아들여지지 않았던 것 같아. 게다가 난 왜 가려고 하느냐는 질문에 솔직하게 대답하지도 못했어. 나를 위해 가고 싶었던 걸까, 단순히 친구 때문이었을까?

혹시 너도 비슷한 고민을 하는 중이니? 네가 그 문제에 관해 충분히 생각하지 않았다는 말을 하려는 건 아니야. 그냥 내가 그러지 않았다는 거지. 하지만 치열하게 고민했고 완전히 준비됐으며 동기도 충분하다고 판단한다면 실행에 옮겨야 해. 무엇보다 그렇게 하는 건 친구 때문이 아니라 너 자신을 위해서라는 확신이 있어야 해.

내가 줄 수 있는 최선의 정보는 네 목표와 꿈에 관해 부모님과 솔직하게 대화해야 한다는 거야. 부모님에게 마음을 털어놔. 처음엔 부모님도 당황할 거야.

"그 일을 해서 돈이나 벌 수 있는 거니? 생활은 가능하고?"

어쩌면 이런 말을 들을지도 몰라. 그래서 대답할 말을 준비해 둬야 해. 부모님은 네가 편하고 행복하고 성공한 어른이 되길 바라셔. 네 삶이 자신들보다 좀 더 낫기를 원하시지. 결국 부모님은 네가 무슨 직업을 가지려 하는지에는 크게 관심이 없다고 (나는) 생각해. 그냥 네가 원하는 삶을 살면서 자신을 위해 옳은 선택을 하길 바라실 뿐이야.

중요한 건 이거야. 부모님은 네가 행복하기를 원해. 너도 마찬가지니 잘됐지 뭐야. 너도 부모님이 행복하길 원하잖아. 네 계획을 부모님에게 솔직히 말하면 그분들도 결국 이해하고 네 선택을 자랑스럽게 여길 거야. 또 시도도 해 보지 않는 것보다는 하고 나서 후회하는 편이 낫다는 사실을 부모님에게 보여 주는 것도 좋지.

첫 월급은 세상 달콤해

15살 여름, 나는 처음 아르바이트를 했어. 난생처음 돈을 번 거지. 뭔가 특별한 걸 사려고 저축하진 않았지만 부모님에게서 독립하고 싶다는 생각은 분명했어. 귀여운 옷이랑 신발을 사고 영화도 보고 싶었지. 하지만 아르바이트를 해서 번 돈으로 뭘 해야 할지 생각해 두지 않았다면 어쩌지? 만약 일정한 수입이 있다면 돈이 많이 드는 일(여행이라든가 뭔가 배운다거나 한정판 구입)을 위해 저축할 수도 있어. 아니면 나처럼 그냥 소소하게 쓰고 싶을 수도 있지.

20살 때 첫 직장에 들어갔는데, 그때 나는 잡지에 삽화를 그리는 프리랜서로 일했어. 첫 월급을 받았던 기억이 나. 액수가 너무 커서 난 어떻게 해야 할지 몰랐어. 고민 끝에 전문가용 태블릿을 샀는데 어떤 면에서는 투자인 셈이었지. 2년이 지난 지금까지

215

그 태블릿으로 그림을 그리고 있거든.

첫 월급을 쓰는 '최선의 방법'은 없어. 그건 다 너의 상황과 필요에 달렸지. 어쨌든 첫 월급을 받는 순간은 정말 특별해. 많은 사람들이 그 돈으로 뭘 샀는지 잊지 못한다니까.

스스로 번 돈을 유용하게 사용할 만한 방법을 정리해 봤어.

- **저축해, 최소한 일부라도!** 월급은 새 시대를 여는 관문이자 경제적 독립의 시작을 의미하는 매우 특별한 돈이야.

- **뭔가를 사.** 그래, 물건을 사라고! 너에게 상을 주는 거지. 경제적으로 독립했다는 느낌은 정말 엄청난데 그런 신기함은 이내 사라질 거야. 그러니까 지금 이 순간의 감정을 누려야 해. 하지만 지나치게 낭비하지 않도록 주의해. 다음에 더 많이 아끼면 된다는 생각은 금물이야.

- **대출이나 빚을 갚아.** 지인에게 돈을 빌린 적 있니? (가급적이면 감사 인사를 적은 메모와 함께) 빌린 돈을 갚을 때야.

- **누군가를 돕는 일에 써.** 도움이 필요한 사람에게 음식을 사거나 자선단체에 기부하거나 어떤 방법으로든 베풀어. 너는 먹고 싶은 음식을 사고 입고 싶은 옷이나 근사한 물건을 살 여유가 있지만 수많은 사람이 생계를 꾸려 나가기조차 힘든 상황을 겪고 있어. 적은 금액이라도 기부하면 마음이 뿌듯하게 차오를 거야.

- **부모님을 위한 선물을 사.** 뭔가 특별한 물건으로 여태껏 널 돌봐 준 데 보답해. 넌 혼자 돈을 벌 만큼 자랐고 첫 월급은 경제적으로 독립하는 데 큰 역할을 해. 이제 감사 인사를 드릴 때야.

월급날의 내 모습

월급날이 아닌 날의 내 모습

8장

휴대폰과 SNS,
그것이 알고 싶다

짤방들

우리는 온라인에서 많은 시간을 보내. 소셜미디어에 올라온 게시물을 확인하고, 뉴스 기사를 읽고, 쇼핑을 하고, 웹드라마를 보기도 해. 우리 엄마 말처럼 세상 참 좋아졌지. 하지만 인터넷이 제아무리 좋다 해도 조심하지 않으면 위험한 도구가 되기도 해.

내가 휴대폰 중독이라고?

대학 졸업반 때, 커뮤니케이션 리서치라는 과목을 들었어. 마지막 시험은 선택한 주제에 관해 토론하는 거였지. 나는 '청소년들의 휴대폰 중독'이라는 주제를 골랐어. 자료를 조사하면서 청소년들이 휴대폰을 계속 확인하려는 이유를 연구한 (좀 오래된) 논문을 읽었는데 여러 가지 정보에 대해 알 수 있었지.

왜 우리는 휴대폰을 손에서 내려놓지 못하는 걸까? 진짜 중독되기 전에 얼마나 나쁜 영향 속에 있는지 확인할 수는 없을까? 기술에 중독되는 일이 가능하긴 한 걸까? 휴대폰을 술이나 대마초 같은 약물과 비교할 수 있을까? 이 모든 질문의 답은 '그렇다'야. 그런데 어디쯤 선을 그어야 할지를 아는 일은 훨씬 더 어려워. 또 사람들은 휴대폰 중독이 자신의 삶에 미치는 영향을 과소평가하지.

휴대폰은 우리의 일상생활에서 중요한 부분이 되었어. 우리는 전화하고 채팅하고 문자를 보내고 소셜미디어를 확인하기 위해 매일 휴대폰을 사용해. 심지어는 밤에 잘 때도 옆에 놔두지. 또 친구나 가족과 시간을 보낼 때조차 전화를 받고 문자메시지에 즉시 답하는 행동은 아무렇지 않은 일이 되어 버렸어. 친구나 가족과 함께 있는 동안에도 문자메시지에 답하고 소셜미디어 게시 글을 끊임없이 확인하는 이유가 뭘까? 인터넷과 기술 중독 연구센터를 설립한 데이비드 그린필드 박사는 사람들이 휴대폰을 과하게 사용한다고 밝혔어. 그러면서 휴대폰이 생활을 망가뜨린다는 사실을 알면서도 휴대폰 사용을 멈출 수 없다면 중독의 영역으로 들어가는 단계라고도 했지. 그래서는 안 된다는 걸 알면서도 휴대폰을 손에서 놓지 못한다면 통제력을 잃은 상황이고, 통제력을 잃었다는 건 중독의 중요한 신호라고 결론지었어.

너도 휴대폰 화면에서 나오는 블루라이트가 (수면 유도 호르몬 분비를 방해해서) 밤에도 잠이 오지 않게 하고 소셜미디어가 슬픈 감정을 불러일으켜 우울증의 원인이 되기도 한다는 기사를 읽어 본 적 있을 거야. 휴대폰 중독은 우리에게 셀 수 없이 많은 영향을 끼쳐. 몇 가지 예를 들면,

- **수면 방해 :** 휴대폰이나 태블릿 화면에서 나오는 밝은 빛은 수면의 질을 떨어뜨려. 뇌가 화면에서 나오는 빛 때문에 계속 활동하는 상태가 되어서 잠드는 데 더 오랜 시간이 걸리기도 해.

- **관계 문제 :** 온라인에서 맺은 관계가 다양한 방향으로 가지를 뻗고 자라나면서 오프라인 관계에 문제가 생기기도 해. 휴대폰과 소셜미디어 사용이 과도하게 늘어나면서 실제 생활에서 알고 지내는 사람들에게 소홀할 가능성도 있지.

- **불안 :** 한 연구는 휴대폰을 많이 사용하는 대학생들이 휴대폰을 사용하지 않는 시간에 불안해서 제대로 쉬지 못하는 경향이 있다고 밝혔어.

- **다양한 신체적 문제 :** 눈이 피로하고 안구가 가렵거나 불에 타는 느낌이 들기도 하고 목에 문제가 생기기도 해. (휴대폰이나 태블릿이나 컴퓨터를 계속 들여다보면 어떤 자세가 되는지 떠올려 봐) 또 운전하는 도중에 문자를 보내면 사고가 발생할 위험도 증가해. 음주 운전만큼이나 위험하고 치명적이지.

휴대폰 중독에서 벗어나기

아침에 일어나자마자 몸을 일으키기도 전에 휴대폰부터 확인한다면 문제가 심각할 수 있어. 하루를 건강한 방법으로 시작해서 이런 습관을 없애 버려야 해. 눈을 뜨는 즉시 잠자리에서 빠져나와 스트레칭하고 물을 한 컵 마시고 명상을 한 뒤 건강한 음식으로 아침 식사를 하는 거야. 휴대폰은 들여다보지 말고. 이렇게 한번 해 보면 하루를 훨씬 상쾌하게 보낼 수 있어. 네 아침 일과에서 휴대폰을 빼 버려.

문제는 우리가 항상 휴대폰을 쥐고 있다는 사실이야. 절친의 페이스북 상태를 확인하지 않는 유일한 시간은 샤워할 때뿐이야. 너도 휴대폰 화면을 만지작대며 아무 생각 없이 시간을 보낼 때가 많을 거야. 심지어 과제를 하거나 다른 생산적인 일을 해야 할 때도. 사실 우리는 휴대폰이 내는 딩동, 윙윙, 징징, 톡톡 소리에 방해받고 산만해져. 결과는? 집중력을 잃어버리고 아무 일도 해내지 못해. 해결책은? 휴대폰 청정 구역을 만들고 휴대폰 사용 금지 시간을 정하는 거야.

예를 들면 이런 거야. 오후 4시에서 6시까지 과제를 한다면 휴대폰을 끄고 과제에만 집중하는 거야. 또 거실이나 네 방에 휴대폰 청정 구역을 만들어. 특히 잠자리에 들기 전 두 시간 동안은 휴대폰 사용 금지야. 또 자는 동안 베개 밑에 휴대폰을 놔두지 마! 전자파와 폭발, 이 두 가지 이유에서 매우 위험한 행동이야.

우리는 어떻게든 인터넷에 연결되려는 충동을 느껴. 안 그러면 즉시 소외될지도 모른다는 두려움에 휩싸이지. 지금도 너는 온라인 세계에서 일어나는 중요한 일을 전부 놓치고 있다고 생각해. 누군가와 대화를 나누는 동안에도 문자를 하고 페이스북이나 트위터를 확인하고 있다면, 그건 예의에 어긋난 행동이라는 사실을 알아야 해. 모두가 그런다고 핑계 삼아서는 안 돼. 그건 우정을 깨뜨리고 다른 사람과의 관계를 망가뜨리는 행동이야. 네 행동은 지금 답하고 있는 가상의 메시지가 네 앞에 앉아 있는 사람보다 더 중요하다는 생각을 넌지시 드러내고 있어. 실제로 메시지의 99.9%는 기다렸다 답해도 별문제 없지. 휴대폰을 집에 두고 나오거나 '방해 금지' 모드로 전환해 둬서 친구나 가족과 함께 보내는 동안에는 휴대폰 알림 소리가 나지 않도록 해.

네가 휴대폰에 얼마나 중독되었는지 알아보는 또 다른 방법은 휴대폰을 가지고 있지 않을 때 얼마나 불안하게 느끼나 살펴보는 거야. 휴대폰이 눈에 띄지 않으면 불편하거나 안절부절못하거나 덜컥 겁이 나니? 주머니에 든 휴대폰을 의식할 때마다 한결 편안해지는데 실은 휴대폰이 필요해서가 아니라 그저 거기 있다는 이유 때문이니?

위의 질문에 그렇다고 대답했다면, 디지털 디톡스 요법을 시도해 봐. 하루 종일 휴대폰 없이 지내거나 소셜미디어에 접속하지 않는 거야. 일주일이면 더 좋고. 다시 온라인에 접속해서 쌓인 알림들을 봐. 인생을 바꿀 만한 것들은 아닐 거야. 그러니까 네가 휴대폰을 꺼내 든 이유는 누군가가 전화하거나 문자를 보내서가 아니었던 거야. 그보다는 새로운 무언가가 올라오기를 끊임없이 기다렸던 거지. 메시지이거나 알림이거나 새로운 게시물이겠지. 디지털 디톡스를 하고 나면 소셜미디어가 얼마나 쓸모없는지 알게 될 거야. 디지털 디톡스를 정기적으로 반복해. 그러면 꽃향기가 나고 새들의 노랫소리가 들릴 거야. 인생에는 디지털 세상 속보다 더 많은 것이 있어. 날 믿어.

20년 전에 사람들이 어떻게 살았을지 상상해 봐. 나는 휴대폰과 태블릿이 없는 세상에서 태어난 마지막 세대야. 그 당시의 상황이 더 나았다고 말하려는 건 아니야. 하지만 확실히 그 당시 사람들은 무척 달랐어. 당시엔 연애편지를 써서 주고받는 일이 흔했지. 전혀 특별한 일이 아니었어. 요즘 아이들보다 훨씬 더 자주 밖에서 놀았어. 우리가 자라는 동안 인터넷 기술이 갑자기 주목받기 시작했어. 내가 10대였을 때, 우리는 MSN 메신저와 버디버디를 썼어. 친구들은 갑자기 자기 사진을 찍어서 올리기 시작했고 (셀카라는 단어조차 없던 시절이지) 온라인에서 활동하면서 자신의 이미지를 만들어 냈어.

물론 기술은 다양한 면에서 생활을 훨씬 편하고 효율적으로 바꿔 놓았어. 우리 삶은 매우 빠른 속도로 흘러가고 온라인에서 정보의 흐름은 절대 멈추지 않아. 그 때문에 우리는 모든 것을 따라가느라 힘에 부치고, 역시 그 때문에 소셜미디어를 잠시라도 확인하지 못하면 소외감을 느끼는 거야. 오프라인 세계가 현실 세계이고 그곳에서 실제 일이 벌어진다는 사실을 더 일찍 깨달을수록 더 빨리 21세기의 중독에서 벗어날 수 있을 거야.

가상의 친구에 대한 진실

10대들이 친구와 어울리기 가장 좋은 장소는 학교나 누군가의 집이나 온라인이야. 소셜미디어, 온라인 게임, 팬덤 사이트에서는 관심사만 같다면 어디 사는지와 상관없이 쉽게 어울릴 수 있어. 솔직히 실제 삶보다 온라인에서 대화를 시작하기가 훨씬 쉬워. 만약 잘 안 풀린다 해도 그 사람을 어딘가에서 만날 일은 거의 없지.

현실 세계의 친구는 24시간, 일주일 내내 네 곁에 있을 수 없지만 소셜미디어에서는 그 친구들의 생활에 관한 정보가 실시간으로 업데이트돼. 가상의 친구를 사귄다는 건 실제 삶 속에서 친구를 사귀는 것보다 훨씬 좋을 수 있어. 가상공간에서 만났다는 건 두 사람의 관심사가 같다는 뜻이기도 하잖아. 그런 식으로 너는 더 다양한 사람들과도 만날 수 있지. 인터넷은 우리가 어울리고 싶은 사람들과 이야기 나눌 기회를 줘. 억지로 사람들과 어울리도록 강요받지도 않지. 또 인터넷은 우리에게 꼬리표를 붙이거나 이렇게 저렇게 분류하는 데도 관심이 없어.

예를 들면 이런 거야. 인터넷 세상에서는 네가 좋아하는 아이돌의 광팬을 찾아내는 데 몇 초도 안 걸려. 게다가 그 사람들은 조금도 부끄러워하지 않고 팬심을 마음껏 드러내잖아. 실제 생활에서는 네 '최애' 아이돌이 얼마나 멋지냐에 따라 상황이 달라져. 그러고 보면 덕질은 실제 세상에서 훨씬 더 까다로운 면이 있어. 가상 세계에서는 온라인 커뮤니티에 가입해서 덕심을 자유롭게 표현할 수 있어. 그 사람들은 네 말을 다 이해하거든. 가상의 친구들은 네 자존감을 높여 주고 사랑받는 느낌이 들게 해 줘. 또 '실제' 사람들보다 네 진가를 잘 알아봐 주지.

그런데 계속 연락을 주고받다 보면 소위 '랜선 우정'은 실제 세상의 우정과 조금 다르다는 사실을 알게 될 거야. 온라인 친구는 지구 반대편에 살고 있을 수도 있는데, 거기서 첫 번째 문제가 발생해. 시간대가 다르잖아. 두 사람 다 깨어 있는 순간을 찾아 서로 어떻게 지내는지 이야기를 나눠야 하니까. 실제 생활 속의 친구들과는 그런 문제를 겪을 일이 없지. 하지만 온라인 우정덕에 행복하고 사회적인 필요가 충족된다면, 그것만으로도 가치 있지 않겠어? 거의 매일 함께 이야기할 수도 있고 서로만 아는 농담을 하고 재미난 짤방과 노래도 공유하면서 디지털 우정을 활발히 나눌 수 있지. 직접 찾아가기로 마음먹을 수도 있어. 그 친구가 어디에 살든지 그건 실제 삶에서 함께하는 새로운 모험이 될 거야!

친구란 너를 걱정해 주고 네 생일을 기억하고 슬플 때 의지가 되어 주는 사람이야. 온라인에서 만난 누군가가 너에게 이 모든 것 이상의 존재가 되었다고 느낀다면 실제 삶에서 서로 만나고 싶은 마음이 드는 건 시간문제겠지. 두 사람 모두 원한다면 가상 공간 속 우정을 실제로 옮겨도 좋아. 이런 식으로 사랑에 빠지는 일 역시 가능해. 하지만 가상공간 속의 친구를 실제로 만나기로 했다면 특별히 조심해야 할 부분이 있어. 모니터 화면 반대쪽에 누가 있는지 정확히 알긴 힘들어. 영상통화를 한 적이 있다고 해도 그래. 대부분 실제 생활에서보다 온라인상에서 덜 진실하다고 믿기 때문에 실망할지도 모른다는 점을 명심해 둬야 해. 어쩌면 실망 이상일지도 몰라. 실제 생활에서 만날 때 네가 불안하거나 걱정할 일이 손톱만큼도 없어야 해. 이 점을 분명히 해 둬. 처음에는 여러 사람이 함께 만나는 것도 좋아. 아니면 적어도 카페나 쇼핑몰 같은 공공장소에서 만나야 해. 또 네가 어디에서 누구를 만날지 부모님이나 친구에게 미리 꼭 알려. 난생처음 낯선 사람을 만나는 일이니만큼 안전하다는 확신이 서야 해.

내가 이 말을 하는 이유는 온라인상에서 맺는 관계에 관해 겁주려는 게 아니야. 그건 정말 대단한 일이고 평생의 우정으로 발전할 수도 있어. 나는 소셜미디어 덕분에 재미있고 멋진 사람을 많이 만났어. 온라인 활동을 하지 않았다면 그 사람들을 만나지 못했을 거야. 그 사람 중 몇 명은 서로 깊이 신뢰하는 진정한 친구가 되었어.

인터넷 덕분에 크로스틴의 팬들과 대화를 나누기도 훨씬 쉬워졌어. 좋아하는 아이돌에게 팬레터를 보내려고 주소를 힘들여

227

알아낼 필요도 없이 메시지를 보낼 수도 있어. 가끔 아이돌이 답을 해 주는 일도 있는데 그럴 땐 기분이 정말 끝내준다니까! 우리는 말 그대로 클릭 몇 번의 거리만큼 가까워.

소셜미디어를 확인할 때의 나

가상의 친구들을 실제 생활에서 만날 가능성은 적지만 때로 실제 친구보다 가상의 친구와 더 가까운 관계가 되기도 해. 10대들 중에는 얼굴을 마주 보고 이야기하는 것을 불편하다고 생각하고 온라인 채팅을 더 좋아하는 아이들도 있어. 생각을 나누고 소통한다는 면에서 오프라인과 온라인의 우정은 똑같

실제 생활에서의 나

이 가치 있어. 하지만 사회적 상호 작용 대부분이 온라인에서 일어난다면, 문자 메시지와 채팅으로 자신을 표현하는 것에 익숙한 나머지 현실 세계의 사람들과 어떻게 소통하는지 잊어버릴 수도 있어. 실제 생활의 대화법을 절대 잊지 않도록 해! 실제 생활에서 사람들과 소통하지 않으면 중요한 의사소통 기술을 발전시킬 기회 또한 잃고 말아. 그러면 다양한 상

황에 대처하는 데 어려움을 겪을 수도 있어. 누군가와 직접 만난다는 건 온라인에서 교류하는 것과 비교하면 완전히 다른 상황이야. 실제 생활에서 갈고 닦은 관계의 기술이 녹슬어 버리(는 불리한 입장에 처하)지 않도록 조심해.

온라인 소개팅을 할 때 :
감추 vs. 비추

인터넷 상에서 네가 누구인지에 관해 거짓말하는 일은 생각보다 쉬워. 네 것이 아닌 사진이 쉽게 네 것이 되기도 하지. 사진을 올릴 땐 저작권 표기가 필수야. 실제로는 성인 남성이거나 여성이면서 10대 소년이나 소녀인 척할 수도 있어. 나쁜 의도로 말이야. 이런 것을 '캣피시'(cat fish)라고 불러. 다른 사람들에게 특별한 인상을 주고 연인을 구하기 위해 온라인상에서 자신에 대해 거짓말을 하는 행위를 말해. 캣피시는 진짜처럼 보이도록 뒷이야기를 만드는 데 엄청난 시간을 투자해. 또 피해자의 신뢰를 얻으려고 공을 들이면서 온갖 수고를 감수하지. 한번 신뢰를 얻고 나면 직접 만날 날짜를 정하는 일은 식은 죽 먹기야. 이런 식으로 온라인에서 알게 된 사람이 비밀스럽게 만나고 싶다면서 부모님이나 친구들에게 말하지 말라고 하면 자칫 넘어가기가 쉬워. 하지만 그 일은 엄청나게 위험해. 상대방이 네게 보낸 사진

속 인물이 맞다 해도 그 사람의 의도가 뭔지는 여전히 알기 힘드
니까.

그래서 청소년이 온라인 소개팅을 할 때 지켜야 할 사항을 목
록으로 만들어 봤어.

이런 건 절대 비추 :

- **개인정보 따위 별거냐 생각하면서 그냥 다 까발린다.** 인터넷상의 누구
  도 네 개인정보를 알아서는 안 돼. 성을 포함한 이름, 주소, 계좌번호, 그
  밖에 개인적인 정보를 소중히 지켜야 해.

- **집이나 개인 사무실 같은 사적인 장소에서 만난다.** 그건 진짜 화를 자초
  하는 일이야. 개인적인 장소에서 만나는 건 서로를 잘 알고 다른 사람들
  도 너희가 어디 있는지 알고 있을 때만 괜찮아.

- **온라인에서만 아는 사람에게 돈을 보낸다.** 그 돈을 어디에 쓸지 너는 전혀 몰라. 절대로 보내지 마.

- **네가 원치 않는 일이지만 상대방이 원하니까 한다.** 이런 일은 어떻게 흘러갈지 종잡을 수가 없어. 너는 거절할 권리가 있어. 만약 상대방이 그 사실을 이해하지 않고 존중해 주지도 않는다면 이 상황은 분명히 안 좋은 신호야.

- **네가 아닌 다른 사람인 척한다.** 온라인 소개팅에서는 정직이 최선이야. 너도 상대방이 너에게 솔직하길 원하잖아.

- **소셜미디어 계정에 비밀번호(계정의 비밀번호든 다른 비밀번호든)를 공개한다.** 이건 집 현관 비밀번호를 가르쳐 주는 거나 다름없어.

- **네 메시지에 즉시 답하지 않는다고 상대방을 심하게 닦달한다.** 다른 사람이 너에게 바로 답할 의무는 없어. 뭐라고 써야 할지 고민하고 있을지도 모르고 그냥 잊어버렸을 수도 있어. 만약 상대가 흥미를 잃었다는 낌새가 느껴진다면 그냥 받아들이고 다른 사람이랑 대화해.

  이런 건 강추 :

- **온라인에서도 있는 그대로의 모습을 유지한다.** 더 나은 모습을 보이고 싶은 마음은 이해하지만 사람들에게 거짓 정보를 주면서까지 자신을 나아 보이도록 하거나 관심을 끌 필요는 없어. 상대방은 거짓으로 꾸민 모습이 아닌 네 모습 그대로를 좋아해야 해.

- **인터넷에서 만난 상대를 실제로 만날 계획이라면 어른에게 말한다.**

- **너와 상대방이 중요한 문제에 관한 의견이나 가치관이 같은지, 아니면 실제 생활에서 함께 이야기 나눌 만한 공통의 관심사가 있는지 알아본다.**

231

- **공공장소에서 만난다.** 사람들이 너희 두 사람을 볼 수 있는 곳이라면 어디든 좋아. 예를 들면 카페나 영화관이나 음식점이나 공원 같은 곳이겠지.

- **불편한 느낌이 들면 누군가에게 알린다.** 상대를 만났는데 완전 괴상한 사람으로 돌변하거나 얼른 자리를 뜨고 싶을 때를 대비해서 도움을 구할 사람을 생각해 둬. 머물고 싶지 않은 곳에 계속 있을 필요는 없어.

- **이모티콘을 적절하게 사용한다.** 메시지를 주고받는 일이 훨씬 재미있어.

- **이상한 메시지를 보내거나 밤 늦게 불편한 연락을 계속하면 친구를 끊는다.** 사생활이나 안전에 위협을 느낀다면 차단해야겠지.

온라인 갈등 : 그 정체는 무엇이고 어떻게 대처해야 할까

온라인은 휴대폰이나 컴퓨터 화면 뒤에서 활동하기 때문에 비교적 안전한 공간이라는 느낌이 들어. 하지만 그곳에서 기묘하고 불쾌한 상황을 접하는 일은 흔해. 사이버 폭력도 그런 일 중 하나지. 누군가 온라인에 올린 사진이나 프로필을 보고 너나 네가 아는 사람의 험담을 할 수도 있어. 그러면 스트레스를 받거나 불안해질 수 있고, 그런 댓글을 읽으면 굉장히 속이 상하지. 사이버 폭력은 굉장히 심각한 문제고 절대 무시하거나 그냥 넘어가서는 안 될 문제야. 사이버 폭력은 심리적인 피해를 준다는 점에서 실제 생활에서의 폭력만큼이나 나쁜 행동이야. 게다가 인터넷의 익명성을 이용해 감시망을 피하기가 쉬워서 폭력의 배후에 누가 있는지 밝히기가 매우 까다롭기도 해.

사이버 폭력의 형태는 아주 다양해. 여기에 가장 흔한 5가지를 적어 볼게. 중요한 건 사이버 폭력이 어떻게 발생하는지, 어떻게 해야 징후를 알아챌 수 있는지, 무엇을 해야 하는지를 이해하는 일이야.

온라인 스토커

크로스틴 인스타그램 계정을 만든 뒤로, 팔로워 수가 꾸준히 늘었어. 대부분 어린 여성들이었는데, 재치 있는 만화를 좋아해서 크로스틴에 흥미를 느낀 사람들이었지. 나는 온라인에 나만의 안전한 공간을 만들었다는 사실에 무척 기뻤어. 그런데 그즈음 난데없이 몇몇 남자들이 나에게 메시지를 보내기 시작했어. 크로스틴이 아닌 나를 개인적으로 언급하면서 말이야. 딱히 문제 삼을 만한 상황은 아니었지. 내 계정은 크로스틴 만화를 좋아하는 남성에게도 열려 있는 곳이니까.

하지만 내가 답장을 한 뒤로 그 사람들의 말투가 바뀌더라고.

처음엔 칭찬에 감사하면서 친절하게 대했지만 동시에 단호하게 거리를 유지했어. 단순히 친절하게 응대하려 했던 것 외엔 아무런 의도도 없었거든. 그래서 무시한다는 느낌을 주거나 무례하게 비치고 싶지 않았어. 그 사람들도 해를 끼치려는 의도는 없어 보였고. 안타깝게도 몇몇 사람들이 내 친절을 연애 감정으로 오해해서 특별한 이유도 없이 계속 메시지를 보내 왔어. 나에게 오늘 예뻐 보인다, 완전 넋이 나갈 정도다, 미소가 아름답다, 나를 보면 컴퓨터 게임 속의 캐릭터가 떠오른다, (물어본 적도 없는데 이렇게 말하는 건 정말 이상하더라고) 등등 여러 가지 얘길 했어. 처음엔 나도 이런 메시지에 무슨 문제가 있다고 생각하지 못했어. 칭

찬은 사람을 해치지 않잖아, 안 그래?

맞아. 하지만 칭찬은 칭찬이고 매일 누군가를 스토킹하는 건 다른 문제야. 특히 한 남자가 집요하게 굴었는데, 그 사람 이름을 알렉스라고 할게. 알렉스는 뉴욕에 살았는데 내가 볼일이 있어서 그곳에 간다는 사실을 알았어. 알렉스는 나에게 온라인으로 자주 말을 걸었고 나도 가능한 한 자주 대답하려고 노력했어. 뉴욕에 도착하자 알렉스가 만나자고 강하게 밀어붙이기 시작하는데, 이건 아니다 싶었지. 나는 그런 행동을 적신호로 받아들였어. 브룩클린에서 촬영을 하면서 사진 몇 장을 인스타 스토리에 올렸는데, 알렉스가 내 모습이 '턱이 빠질 정도'라면서 계속 메시지를 보내더라고. 참고로 그날 촬영한 사진은 이 책에 실을 작가 프로필용 사진이었어. 그 당시 바깥 기온이 23도였고 난 긴 바지와 터틀넥을 입고 있었지. 물론 노출이 있는 입었더라도 알렉스가 날 괴롭힐 이유가 될 수는 없었겠지만 말이야. 알렉스는 내가 어디 있는지 끈덕지게 알고 싶어 했고 왜 우리가 만날 수 없는지 집요하게 물었어.

결국 나는 알렉스에게 자꾸 그러니까 소름 끼친다고, 스토커 같다고 말했어. 알렉스는 농담이었다며 그럴 의도는 없었다더라고. 그런데 내가 지적하기 전까지 그 모든 행동은 농담이 아니었지. 나를 만나려는 욕망도, 소름 끼치는 의도도, 알렉스의 스토킹과 내가 어디 있는지 집요하게 묻는 행동도, 그 무엇도 농담이 아니었어. 적어도 나에게는 그랬어.

그 일이 있고 나서 나는 인스타그램에서 알렉스를 차단했어. 그렇게 하면 내가 새로 올리는 게시물을 못 볼 테니까. 안타깝게도 괴상한 스토커처럼 행동한 사람은 알렉스가 처음도 마지막도 아니었어. 이 이야기의 교훈은 네 사생활이나 사적인 공간을 침범하려는 사람에게 예의를 갖출 필요가 없다는 점이야. 그런 사람 때문에 기분이 상하거나 불편하다면 반드시 조치를 취해야 해. 네 기분을 경고로 받아들이라는 뜻이야. 다행히도 나는 알렉스의 초청에 응하지 않았어. 한 번도 가 본 적 없는 곳에서 낯선 사람을 만나는 건 좋은 생각이 아니라고 내 본능이 말해 준 덕분이지.

온라인 스토킹은 새로운 현상이 아니야. 전 세계의 셀 수 없이 많은 10대에게 매일 일어나는 일이지. 소셜미디어에 가짜 계정을 만들어서 누군가의 행세를 하면서 사람들에게서 뭔가 얻어내는 일은 무척 쉬워. 사생활에 관해 이야기하고, 협박하고, 채팅하고, 개인정보나 노골적인 사진을 주고받고, 만나자는 약속을 하는 다양한 일들이 끊임없이 벌어지지. 어떤 방식으로든지 누가 너에게 이런 식으로 접근한다면, 반드시 목소리를 내야 해. 누군가 온라인상에서 널 스토킹하거나 괴롭히면 꼭 친구나 어른에게 말해. 상대방에게도 불편하다고 말해야 해. 부모님이나 네가 신뢰하는 어른이 개입하는 편이 스토커를 쫓아버리는 데 훨씬 효과적일 때도 있어. 또 스토커가 끈질기게 굴면서 너를 쉽게 놓아 주지 않을 수도 있어. 스토킹 당하는 사람으로서는 정말 끔찍한 경험이지. 이런 상황을 처리하는 데 (또는 예방하는 데) 도움이 될 만한 방법을 알려 줄게.

- **소셜미디어의 개인 설정을 수정해.** 친구와 가족만 네 프로필과 게시물을 볼 수 있도록 허용하는 거야. 요즘 10대들은 온라인 사생활을 덜 중요하게 여기는 것 같아. 트위터에서는 네 트윗을 비공개로 돌릴 수 있어. 인스타그램, 페이스북에도 같은 기능이 있어. 네 계정의 어떤 정보를 공개하고 감출지 범위를 결정하면 돼. 잘 생각해야 해. 네 정보를 모든 사람이 보도록 소셜미디어에 던져 놓으면 이상한 사람들이 여름 방학 때 찍은 네 사진을 훔쳐봐도 어쩔 수가 없어. 알아, 나부터 인정해야겠다. 소셜미디어 계정의 팔로워 수가 많다고 사람들과 잘 어울린다는 의미는 아니야. 내가 개인 계정을 만든 것도 바로 그런 이유에서야. 개인 계정의 팔로워는 700명이니까 공식 계정의 5만 명에 비하면 새 발의 피야. 내 개인 계정(다른 말로 비공개 계정)에는 셀카도 올리고 사소하고 개인적인 내용도 게시해. 그건 공식 계정의 팔로워들이 나의 소소한 일상까지 알 필요는 없다고 생각하기 때문이야.

- **차단하고 신고하고 삭제해.** 페이스북 친구가 신경 쓰이게 한다면, 팔로우를 끊어. 누군가 널 스토킹하면 바로 페이스북에 신고해. 그럼 그 계정은 정지돼. 인스타그램이나 트위터도 같은 방식이야.

- **인스타그램 뮤트 기능을 설정해 봐.** 이 기능을 사용하면 네 인스타그램 페이지의 댓글 부분을 보이지 않게 가릴 수 있어. 그러면 괴롭힘이나 사이버 폭력이 계속될 때 최소한 그 상황을 직접 볼 일은 없어.

- **모든 것을 문서로 만들어 둬.** 트윗, 상태, 게시물, 메시지 등 언제라도 모든 것들을 삭제하거나 내릴 수 있어. 스크린샷을 찍고 링크를 저장하고 스토커의 (프로필) 이름을 기억해 둬. 스토킹이 걷잡을 수 없게 진행된다 해도 너에겐 폭력의 증거가 남아 있을 테고 필요하다면 경찰에게 증거로 제시하면 돼.

- **사진이나 동영상에 위치 정보 태그를 넣을 때 신중해야 해.** 위치 정보 태그는 네가 어디 있는지를 링크하는 거야. 친구가 그 순간 어디에서 무엇을 하는지 알게 되니 재미있는 기능이라고 생각할 수 있어. 하지만 공개 계정에서는 네가 어디서 누구와 함께 있는지를 온 세상 사람이 볼 수 있다는 점을 알아 둬야 해.

- **개인정보는 절대 온라인에 올리지 마.** 네 것뿐만 아니라 다른 누군가의 것도 마찬가지야. 개인정보란 전화번호를 포함해서 개인 이메일 주소와 집 주소, 직장 주소 등을 말해.

만약 이렇게 했는데도 스토킹이 계속된다면, 경찰에 신고해야 해. 스토킹은 매우 심각하고 자칫 무서운 범죄로 발전할 수 있어. 만약 사생활이 위험에 처했다고 느낀다면, 절대 네 본능을 무시하지 마. 믿음이 가는 어른에게 이야기하고 스스로를 보호해.

소셜미디어상의 다툼

소셜미디어에서 일어나는 다툼에 말려든 경험이 있니? 아니면 다툼이 벌어지는 상황을 본 적 있니? 소셜미디어에서 활발하게 활동하던 시절, 나는 온라인에서 다툼이 벌어지는 상황을 여러 번 목격했어. 유명한 사람들이든 그렇지 않은 사람들이든 싸움 구경은 꽤 흥미진진하고 재미있지.

하지만 네가 다툼의 당사자라면? 온라인에서 벌어지는 논쟁이나 다툼은 누군가 (또는 여러 사람이) 온라인에 올라온 게시물에 동의하지 않으면서 시작돼. 네가 올린 그림, 트윗, 게시 글, 상태 등을 보고 문제가 있다거나 기분이 상했다고 누군가 공개적으로 말하는 식이지. 그럼 댓글이 달리고 그때부터 분위기가 달라지기 시작해. 비열한 말이 오가고 인신공격이 일어나기도 해. 이 시점부터 (그 일과 아무런 상관도 없는) 사람들까지 논쟁에 끼어들어서 자신이 옳다고 생각하는 사람을 방어하고 다른 쪽을 괴롭히기 시작해.

뭘 하든지 소셜미디어에서 시작된 다툼에 불이 붙었다면 절대 부채질을 해서는 안 돼. 너를 공격하면서 비방하는 사람들과 엮이지 않도록 해. 인신공격이 시작된다면 성숙한 토론은커녕 상대에게 상처를 주는 데 관심이 집중되고 있다는 뜻이야. 올바른 토론을 하고 싶다면 서로를 존중하면서 적절하고 이해되는 말을 해야겠지. 온라인 다툼은 대개 빠른 속도로 사그라져서 다음날이면 벌써 김빠진 사 이다가 되어 버려. 어쨌든 논쟁이 오가는 중에 네가 내린 결정은 다툼의 방향 에 영향을 미친다는 점을 알 아둬.

넌 가족을 떠나지 말아야 했어.

응, 그래도 둥지는 너무 지루했어. #불태워 #야만족

으엑, 그러지 마.

우선, 네가 앞서 말한 것을 인정해야 해. 게시물을 삭제한다 고 문제까지 사라지지는 않아. 그건 네가 스스로 틀렸다는 사실 을 인정하는 것과 마찬가지로 널 약하게 보이도록 만들고, 그 때 문에 상황이 더 악화될 수도 있어. 무엇보다 사람들은 눈 깜짝할 사이에 스크린샷을 찍어 둘 거야. 그러니 네가 게시물을 삭제하 더라도 누군가 사진을 찍어 증거로 제시할 가능성이 있다는 사 실을 기억해.

잡지사에서 일할 때 나는 소셜미디어 폭풍에 휩싸인 적이 있 어. 유명한 경쟁사의 잡지가 있었는데 그쪽 사람들이 내가 그린 만화를 훔쳐 갔지 뭐야. 그 만화는 그 잡지사에서 게시물을 올리 기 몇 시간 전에 내가 만든 거였어. 내가 화가 난 건 말할 것도 없 어. 그 게시물은 완전 대박이 났고, 나는 막 일을 시작한 새내기 일러스트레이터였어. 나는 분통이 터져서 블로그에 분노의 글을 올렸어. 나 같은 잔챙이가 거대한 잡지사에 맞서는 일이 얼마나 힘든가 하는 내용이었어. 그 회사는 게시물을 내리고 이메일로 사과했어. 나의 승리였지. 하지만 일은 거기서 끝나지 않았어. 그러는 사이에 사람들은 내가 표절했다고 비난하면서 '관심 종자'라고 욕하기 시작했어. 심지어 내가 알지 못하는 사람까지 날 공격하면서 내가 그림도 못 그리고 유머 감각도 없다고 하더라고. 이 모든 것이 내 블로그 글이랑 무슨 관련이 있는 걸까? 네 짐작이 맞아. 전혀 관련이 없어.

나는 일이 좀 진정되었으면 하는 마음에 휴대폰을 꺼 놓고 하룻밤과 낮을 보냈지. 물론 속으로는 잔뜩 겁을 먹었지만 알지도 못하는 사람들과 이런 싸움에 더 깊이 관여하는 건 좋지 않다고 생각했어. 소셜미디어 싸움에서는 가능한 너와 상대방 사이의 대화에 집중하고 나중에 개입한 제3자에게는 반응하지 않는 것이 최선이야.

온라인에서 겪은 첫 싸움에서 살아남으면 트윗이나 게시물을 올릴 때 저절로 좀 더 조심하게 될 거야. 항상 예방이 최선이야. 소셜미디어에 뭔가를 공유하기 전에 스스로에게 물어보면 좋을 질문들을 적어 볼게.

- 이것이 나와 내 친구들에게 안 좋은 영향을 미칠까?
- 부모님이나 친구들은 내가 이런 게시물을 올리면 뭐라고 생각할까?
- 무슨 일이 있어도 나는 내 의견을 지켜 낼 수 있을까?

기억해 둬. 소셜미디어는 다루기 힘든 맹수와 같아. 네가 올리는 게시물이 남의 마음을 상하게 할 리 없다고 스스로 굳게 믿더라도 온라인 트롤에게 공격받지 않으리라는 보장은 없어. 네 게시물이 아무리 순수하고 무해하다 해도 전혀 예상치 못한 진흙탕 싸움에 휘말릴 가능성은 늘 있어. 사람들은 모두 자신만의 관점으로 삶을 바라보고 생각해. 그래서 네가 올린 트윗이나 게시물이나 상태를 네 의도와는 다르게 해석할 가능성이 항상 있지.

소셜미디어는 예측 불가능하기 때문에 근사한 곳이기도 해. 인터넷에서 모르는 사람들이 너를 칭찬하거나 네 말에 전적인 동의를 표시해서 놀라게 할 때도 많거든. 소셜미디어에 뭔가 게시하면 자신을 그곳에 내어 놓은 셈이야. 그러니 늘 신중하게, 한 번 더 생각하고 글이나 사진을 올리는 게 좋겠지.

온라인 트롤

트롤은 인터넷 속어로 게시판, 블로그, 온라인 커뮤니티, 채팅방 등에 주제와 상관없는 메시지나 게시물을 올려서 사람들의 기분을 상하게 하고 논란을 일으키는 사람을 부르는 말이야. 트롤은 자신이 올린 게시물을 사람들이 보고 감정적으로 민감하게 반응하는 걸 즐겨. 트롤은 악플러, 키보드 워리어, 어그로꾼 등으로도 불려. 트롤링은 최근 몇 년 간 온라인 괴롭힘과 관련이 깊어지고 있어. 트롤은 재미 삼아 사람들의 화를 돋우고 분노와 혐오

입력 중

와 모욕을 먹고 살아. 인터넷 트롤은 마치 서커스 광대처럼 익명 계정과 가짜로 만든 닉네임 뒤에 숨지. 그래서 괴롭힘의 배후를 추적하는 일은 점점 더 어려워지고 있어.

성가시게도, 트롤들은 인터넷 어디에나 있어. 사용자들이 생각과 의견을 자유롭게 표현하도록 자유 게시판을 운영하는 사이트에는 꼭 트롤이 활동하고 있지. 트롤을 없애는 일은 쉽지 않아. 활동하는 수가 워낙 많기도 하고 사람들이 올리는 글을 일일이 통제할 수도 없기 때문이지. 그래도 트롤을 차단하고 삭제하고 강퇴하는 일은 효과가 있어. 그런 사람이나 계정을 사이트 운영자나 관리자에게 신고하는 것도 좋아. 네 개인 웹사이트나 블로그가 트롤에게 당했다면 댓글 창을 닫는 방법도 있어.

트롤들은 하는 짓도 가지가지이고 그런 짓을 하는데도 자기만의 이유가 있어. 대부분은 그냥 트롤링 자체가 목적이지만 다른 의도를 가진 트롤들도 있어. 여기 조심해야 할 트롤의 유형을 적어 볼게.

- **혐오 발언 트롤** : 편견에 사로잡혀서 목표물을 정해. 주로 여성, 유색인, 종교인, 성 소수자 등을 표적으로 삼아.

- **사이버 폭력 트롤** : 트롤은 특별한 대상을 정해 놓지 않아. 그냥 모든 사람을 미워하면서 욕하고 무례하게 굴지.

- **논쟁 트롤** : 항상 마지막 말을 물고 늘어지면서 다른 사람들이 두 손 두 발 다 들 때까지 한 치의 양보도 없이 버텨. 보통 자기주장을 증명하기 위해 통계, 과학적 연구 사례, 관련 웹사이트 링크까지 불러와서 귀를 쫑긋 세우게 만들지.

- **문법 나치 트롤** : 사람들이 올린 글이나 기사에 철자 실수나 문법 오류가 있으면 잔소리를 늘어놔. 문제가 되는 실수나 문장을 강조하면서 비꼬는 말을 덧붙이지. 실제 주제에서 관심을 흩뜨리면서 다른 사람의 주장을 약화시키기 위해 오탈자 같은 실수를 이용하는 거야.

- **그리핑 트롤** : 온라인 게임에서 시작된 현상이야. 플레이어들이 계정을 여러 개 만든 뒤에 한 선수를 공격해. 그렇게 아무도 게임을 즐기지 못하도록 망쳐 버리는 거야. 그리핑은 여러 사람이 각자 별 힘을 들이지 않고 한 행동이 쌓여서 엄청난 효과를 내는 상황을 말해. 혐오 표현을 담은 트윗을 올리는 행동이 그 예야. 그런 트윗이 하나라면 무시하기 쉽지만 연이어 50개를 받는다면 정말 끔찍할 거야.

온라인 트롤의 종류는 훨씬 많아. 위에 언급한 것들이 가장 흔하지. 온라인에서 말로 공격한다는 점에서 트롤들은 '활활 타오르는' 사람들이야. 욕하고 무례하게 구는 행동은 불꽃처럼 타올라서 특정한 사람을 향해. 정치, 낙태, 이민, 인종차별, 종교, 성소수자와 관련한 주제는 불꽃이 타오르게 만드는 전형적인 자극제야.

트롤은 악마 같아. 그 사람들은 부정적인 에너지를 먹고 살아. 그래서 사람들을 무작위로 골라 버튼을 누르고 욕을 발사해서 반응을 유도하지. 트롤들은 의도적으로 사회의 규칙에 어긋나는 행동을 일삼는데, 사회의 규칙이 자신들에게 적용되지 않는다고 생각하기 때문에 스스로 어떤 책임도 지려 하지 않지. 트롤은 공격당한 사람들이 자신에게 화를 내거나 욕하는 걸 재미있어 해. 그럼 이런 온라인 트롤을 어떻게 물리칠 수 있을까?

트롤과의 게임에서 이기기란 힘들어. 트롤은 관심을 먹고 사는 유치한 존재야. 그래서 사람들이 격해져서 감정적으로 반응하는 상황을 즐겨. 트롤이 원하는 대로 행동하면 결국 그들을 부추기는 거야. 그러니 무시해. 트롤은 관심을 주지 않으면 힘을 잃고 말아. 트롤이 계속 괴롭힌다면 신고해. 신고자가 늘어나면 사이트 운영자가 조치를 취하고 트롤을 강제 퇴장 시킬 거야. 그때까지 트롤을 뮤트하거나 차단하면 돼.

그런데 사람들은 왜 트롤 짓을 하면서 즐기는 걸까? 대개 자존감이 낮아서 괴로운 사람들이 트롤이 돼. 온라인은 자신감 없는 사람들이 다른 사람을 직접 마주하지 않으면서 쉽게 권력을 쥘 수 있는 곳이야. 두려움과 불안은 낮은 자존감의 기본 요소지. 그런 부정적인 감정을 다른 자아와 가짜 계정을 내세워 쏟아내기 쉬운 곳이 바로 인터넷이야. 인터넷 트롤들은 누군가를 모욕할 채비를 하고 하루 24시간 일주일 내내 인터넷에 붙어살아. 누군가 화내거나 상처받으면 트롤들은 승리했다고 생각해. 하지만 서른이 훌쩍 넘고도 부모님 집 한쪽 구석에 얹혀살면서 인터넷에서 만나는 모든 사람과 각종 게시물을 싫어하며 시간을 보낸다면, 누가 진짜 루저일까?

이것만은 꼭 기억해. 트롤들에게 먹이를 주지 마!

디지털 성범죄

디지털 성범죄라는 말을 처음 들어봤을지도 모르겠어. 얼마 전까지는 리벤지 포르노라고 불렀는데, 리벤지는 복수라는 의미고, 포르노는 무슨 뜻인지 알 거야. 사실 리벤지 포르노라는 말은 마치 피해자가 잘못을 저질러 보복을 당하고 있는 대상처럼 보이게 만드는 잘못된 표현이어서 디지털 성범죄나 불법 촬영물이라는 말을 사용하는 것이 옳아.

이 디지털 성범죄는 온라인 괴롭힘의 한 방식이야. 누군가 당사자의 허락 없이 이전 파트너의 (성적인 묘사가) 노골적인 사

246

진이나 비디오를 인터넷에 게시할 때 발생해. 사진이나 비디오는 웹사이트 게시판, 소셜미디어, 익명의 네트워크 등 이곳저곳으로 퍼지는데 대개 피해자의 실명과 함께 비열한 자막까지 담고 있어.

디지털 성범죄의 피해자는 개인적인 삶에 심각한 피해를 입어. 구글에 이름만 검색해도 피해 촬영물이 뜨고, 직장 상사나 연인을 포함한 누구든 피해 촬영물을 찾을 수 있어. 디지털 성범죄는 피해자가 미래에 가지게 될 직업이나 연애 등 사생활을 위협하는 건 물론이고 한 인간으로서의 자존감과 신체 이미지를 파괴하며 타인을 신뢰하지 못하게 만들어.

이런 일이 너에게 벌어진다면, 제일 먼저 기억해야 할 사실은 그 무엇도 절대 네 잘못이 아니라는 거야. 디지털 성범죄는 말 그대로 범죄 행위야. 간혹 너에게 더 잘 대처했어야 한다고 말하는 사람도 있을 거야. 네네, 도움 안 되는 뒷북 감사하고요, 상대방을 신뢰해서 전혀 의심하지 않았다면 뭐라고 하시게요? 상대방이 함께 있으면 안전한 사람이라고 믿도록 만들어서 사적인 정보를 주고받았다면 어쩌죠? 친밀한 관계를 오랫동안 유지하면서 괴롭히거나 학대할 수 있다고 의심할 만한 어떤 행동도 하지 않았다면요?

온라인 디지털 성범죄는 근래 새로 생긴 현상이 아니야. 안타깝게도 오래 전부터 존재했고 최근 몇 년간 더 심각한 문제로

발전했어. 휴대폰이나 카메라가 달린 다른 장비들로 영상을 찍고 편집하고 공유해 여기저기 퍼지는 데 몇 분도 걸리지 않기 때문에 이런 불법적인 행동이 전염병처럼 퍼져나가는 걸 멈추기란 쉽지 않아. 사진이나 영상이 유출되면 되돌릴 방법이 없어. 하지만 그런 사진이나 비디오가 즉시 삭제되도록 조치해서 피해가 커지지 않도록 할 수는 있어.

디지털 성범죄에 대처하는 방법에는 이런 것들이 있어.

1. 가장 먼저 해야 할 일은 예방, 예방, 예방이야! 네 개인적인 사진과 영상을 공유할 만큼 상대를 신뢰하는지 오랫동안 진지하게 생각해 봐야 해. 신뢰를 바탕으로 결정하기 전에 상대방이 네 믿음을 저버릴 수 있다는 사실을 기억해야 해.

왜 온라인에서 사적인 사진을 보내면 안 되는지 너도 알 거야. 네가 보내는 자료는 어떤 것이든지 되돌아와서 네 뒤통수를 칠 수 있어. 이 문제에 관해 상대방과 이야기를 나눈 뒤 네가 원하는 바에 서로 동의해야 해. 그리고 사적이고 은밀한 뭔가를 소셜미디어나 문자로 보내기 전에 서로 신뢰부터 쌓아야 해.

2. 사진이나 동영상을 찍었다는 사실을 속상해하지 마. 넌 그걸 만드는 데 동의했더라도 배포하려는 생각은 없었어. 그러니 디지털 성범죄의 피해자가 된 원인을 자신에게 돌리며 탓하지 마. 많은 유명인들이 디지털 성범죄의 표적이 되었던 걸 생각해 봐. 연예인이나 스포츠 스타들은 대중의 관심 속에 살고 있기 때문에 사진이 퍼지는 속도도 수천 배는 빨라. 그 사람들이라고 사랑하는 사람과 함께 찍은 사적인 장면이 공유되는 걸 막을 수 있을까? 절대 그렇지 않아!

3. 만약 디지털 성범죄의 피해자가 된다면, 무엇보다 침착해야 해. 자료를 유포한 사람에게 보복하는 건 문제를 악화시키기만 해. 보복은커녕 일을 훨씬 복잡하게 만드는 완벽한 방법이지. 감정이 시야를 흐리도록 놔두는 건 상황에 도움이 되지 않아. 무슨 행동을 하기 전에 반드시 심호흡을 해.

4. 원한다면 법적 조치를 취해. '디지털 성범죄 아웃'(DSO, http://www.dsoonline.org/)에서 범죄 대응에 도움이 될 법률

자료를 찾아볼 수 있어. 너와 관련된 민감한 내용을 온라인에 게시한 사람에 대응할 만한 자료를 모아 두는 일은 아주 중요해. 개인정보보호법을 이용하려면 그 사람이 너를 괴롭혔다는 사실을 증명해야 돼. 할 수 있는 대로 모두 스크린샷을 찍어서 저장해 둬. 가해자가 모든 증거를 삭제할 가능성이 있고 실제로 그렇게 하기 때문이야. 미국의 대다수 주에서는 사이버 폭력을 막기 위한 법률을 시행 중이고 이런 법안은 디지털 성범죄에도 적용돼. 한국에서도 성폭력 범죄의 처벌 등에 관한 특례법을 개정해 카메라 등을 이용한 촬영과 반포(복제물 반포, 판매, 임대, 제공, 전시, 상영)를 처벌하고 있어. 하지만 감정적 고통을 유발하거나 복수하려는 이유로 자극적인 사진이나 비디오를 게시했다는 사실을 증명해야 해. 그런 게시물을 없애기 위해서는 개인정보보호법을 이용하는 방법이 최선일 수 있어.

5. 혼자만의 시간을 보내. 이런 상황에서 회복하는 일은 쉽지 않을 거야. 일 처리가 결코 순탄하지 않을 테니까. 너 자신을 포함해 사람을 다시 믿기까지 시간이 오래 걸릴 거야. 인내하는 일이 얼마나 힘든지 나도 잘 알아. 상투적으로 들릴지 모르지만, 시간이 약이고 결국 사람들이 그 사건을 잊을 날이 올 거야. 그러는 동안 자신에게 집중하면서 스스로를 돌봐야 해.

넌 혼자가 아니라는 사실을 기억해야 해. 믿을 만한 친구나 지인에게 네게 일어난 일을 이야기해 봐. 당장은 모든 것이 엉망진창이라 해도 친구와 가족의 도움을 받는다면 결국 터널 끝에서 비치는 빛을 보게 될 거야!

캣피시

2010년, 수업 시간에 선생님이 다큐멘터리를 보여 준 적이 있어.

캣피시

한 남자가 인터넷에서 어떤 여성을 만나는 이야기였어. 두 사람은 곧 온라인 데이트를 시작했지. 주인공은 젊고 잘생겼는데 데이트 상대인 여성도 마찬가지로 진짜 멋졌어. 여자의 이름은 메건이었어. 온라인에 만난 순간부터 두 사람은 끊임없이 수다를 떨더니 곧 서로 연락을 주고받기 시작했어. 얼마 뒤 주인공은 메건을 실제로 만나면 어떨지 궁금해했고, 다큐멘터리 제작팀과 함께 메건을 직접 만나러 가면 좋겠다는 이야기를 나눴어.

그때 첫 번째 적신호가 반짝이기 시작했어. 메건이 직접 불렀다며 보낸 노래 영상이 가짜라는 사실을 제작팀원 중 한 사람이 알아낸 거야. 하지만 다큐멘터리 제작팀은 영상을 계속 찍어야 하니까 관계를 유지해야 한다고 의견을 모았지. 그 사람들은 메건이 진짜 메건인지 확인하고 싶어 했지.

몇 달이 지나고 남자는 마침내 메건을 찾아갔어. 메건의 집에 도착하자 제작팀이 두려워했던 일이 현실이 되었지. 온라인에서 한눈에 반했던 아름다운 여성은 메건이 아닌 안젤라라는 이름으로 자신을 소개했고 나이도 훨씬 많았어. 안젤라는 메건이라는 이름으로 페이스북 페이지를 만든 다음 진짜처럼 보이기 위해 가족과 친구까지 모두 거짓으로 만들어 냈다고 실토했어. 9개월 동안 남자와 안젤라가 채팅을 하면서 주고받은 메시지는 1,500건이 넘었지.

우리가 수업시간에 본 영상은 네프 슐만의 〈캣피시〉라는 다큐멘터리였어. 이 영상은 공개될 당시 세상의 주목을 받았고 상업적으로도 크게 성공을 거뒀어.

캣피시는 온라인상에서 관심을 끌기 위해서, 또는 사람들을 속이거나 사기를 칠 목적으로 다른 사람 행세를 하는 사람을 가리키는 말이야. 속임수에는 애정을 비롯한 여러 감정이 동원되는데 그 때문에 빠져나오기가 더 힘들어져. 캣피시의 당사자들이 실제 관계로 이어지는 일은 거의 없어. 신분, 성별, 나이, 사는 곳, 직업, 경제적인 여건, 체형, 심지어는 감정까지 모든 것을 꾸며 내고 거짓말하기 때문이지.

도와주세요! 저 완전 낚였어요!

온라인에서 만난 사람이 믿어지지 않을 정도로 훌륭하다면, 실제가 아닐 가능성이 커. 온라인 지인의 삶이 지나치게 완벽하고 비현실적이라고 생각된다면 온라인에서 구한 사진으로 가짜 프로필을 꾸며 낸 사람과 이야기하고 있는 걸지도 몰라. 캣피시와 엮였다면 이런 낌새가 보일 거야.

● 대화가 금세 깊고 진지해지는데 좀 지나치다 싶어. 실제로도 너무 빠르다 싶을 거야. 그건 캣피시가 너의 사생활에 빨리 발을 들여놓기 위해서 마음 쓰는 척하는 거야.

● 자신의 얼굴을 보여 주지 않으려고 해. 휴대폰이 없다거나 웹캠이나 스카이프도 없다고 할 거야. 요즘은 웹캠도 별로 비싸지 않은데다 스카이프 앱을 다운받을 수 없다는 말도 뻔한 거짓말이지. 휴대폰으로 화상 채팅하는 것도 어려운 일은 아니고 말이야.

● 파산했다는 이야기를 꺼내거나 친척이 아파서 방문해야 하는데 교통비가 없다는 식으로 돈을 빌려 달라고 할지도 몰라. 적은 액수로 시작하지만 점점 금액이 커져. 은행 계좌 같은 개인정보는 누구에게도 줘서는 안 돼. 특히 온라인에서 만난 사람에게는 절대 안 된다는 사실을 반드시 기억해 둬.

● 셀카나 다른 사진을 보내 달라고 말하면 변명을 늘어놓으면서 바로 보내 주지 않아. 가짜 행세를 하기 위해 훔친 계정의 주인에게서 또 다른 사진을 훔칠 시간이 필요하기 때문이지.

- 가짜라는 사실을 따지려고 하면 캣피시는 항상 준비된 변명을 늘어놓을 거야. 자신은 널 사랑하며 곧 만날 거라고 안심시키겠지. 그런 식으로 네 기분을 북돋우려 애쓸 테지만, 절대 그런 헛소리를 믿어서는 안 돼. 상대의 사탕발림에 속지 않도록 조심해.

- 캣피시의 실제 삶은 엄청나게 정신없어. 그 사람은 가족과 연애와 경제적인 부분에 여러 가지 문제를 겪고 있을 가능성이 커. 눈물 나는 이야기를 들려주면서 널 속이려 들 수도 있어.

- 상대방이 뭔가 문제가 있다는 생각이 들지만 정확히 무슨 문제인지 짚어 내기 힘들어. 의심이 든다면 네가 옳을 가능성이 커. 직감이 뭔가 심하게 잘못되었고 즉시 상대방과 모든 관계를 끊어야 한다고 말하고 있는 거야.

캣피시를 만나면 어떻게 해야 할까?

우선, 캣피시와 엮였다는 점을 확실히 해 둘 필요가 있어. 위에서 말한 캣피시 확인 목록은 그냥 대표적인 사항일 뿐이야. 그러니 행동하기에 앞서 네가 속임수에 당하고 있다는 사실을 분명히 할 증거가 필요해.

못된 온라인 캣피시에게 더 이상 피해를 입지 않으려면 이렇게 해 봐.

1. 침착해. 솔직히, 캣피시에게 당하는 건 이별만큼이나 괴로운 일이야. 게다가 네가 의심하던 일이 사실이라고 인정해야 하는 상황 역시 끔찍하고 절망적일 거야. 상대방에게 곤란한 질문을 던져 봐. 캣피시는 그럴듯한 대답을 내놓지 못하고 횡설수설할 거야.

2. 신고하고 차단하고 삭제해. 둘 사이는 이미 끝났지만 너는 그 사람이 다른 누군가를 또 속이고 사기 치지 못하도록 막고 싶을 수도 있어. 캣피시가 활동하는 (소개팅 사이트나 소셜 네트워크) 사이트의 운영자에게 계정을 신고해. 대부분의 소개팅 사이트는 게시판을 운영하는데 그곳에 사기꾼을 신고하거나 차단해 달라고 요청하면 돼.

3. 모르는 사람이나 신뢰가 가지 않는 사람은 만나지 마. 사기꾼은 네 나이 또래의 소년이나 소녀 흉내를 내면서 실제로 만나 사귀는 데 관심 있는 척하기도 해. 또 나쁜 마음을 품은 어른일 수도 있어. 인터넷에서만 알던 사람을 실제로 만날 때는 항상 조심해야 해.

4. 널 속인 사람이랑 계속 연락하고 싶니? 정신 나간 질문이라고 생각할지도 모르지만 일반적으로 캣피시에는 두 종류가 있어. 단순히 사기 치고 상대방을 망치려는 목적으로 다른 사람인 척하는 유형과 있는 그대로의 모습으로 친분을 쌓자니 너무 자신이 없어서 거짓말하는 유형이야. 첫 번째 유형과 어울리는 건 절대 추천하지 않아. 하지만 두 번째 유형과는 친구로 지낼 수도 있어. 함께 긴 시간을 보냈고 많은 이야기를 나누었다면 그런 관계를 계속 유지할지 말지는 온전히 너에게 달렸어.

캣피시가 남긴 것

널 속인 사람에게 화가 나는 건 당연해. 하지만 넌 혼자가 아니라는 사실 또한 기억해야 해. 캣피시는 아주 흔한 현상이야. 너처럼 속고 나서 비슷한 감정을 느끼는 사람이 수천 명도 넘을 거야. 잘못은 모두 사기꾼에게 있어. 그러니까 그런 사람을 믿었다고 자신을 비난해서는 안 돼.

마음 가는 대로 행동하기 전에 심호흡을 하고 찬찬히 따져 봐. 문제가 얼마나 심각할까? 비밀번호라든가 계좌번호 같은 개인정보를 공유했니?

만약 그렇다면 어서 비밀번호를 바꾸고 은행에 연락해. 은행에서는 네 계좌와 잔액을 보호하도록 도와줄 거야.

고통스럽긴 하지만, 누군가에게 속은 경험은 인생에 값진 교훈을 남길 거야. 어디서부터 잘못되었을까? 경고로 여길 만한 일이 있었을까? 만약 있었다면 뭐였니? 이 일에서 많이 배울수록 다시 일상을 시작하기도 쉬울 거야. 이런 식으로 배신을 당하고 나서 대처하는 방식은 사람마다 다르겠지만, 온라인에서 누군가를 만날 때 이전보다 더 조심하게 되리라는 사실은 확실해.

정보 다이어트를 위한
4가지 조언

클레이 존슨은 『똑똑한 정보 밥상』이라는 책의 저자야. 클레이 존슨에 따르면 똑똑하고 건강하게 정보 다이어트를 하려면 온라인에서 보내거나 미디어를 이용하는 시간을 하루에 2시간으로 제한해야 해. 존슨은 자신의 정보 다이어트 시간을 하루에 총 6시간으로 정했어. 그 6시간 동안은 다양한 디지털 활동에 집중하면서 사람들과는 어울리지 않아. 인터넷 주소를 클릭하거나 마우스, 리모컨을 사용하는 활동은 6시간이라는 틀 속에서만 가능해. 하지만 광고라든가 가게에서 틀어 놓은 음악처럼 의도되지 않은 노출은 포함하지 않아.

존슨은 6시간 중에서 약 2시간은 개인적인 휴식과 즐거움을 위해, 4시간은 업무에 관련된 연구와 소통에 사용해. 주말에는 6시간 내내 자신이 원하는 활동을 하지. 유일한 조건이 있다면 6시간에서 1분도 넘치지 않도록 주의해야 한다는 점이야. 디지털 섭취량을 하루에 6시간으로 제한하면, 산책을 한다거나 요리 같은 다른 일을 할 수밖에 없어. 존슨은 이 방법이 생산성뿐 아니라 결혼생활과 건강을 지키는 데도 큰 도움이 되었다고 말해.

존슨은 가공식품이 몸에 문제를 일으키듯이 쓸데없는 정보가 생산성과 효율성을 떨어뜨리고 사람을 무지하게 만든다고 믿어. 존슨은 '정보채식주의'(InfoVegan)라는 블로그에서 건강한 정보 다이어트에 도움이 되는 내용을 공유하고 있어. 그곳에서 얻은 정보에 내가 생각하는 몇 가지를 곁들여 여기 적어 볼게.

정보 소비 패턴 추적해 보기

시간을 재면서 자신이 어떤 정보를 받아들이는지 관찰하는 거야. 이 방법은 매일 먹는 음식을 기록하는 음식 다이어트와 비슷해. 칼로리 대신 디지털 미디어를 살핀다는 점이 달라. 먼저 공책을 준비해서 네가 접하는 미디어들을 적어. (영화, 텔레비전, 소셜미디어 같은 식으로 말이야) 처음에는 트위터나 페이스북처럼 쓸데없는 앱을 사용하면서 낭비하는 시간이 적지 않다는 데 충격을 받을 거야.

건강한 정보 섭취 계획 짜기

일반적인 식사와 마찬가지로 정보 식사도 미리 계획할 수 있어. (각종 일간지 뉴스, 구글 뉴스, 허핑턴 포스트 등등 네가 고른 믿을 만한) 뉴스, (학교나 직장에 관련된 일을 위해 찾아보는 것 말고도 관심 분야의) 비소설 도서, (시간을 죽일 때나 필요하니까 가능한 최소로 사용해야 하는) SNS, (팟캐스트, TED, 다큐멘터리같이 잊거나 소홀하기 쉬워 매일 꼬박꼬박 챙겨서 꾸준히 시간을 써야 하는) 자기계발 분야 등에 각각 얼마나 시간을 쓸지 정해.

시스템 설정하기

컴퓨터에 설치해서 생산성을 높이고 집중력을 유지하는 데 도움을 주는 간편한 도구들이 많아. 온라인에 머무는 동안 집중하는 데 도움이 될 만한 도구들을 정리해 봤어.

- **애드블록 :** 진심 강추야. 브라우저 확장 프로그램인데, 주요 웹사이트의 광고를 차단해 줘. 구글 크롬을 쓴다면 당장 다운받아 설치해 봐.

- **페이스북 알림 설정 :** 이메일 알림 설정으로 들어가서 '계정, 보안, 개인 정보 관련 알림만' 선택해. 그다음 페이스북 알림 설정에 들어가서 모든 알림을 '해제'해. 페이스북 타임라인에 광고를 허용할지 말지도 선택할 수 있어.

- **트위터 설정 :** 트위터 설정 페이지에 들어가서 모든 알림을 꺼.

- **휴대폰 설정 :** 휴대폰을 '방해 금지' 모드로 바꿔 봐. 이제 불필요한 알림 때문에 방해 받을 일은 없을 거야.

- **포레스트 앱 :** 내 친구가 공부할 때 사용하는 앱인데 아주 훌륭하더라고. 집중해야 한다면 앱을 켜. 그다음 휴대폰을 사용하지 않을 시간을 설정하면, 그 시간 동안 나무가 자라 숲을 메우는 거야. 만약 그 시간에 휴대폰으로 다른 뭔가를 하면 나무는 죽고 말아. 휴대폰을 하지 않고 해야 할 일에 집중한 (또는 휴대폰 없이 다른 무언가를 한) 시간을 숲에 빼곡히 들어찬 나무로 확인할 수 있지.

가끔 휴대폰을 내려놓고 인생의 중요한 일에 집중해 봐!

균형 유지하기

새로운 식단에 적응하는 일은 어려워. 하지만 꾸준함이 있다면 반드시 성공하고야 말지. 네가 집중해야 할 중요한 일이 무엇인지 곧 알게 될 거야.

아무 생각 없이 페이스북이나 인스타그램이나 트위터 타임라인을 훑다 보면 잠 잘 시간도 놓쳐 버리고 말아. 책을 읽고, 시를 쓰고, 운동을 하면 잠도 잘 올 거야. 물론, 첨단 기술은 일상에 큰

도움을 줘. 네가 소비하는 매체 중 중요한 것과 쓸모 없는 것 사이에서 균형을 잡아야 한다는 사실을 기억하면 매일 집중하면서 생산적으로 보낼 수 있을 거야.

(가상의) 나 자신에게 진실하기

내가 진짜 묻고 싶은 질문은 이거야. "왜 소셜미디어에서 우리는 행복한 척하는 걸까, 어떻게 하면 그런 행동을 멈출 수 있을까?" 이건 내가 10대 시절 고민하던 가장 중요한 질문이야. 우리 세대는 휴대폰과 소셜미디어 앱과 함께 자랐어. 온라인에 게시물을 올리면서 우리는 (사적인 그리고 공적인) 생활과 관련한 인간관계를 업데이트해. 그건 마치 친구들이랑 유명 맛집에 간 상황과 비슷해. 그런데 친구들은 다 모르는 애들이고 그곳은 사람들로 북적대는 대형 뷔페인 셈이지.

최근에 올린 사진이 기대했던 만큼 좋아요를 많이 받지 못하면 다시 내리고 싶은 생각이 들어. 아마 누구나 비슷할 거야. 셀카를 올리고 나서 그 사람이 봐 주길 간절히 기다리는데 정작 그 사람은 안 보는 경험, 해 본 적 있지? 친구가 지난 휴가 때 찍은 음식 사진을 보고 한 번쯤 질투를 느껴 보지 않은 사람이 과연 얼마나 있을까? 소셜미디어는 실제와 완전히 다른 세계야. 그곳에서 우리는 실제 생활에서는 하지 않을 말과 행동을 해. 소셜미

올릴 것인가 올리지 않을 것인가

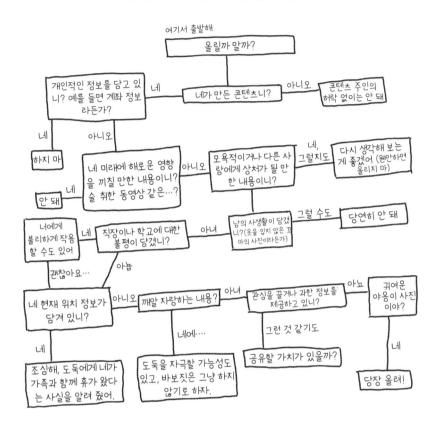

디어에서 우리는 원하는 것은 뭐든 가진 척할 수 있고 누구로든 변신 가능하지.

온라인에서 우리는 수없이 많은 거짓말을 해. 그게 얼마나 웃긴 일인지 이제 인정해야 할 때야. 우리는 자신을 가짜 이미지와 비교하고 스스로 거짓 사진을 만들면서 불안감을 감추려 애써.

그런 식으로 소셜미디어 팔로워에게 우리 삶이 멋지다고, 우린 잘 지낸다고 자랑하지! 하지만 그건 결국 다른 누구도 아닌 자신을 속이는 짓 아닐까? 소셜미디어에서 우리가 흔히 꾸며 내는 것들은 다음과 같아.

- **외모.** 우리는 어떤 방향에서 찍으면 가장 예뻐 보이는지, 가장 귀여워 보이는 필터가 뭔지 아주 잘 알지. 거의 완벽한 모습으로 꾸며 내는 방법 말이야. 솔직히 말하면 그런 사진은 실제 자신과 전혀 닮지 않았어. 완벽한 셀카로 남을 속이는 기술에 만렙을 찍은 셈이야. 공짜는 없어. 장점을 도드라져 보이게 할 조명을 찾아야 하고, 완벽한 각도를 알아내야 하고, 이상적인 자세를 잡느라 등골이 휠 정도니까. 응응, 좋아요 50개는 보장해!

- **관계.** 너도 알지. 휴가 때 찍은 알콩달콩한 커플 사진들 말이야. 아니면 기념일 축하 사진? 아니면 함께 소풍 간 사진? 아니면 방학 때 래프팅하는 사진? 우리는 모든 것을 소셜미디어에 올려야만 직성이 풀리는 커플을 최소한 한 팀 쯤은 알고 있어. 그 사람들은 #럽스타그램이라든가 #우리사랑영원히 같은 해시태그를 꼭 붙여. 내가 장담하는데 그 사람들은 매일 싸우면서도 다른 사람들에게 항상 알콩달콩한 관계로 보여야 한다고 생각할 거야.

- **파티를 열고 콘서트 보러 가기.** 자, 솔직히 말해 보자. 친구가 콘서트나 축제에 가서 찍은 영상을 실제로 몇 번 정도 봤어? 대부분 저화질에 귀가 멍멍할 정도로 요란할 뿐이야. 친구들이 그런 영상을 게시하는 이유는 모든 사람에게 자신이 콘서트나 파티에 갔다는 걸 알리기 위해서야. 내용은 중요하지 않지.

● **음식.** 나는 음식 사진을 거의 찍지 않아. 음식 사진을 찍으려고 보면 이미 내 접시가 반 이상 비어 버린 뒤거든. 음식 사진을 찍는 일이 직업이 아니라면, 아무도 너의 #먹스타 사진에 신경 쓰지 않아. 무엇보다 사진을 보는 사람은 음식의 맛은 못 봐. 그러니 실망스러울 뿐이지. 또 실제 삶에서는 음식이 사진의 반만큼도 좋아 보이지 않잖아.

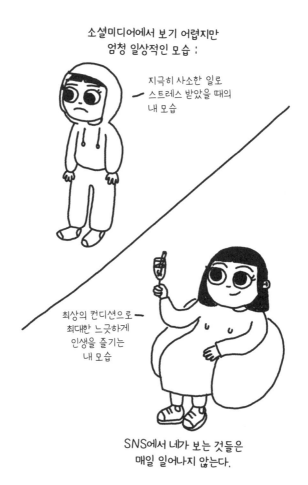

소셜미디어에서 보기 어렵지만
엄청 일상적인 모습 :

지극히 사소한 일로
스트레스 받았을 때의
내 모습

최상의 컨디션으로
최대한 느긋하게
인생을 즐기는
내 모습

SNS에서 네가 보는 것들은
매일 일어나지 않는다.

- **여행.** 눈부신 석양, 활기찬 시장, 해변, 산. 인스타 스토리에서 흔히 보는 사진들이지. 그런데 비행기가 지연됐을 때 찍은 셀카는 어디 있을까? 햇볕에 심하게 타서 알로에 베라를 온 몸에 붙이고 있는 사진은? 아니면 식중독에 걸려서 고생하던 때는? 마지막 말은 농담이야. 우리는 여행의 현실을 보여 주는 사진보다 황금시간대에 금문교 위에 올라 흠잡을 데 없는 장면을 찍은 뒤 환상적인 필터로 마무리한 사진을 더 좋아하지.

- **태도.** 우리는 SNS에서 실제보다 훨씬 더 쿨하고 자신감 있고 적극적인 척해. 솔직히 말하면, 실제 네 모습과 공통점이 거의 없는 온라인용 가면을 만들어 내는 일은 무척 쉬워. 실제로 우리 인생은 어때? 엉망진창인데다 되는 일도 없어서 고통스럽기만 하고 감정은 롤러코스터를 타. 하지만 무슨 수를 써서라도 SNS에서는 멋져 보여야 하지.

  인정할게. 나 역시 양심의 가책을 느껴. 그래서 어떻게 하면 소셜미디어에 우리를 드러내는 방식을 바꿀 수 있을지 심각하게 고민해 봐야 한다고 생각해. 삶을 과장하고 자랑하려는 강박은 과시 문화의 원인인 동시에 결과야. 우리가 그런 문화를 만들어 냈고 스스로 갇혀 버렸지. 소셜미디어는 인기 경연대회가 되어 버렸어. (누가 좋아요를 제일 많이 받지? 누가 제일 멋진 사진을 올리지? 누구 몸매가 제일 좋지?) 그럴 의도가 있었건 없었건, 그런 상황이 좋건 싫건, 우리는 다른 사람을 온라인에서 본 모습으로 판단해. 그리고 똑같은 방식으로 그 사람들에게 판단을 받아.

  하지만 희망은 있어! 소셜미디어에서 만나는 사람들은 대부분 자신이 내세우는 모습과 완전 달라. 그 사람들은 친구도 많고 기막힌 저녁 식사를 하고 최고의 파티를 즐겨. 그러니 당연히 우리보다 더 행복할까? 그렇지 않아. 소셜미디어에서 본 것을 전부 믿으면 안 되는 이유가 거기 있어. 소셜미디어 게시물에 너무 많은 가치를 두거나 의미를 부여하지 마. 거기서 보는 것과 자신을 비교하지도 마. 모두, 말 그대로 모든 사람이 일이 안 풀리는 하루를 보내기도 하고 기분 나쁜 순간을 경험하기도 해. 소셜미디어는 실제 삶과는 달라. 누구나 그 사실을 알아. 희한하게도 소셜미디어가 가식덩어리라는 점을 알면서도 우리는 계속 사진을 찍고 그걸 올려. 왜 그러는 걸까? 소셜미디어는 어디에서나 접속할 수 있어. 그래서 우리가 사는 세상은 과잉 공유가 표준이 되어 버렸어. 또 사회는 멋져 보이는 게 중요하다고 믿도록 강요해. 슬프게도 요즘 같은 세상에서 우리의 자존감은 내면에서 자라는 대신 친구나 또래의 인정을 받고 자라지.

우리는 스스로 엄청 사교적이고 서로 친밀하다고 생각하지만 현실에서는 늘 외로워. 젠장, 이걸 180도 바꾸려면 어떻게 해야 하는 걸까?

이런 현상이 벌어지는 방식과 (가장 중요한) 이유를 이해했으니 이제 문제를 뿌리째 뽑아 낼 때야. 소셜미디어를 (아직) 포기하지 못하겠다면, 그것도 괜찮아. 나는 이래라저래라 하고 싶지 않아. 부담 없이 생각해 봤으면 하는 것들을 정리해 봤어.

- **의식하는 삶을 살아.** 친구가 화장실에 가려고 일어서면 네 손이 자동으로 휴대폰을 집어 든다는 사실을 의식해야 해. 왜 그러는 걸까? 거기 혼자 앉아 있는 것이 어색하기 때문이고 손으로 뭘 해야 할지 몰라서이기도 해. 주변을 둘러봐! 네 주변에서 일어나고 있는 일들에 조금 더 관심을 가져 봐.

- **식사를 할 때 휴대폰을 치워 놔.** 다음번에 식당에 가면 휴대폰 쌓기 게임을 해 봐. 함께 식사하는 사람들 모두 식탁 위에 휴대폰을 차곡차곡 쌓아 올려서 탑을 만드는 거야. 자기 휴대폰을 가장 먼저 만지는 사람이 식사 비용을 내야 해.

- **완벽주의를 버려.** 길을 걸을 때 눈에 필터를 끼우고 다니니? 아니잖아. 완벽한 사진을 찍으려고 시간 낭비 하지 마. 그렇게 찍은 건 진짜 너처럼 보이지도 않아. 그냥 자신을 속이는 거라고.

- **직접 만나서 소통하는 진실한 관계를 더 많이 만들어.** 휴대폰을 하루 정도 집에 두고 다니는 것도 괜찮아. 네 주변에 있는 것들에 집중하게 될 거야.

자존감은 내면에서 자란다는 사실을 꼭 기억해. 그건 다른 사람이 좋아요나 하트를 눌러서 인정해 줘야 생기는 게 아니야.

온라인 사생활의 중요성

학교에서 집에 오는 길이라고 해 보자. 갑자기 모르는 누군가가 너를 따라온다는 사실을 깨달았어. 그 사람은 집까지 내내 따라와. 소름끼치지 않아? 게다가 맙소사, 이제 그 사람은 네가 어디 사는지도 알게 됐어. 자, 어떤 느낌이 들어?

겁난다고? 겁이 나는 건 너무나도 당연해.

위치 정보를 공유하지 않았는데, 심지어 실제로 뒤를 밟지 않고도 어렵지 않게 누가 어디 사는지 알아낸다면 어떨까? 직접 테스트해 봐. 온라인에 접속해서 네가 전혀 모르는 사람의 개인정보를 알아내는 데 시간이 얼마나 걸리는지 재 봐. 조금만 뒤지면 최소한 성별, 나이, 국적, 현재 주소, 직업, 결혼 여부, 반려동물, 자녀 등의 정보를 찾아낼 수 있을 거야. 사람들은 개인정보를 적극적으로 지키려 하지 않아. 소셜미디어에 왜 그렇게 생활을 조목조목 밝히냐고 물으면 자신은 숨길 것도 부끄러워할 것도 없다고 대답해. 그럴 수도 있겠지만 실은 중요한 사실을 놓치고 있어. 무심코 온라인에 개인정보를 공유하는 일은 무척 위험해.

왜 그렇게 위험한지 궁금하다고? 개인정보는 무척 소중해. 인터넷에서 가치 있는 건 바로 정보야. 정보는 권력이자 돈이지. 그러니 접근 가능한 정보란 정보는 모두 훔치고 팔고 분석하려고 사람들은 혈안이 되어 있어. 웹사이트와 앱은 네 움직임을 일일이 추적하지. 정보를 모으는 일은 웹사이트가 존재하는 이유 중 아주 큰 부분을 차지해. 내가 말하는 정보란 우리가 누구이고 온라인에서 무엇을 하는지를 말해. 온라인에 머물면서 쇼핑을 하거

얘들아, 누가 날
따라오고 있어!

나 숙소를 예약하거나 친구랑 채팅할 때조차 우리는 흔적을 남겨. 웹사이트에서 뭔가를 하면 할수록 기록되는 정보도 많아져.

그래, 넌 사생활이 뭐가 그렇게 중요하냐고 생각할지도 모르겠어. 그 자체로는 문제될 것 없어! 그런데 다른 문제가 있어. 예를 들면, 네 수입이 얼마인지, 학교에서 몇 등인지를 세상 사람들 모두에게 알리고 싶진 않을 거야. 네 의료 기록과 계좌번호를 누군가 쉽게 보는 것도 원하지 않을 거야. 또 생리 주기는 어때? 이처럼 혼자만 알고 싶은 것들이 있기 마련인데, 그 때문에 온라인에서든 사생활에서든 개인정보를 보호해야만 해. 기업들은 너에 관해 알아낼 수 있는 정보를 모조리 추적해서 사용해. 한번은 내가 고양이 목걸이를 샀는데, 금세 다른 회사가 자기네 고양이 제품 홍보 메일을 보내기 시작하더니, 유튜브 광고도 갑자기 고양이 사료로 바뀌더라고. 웹사이트가 갖고 있는 (내 고양이 나이와 이전에 내가 구입한 고양이 관련 물품 등의) 정보에 기초해서 회사들은 다른 고양이용 제품을 내게 들이민 거지. 정말 생각만 해도 소름 끼치는 일이야.

이런 일에 익숙해지는 건 무척 쉽지만 그러지 말아야 해. 너에 관한 정보는 지금도 미래에도 네 것이라는 사실을 기억해야 해. 기업들은 네 정보를 훔쳐서 광고에 사용하려 할 거야. 그러니까 온 힘을 다해 네 정보를 보호해야 해.

온라인상에서 개인정보를 보호하는 데 도움이 될 만한 정보를 모아 봤어. 노턴(Norton)이라는 유명한 인터넷 보안 서비스의 블로그를 참고했어.

- 비밀번호를 안전하게 지켜. 비밀번호는 어렵게 만들어. 추측하기 어려워야 해. 숫자와 기호를 복잡하게 조합해서 만들고 거긴 어떤 의미도 없어야 해. 또 비밀번호를 주기적으로 바꿔. 조금만 지나면 금세 추적하거든.
- 개인 설정을 확인해. 네 게시물을 볼 수 있는 사람은 누구니?
- 한 번 게시한 내용은 모두 인터넷상에 남는다는 사실을 기억해. 그걸 디지털 발자국이라고 불러.
- 공짜 와이파이 핫스팟을 조심해. 그런 것들은 안전하지 않아. 공공 와이파이 네트워크로 계좌 이체는 금물이야.
- 사용하지 않는 정보는 삭제해. 앱이나 프로그램을 오랫동안 사용하지 않았다면 지워 버리는 게 좋아.
- 전화번호나 집 주소는 온라인 어디라도 절대 올리지 마.

9장

사회 vs. 나

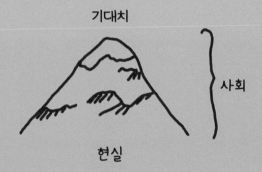

나는 사회의 일부야. 우리 모두 그렇지. 그런데 네가 살고 싶은 사회는 어떤 곳이니? 우리는 이 사회를 구성하는 일부이기 때문에 다들 사회에 관해 하고 싶은 말이 있을 거야.

우리 할머니는 항상 이런 말씀을 하셨어.

"내가 네 나이 때는 말이다. 지금보다 훨씬 훌륭했어."

어디서 많이 들어본 말 같다고? 사람들(대부분 어른들과 어르신들)은 '요즘 애들'에 대한 절망감을 표현할 때 이런 말을 해. 며칠 전에 말이야. 어떤 남자아이가 한 손으로 피젯 스피너를 돌리면서 전동 스케이트보드를 타고 가는 모습을 보고 내 입에서 나온 말이 정확히 그 문장이었지 뭐야. 나는 빠르게 굴러가는 보드 위에서 균형을 잡으면서 동시에 손으로 스피너를 돌리는 일이 진심 위험하다고 생각했어. 그래서 그 나이 때의 나보다 훨씬 어리석다고 그 아이에게 꼬리표를 붙였던 거야. 내가 우리 할머니만큼이나 꼰대처럼 군 거지?

장난감 가게에서 한 아이가 울면서 고함치는 소리를 듣고도 똑같은 생각을 했어. 그 꼬마는 엄마에게 소리치며 욕하고 있었는데 그걸 듣자니 내 어린 시절이 생각나더라. 나도 꼬마였을 때 저렇게 버릇없이 굴었나? 어렸을 때 저 정도로 막 되먹었었나? 스스로 이런 질문을 해 보자 갑자기 나이 든 어른들 생각이 났어.

어른들이 아이들의 행동을 보고 이상하다고 여기거나 버릇없이 군다고 생각하는 것이 한편 이해되기도 했거든.

"할머니, 할머니 어린 시절 얘기
들려주세요!"

"글쎄, 그땐 말이다, 애들이 전동 보드를
타고 머리 꼭대기에는 뱅뱅 돌아가는
피젯 스피너를 올려놓고 다녔지."

그때는
그랬어.

모든 세대는 다음 세대를 의심의 눈초리로 봐. 이런 태도는
수많은 세대를 거치면서 반복됐어. 풍자 작가 더글라스 아담스
는 이런 말을 했지.

"여러분이 태어났을 때 세상에 있는 것은 모두 평범하고 정
상적이며 세상 돌아가는 이치에 자연스럽게 어울리죠. 여러분이
15살에서 35살 사이에 발명된 것은 새롭고 흥미로운 데다 혁명
적이어서 여러분은 그걸 직업으로 삼을 수도 있어요. 35살 이후
로 발명된 것은 죄다 자연 질서에 어긋나는 것들이죠."

부모님과 조부모님들은 우리 세대가 자라면서 경험하는 모든 것이 낯설 거야. 디지털 혁명과 소셜미디어의 급성장으로 지난 몇십 년 동안 세상도 빠르게 변했어. 부모님들은 이런 신세계를 (어느 정도는) 이해할 거야. 그분들도 개인용 컴퓨터가 출현하던 초창기 인터넷 시대를 경험했으니까. 어쩌면 네 부모님은 새로운 기술이 자리 잡는 데 기여했을지도 몰라. 조부모 세대에게는 머리를 싸매고 이해하려 해도 쉽지 않은 일이겠지. 그분들은 지금 우리가 사는 세상처럼 디지털이 생활화된 세상을 상상도 못 했을 테니까.

　　이런 세대 차이를 좁히려면 어떻게 해야 할까? 우선 (조)부모님들이 우리 문화에 마음을 열고 관심을 가져야 해. 부모님이나 선생님이 게임, 음악, 영상, 유행, 좋아하는 것 등에 관해 묻고 이야기를 나누면서 긍정적인 관심을 보인다면 우리에게 한 걸음 다가올 수 있겠지. 부모님은 새로운 인터넷 도구들과 앱을 조금 불편하게 여겨. 익숙하지 않기 때문이지. 우리만큼 소셜미디어를 잘 알지 못하니 페이스북이나 인스타그램 계정을 만들 때마다 네 도움이 필요할 거야. 그러니까 짜증 내지 말고 우리가 당연하게 받아들인 세상을 부모님이 잘 이해하게 도울 기회라고 생각해. 네 삶에서 중요한 것들을 부모님이 많이 받아들일수록 너에게도 훨씬 좋을 거야!

　　어른들과 세대 차이를 줄이기 위해서는 서로 도와야 해. 그분들도 우리를 도와야 한다는 뜻이지. 어른들은 새로운 매체와 현대적인 내용을 생활에 받아들이고 적용하려고 노력하고, 우리는 부모님이 새로운 디지털 매체를 사용하면서 어려움을 겪을 때마다 돕는 거야.

그러다보면 어쩌면 나도 다음번엔 전동 보드를 타고 다니면서 피젯 스피너를 돌리고 있을지도 모르지.

세상을 바꾸는 일 : 누구라도 가능해

어렸을 때, 어른은 모두 세상을 바꿀 능력이 있다고 생각했어. 내가 어른이 되자, 곧 깨달았어. 세상을 바꾸는 일은 어렸을 때 생각했던 것처럼 쉽지 않다는 사실을 말이야.

어렸을 땐, 나 혼자서 전 세계의 가난을 뿌리 뽑고 전쟁을 완전히 끝내고 동물들을 구하고 세계 평화를 이룰 수 있을 거라고 진심으로 믿었어. 나는 세상이 더 나은 곳이 되도록 큰 변화를 만들고 싶었어.

하지만 나이가 들자 내가 생각했던 일들 중 뭐 하나라도 제대로 해내기가 거의 불가능하더라고. 그런데 말이야, 큰 변화를 위해 반드시 엄청난 행동을 해야 하는 건 아니었어. 오히려 큰 변화는 작지만 꾸준히 행동할 때 일어났어. 그 사실은 위로가 되었지.

작더라도 누구나 차이를 만들어 낼 수 있다는 뜻이니까. 게다가 모든 변화가 우리 자신에게서 시작된다는 말은 더 큰 위로가 되었어. 인생에 작은 변화를 주고 친구와 가족에게도 함께하자고 격려하면 눈덩이 같은 효과를 만들어 낼 수 있어. 핵심은 '꾸준함'이야.

세상을 바꾸기 위해 죽기 전에 해야 할 일

- ☐ 보호소에서 반려동물 입양하기
- ☐ 노숙인들과 함께 식사하기
- ☐ 일주일에 하루는 채식 위주 식사하기
- ☐ 매번 공손하게 부탁하고 감사 인사하기
- ☐ 다른 사람의 꿈을 응원하기
- ☐ 오랫동안 만나지 못한 사람에게 편지 쓰기
- ☐ 스스로 너무 심각하게 생각하지 말기
- ☐ 마주치는 사람에게 친절 베풀기
- ☐ 쓰레기 줍기
- ☐ 플라스틱 줄이기
- ☐ 인사하기

- ☐ 용서하기
- ☐ 자리 양보하기
- ☐ 음식점 종업원에게 친절하게 대하기
- ☐ 혐오에 혐오로 대응하지 않기
- ☐ 자주 웃기
- ☐ 덜 불평하기
- ☐ 빈곤 아동 후원하기
- ☐ 나답게 말하기!!!
- ☐ 누군가를 응원하기
- ☐ 숙제 도와주기
- ☐ 헌혈하기
- ☐ 식물 키우기
- ☐ 공정무역 식품 구입하기

무례하지 않게 자신을 표현하는 법

자신의 의견을 표현하는 건 개인의 권리야. 하지만 무례한 방식이라면 이야기가 달라져. 사람에게는 자기만의 신념과 가치와 관점이 있어. 인생의 어느 시점에서 자신의 의견에 동의하지 않는 사람을 만나겠지. 하지만 마음이 통하지 않더라도 항상 상대의 의견을 존중하고 인내해야 해. 10대 시절 나는 유난히 힘들었는데, 그건 1) 누군가와 의견이 다를 때 내 의견을 표현하기 두렵고 2) 의견이 다를 때 나타나는 다른 사람의 반응이 겁나서였어. 나에게는 내 감정보다 다른 사람의 감정이 더 중요했거든.

비폭력적인 방식으로 대화하는 법을 배우면서 나는 개인적이고 직접적이며 정치적인 차이들을 덜어 낼 수 있었어.

비폭력 대화가 뭐냐고? 먼저, 대답하기 전에 다른 사람이 하는 말에 귀 기울여. 말하는 중간에 끼어드는 건 예의에 어긋나는 행동이야. 예의를 갖추지 않고서 상대방에게 존중받기를 바랄 수는 없어.

"제가 보기엔", "제 의견은", "제가 느끼기엔", "제 생각은", "개인적인 생각으로는", "솔직히 말씀드리면, 저는 ~고 생각해요", "제가 하려는 말은", "조금만 설명을 보태 주시면 감사하겠습니다" 같은 말을 사용해 봐.

이런 말은 쓰지 않는 게 좋아. "그 말은 틀렸어요. 제 말이 옳은 이유를 말씀드리죠", "헛소리하지 마세요. 지금 자기가 하는 말이 무슨 뜻인지도 모르네요", "항상 이래라저래라 하는데", "그렇게 예민하게 굴지 마세요" 등등.

친구나 연인과 논쟁을 벌일 때 사적인 감정을 따로 떼어놓기란 쉽지 않아. 그렇더라도 인신공격만큼은 절대 피해야 해. 신상에 관해 공격하는 순간 상대방은 대화에 가치를 두지 않을 테니까. 사람들은 상대를 깎아내리려고만 해. 네 목표는 상대를 무릎 꿇리는 것이 아니라 네 생각을 전달하는 일이라는 걸 기억해. 상대방의 말에 무조건 동의할 필요는 없지만 그 사람의 관점으로 보려고 노력하면 서로 이해하기가 조금 더 쉬워져.

페미니스트가 되기 위한 기술

최근 몇 년 사이 '페미니스트'라는 단어는 부정적인 의미로 쓰이고 있어. 하지만 그 이유는 오랜 역사를 거치면서 그 단어가 잘못 해석되어서야. 페미니스트는 정치, 경제, 사회적인 면에서 성별로 인해 발생하는 차별이 없어야 한다고 믿는 사람들이야. 페미니스트는 남성을 혐오하는 사람이 아니야. 페미니스트는 남자를 만나지 못하는 여자가 아니야. 페미니스트는 조금이라도 여성스러운 것은 모조리 싫어하는 사람들도 아니야. 이젠 그 단어의 진정한 의미를 되찾아야 할 때야.

소설가이자 페미니스트인 치아만다 응고지 아디치에는 2012년의 테드 강연을 기초로 『우리는 모두 페미니스트가 되어야 합니다』라는 책을 썼어. 아디치에는 페미니스트를 "'그래, 오늘날의 성별에는 문제가 있어. 그건 바뀌어야 해'라고 말하는 남성이나 여성"이라고 정의해. 나도 아디치에의 정의에 전적으로 공감해. 어떤 사람들은 여성들이 스스로 원하는 생활방식을 선택할 권리를 갖는 것이 페미니즘이라고 믿어. 또 어떤 사람들은 남성과 여성이 모든 면에서 동등해야 한다는 뜻이라고 생각해. 페미니즘의 개념을 어떻게 이해하느냐는 너에게 달렸어.

누구나 페미니스트가 될 수 있어. 남성과 여성이 동등하게 대우받을 권리가 있다는 개념을 지지한다면 그 사람이 바로 페미니스트야. 그렇다면 남성과 여성의 생물학적 차이는 어떨까? 그 점을 무시할 수는 없잖아. 남성과 여성 사이에는 생물학적으로 다른 점이 분명히 존재하니까. 여성과 남성은 생물학적으로 다른 능력을 지녔어. 호르몬과 생식기관도 다르지. 하지만 우린 모두 인간이고 한쪽 성이 다른 쪽 성보다 우월하지 않아.

과거로 거슬러 가면 수십만 년 전 이야기를 하게 되는데, 그 당시엔 근육이 가장 많은 사람이 집단의 우두머리가 될 가능성이 높았고 그런 사람은 대부분 남자였지. 하지만 요즘은 사냥을 하거나 황야에서 살아남기 위해 신체의 힘이 뛰어나야 할 필요가 없어. 그러니 이제는 가장 강한 사람이 집단을 책임지지 않아도 돼. 요즘 같은 시대에는 창의적이고 지적이며 혁신적인 사람이 필요하지. 그리고 그런 특성은 성별과 전혀 관련이 없어.

아디치에는 테드 강연에서 여자아이와 남자아이를 똑같이 길러야 한다고 말했어. 그러면서 "남자다움을 돈과 관련짓지 않도록 남자아이들과 여자아이들을 기른다면 어떨까요? '남자가 돈을 내야 해'가 아니라 '돈이 더 있는 사람이 내야지'라는 사고방식을 가진다면 어떨까요?"라고 솔직하게 물었어.

그게 말처럼 쉽다면, 나는 아침에 일어나서 내가 원하는 대로 걸쳐 입었겠지. 길거리를 걷다가 누가 야유하면 어쩌나 고민할 필요도 없을 거야. 그게 말처럼 쉽다면, 태국인의 피가 흐른다는 이유로 성차별적 농담을 들을 일도 없겠지. 그게 말처럼 쉽다면, 다른 여성들이 나를 경쟁자로 여기고 깎아내리는 대신 응원을 아끼지 않았을 거야.

페미니즘은 네가 어떻게 보이냐, 무엇을 입느냐에 관한 것이 아니야. 누구와 데이트하고 누구와 사랑에 빠지냐에 관한 것도 아니고. 다른 사람보다 더 많이 받을 자격이 있다고 생각하는 것이 아니라 똑같이 받을 자격이 있다고 생각하는 거야. 여성들은 이미 강해. 여성들은 사회가 그 사실을 깨닫길 원하고 있어.

남성들 역시 성 역할 기대감에 영향을 받아. 성 역할 기대감은 특정한 상황에서 어떤 옷을 입고 어떻게 행동해야 하는지에 관한 기준을 제공해. 페미니스트는 각각 독특한 힘과 재능을 가진 개인을 여성이냐 남성이냐로 나누어 따질 것이 아니라 정당한 권리를 가진 인간으로 봐야 한다고 믿어. 우리가 살아가는 문화에서 남자는 울거나 감정을 드러내서는 안 된다고 생각해. 또 남성적으로 보여야 하고 일에 미쳐서 성공을 향한 투지를 불살라야 하며 술과 스포츠를 좋아해야 한다고 생각해. 그러니까 페미니즘이 주장하는 기본 원칙은 단순히 여성에게만 해당하는 것이 아니라는 사실을 이해해야 해. 페미니즘은 남성과 여성 양쪽에 부정적인 영향을 끼치는 성역할을 끝내기 위해 힘쓰고 있어.

임금 격차에 대하여

성별 임금 격차는 남성과 여성이 받는 급여의 차이를 말해. 미국 대학여성협회(AAUW, American Association of University Women)는 최근 '성별 임금 격차에 대한 단순한 진실'이라는 제목의 보고서를 배포했어. 보고서는 임금 격차가 벌어지는 구조를 폭로하고 그런 차이가 연령, 인종, 교육적 배경을 막론하고 여성들에게 어떤 영향을 미치는지 보여 줘. 또 임금 격차를 없애기 위해 무엇을 해야 할지 설명해 주지.

2015년의 연구에 따르면 미국에서 정규직으로 일하는 여성들은 같은 일을 하는 남성들의 수입의 80%만 받는다고 해. 20%는 어디로 증발한 거냐고?! 1970년대부터 임금 격차는 꾸준히 줄어들었는데, 점점 많은 여성들이 교육을 받고 더 높은 수준의 노동 인구에 포함되었기 때문이야. 동시에 남성들의 임금은 더 느리게 증가했어. 하지만 격차는 사라질 것 같지 않아. 1960년과 2015년 사이의 변화율을 기준으로 따져 본다면, 여성은 2059년이 될 때까지 남성과 같은 임금을 받지 못해.

실화냐?

임금 격차는 모든 여성들에게 영향을 미쳐. 하지만 성차는 유색인 여성에게 더 큰 영향을 끼치지. 2015년의 정규직 근로자 중 히스패닉과 라틴계, 아프리카계 미국인, 미국 원주민, 하와이 원주민, 그 밖의 다른 토착 지역 출신 여성들은 라틴 아메리카계가 아닌 백인 여성과 아시아계 미국인 여성들보다 더 낮은 연봉을 받았어. 여성의 나이가 많을수록 수입도 늘었지만 45세를 기점으로 늘어나는 속도가 줄고 55세 이후에는 줄어드는 경향이 있어. 일반적으로 35세쯤에 여성들은 같은 직종에서 일하는 남성이 받는 급여의 90% 정도를 받아.

교육의 기회가 늘어나면 문제를 해결할 수 있을 것 같아 보여. 실제로 교육이 여성의 수입을 늘리는 데 도움이 되긴 했지만 성별 임금 격차를 좁힐 정도는 아니야. 왜 그럴까? 교육 수준과 상관없이 여성은 그저 여성이라는 이유만으로 여전히 남성보다 적은 임금을 받기 때문이지. 어떤 경우에는 교육 수준에 따라 임금 격차가 커지기도 해. 분통 터지는 결론을 내리자면, 여성은 높

은 수준의 교육을 받을 수 있지만 임금은 성별과 인종으로 결정
돼.

성별 임금 격차는 한국에서도 심각해. 한국의 남녀 임금 격차
는 OECD 기준 2018년 36.7%로 전체 회원국 중 최하위야. 남성
이 100만 원을 받을 때, 여성은 이보다 36만 7,000원 적은 64만
4,000원을 받는다는 뜻으로 OECD 회원국 중 유일하게 30%를
넘는데다 OECD 평균인 14.1%와 2배 이상 차이가 나.

이런 이야기가 너무 추상적이라 와닿지 않는다면, 여기 몇 가
지 예를 더 들어 볼게. (2015년 통계를 참고했어)

- 여성 트럭 운전사는 일주일에 632달러를 벌어. 반면 남성은 같은 일을
  하고 751달러를 받아.

- 여성 소프트웨어 개발자는 대개 매주 1,415달러의 급여를 받아. 반면 남성 소프트웨어 개발자는 매주 1,751달러를 벌지.
- 여성 재무 관리사는 급여로 1,130달러를 받는데 남성 재무 관리사는 1,732달러를 받아. 무려 35%나 차이가 난다고!

이건 옳지 않아. 하지만 뭐라도 할 수 있는 일이 있어!

여성들도 동등한 임금을 받기 위해 협상 전략을 짜면 돼. 미국 대학여성협회는 여성에게 힘을 실어 주기 위해 워크숍을 개최해서 여성들이 임금, 수당, 승진에 있어 스스로 권리를 찾도록 구체적인 도움을 주고 지원해 줘. 또 앞으로 겪게 될 여러 상황에서 유용하게 쓰일 기술을 가르쳐 주기도 해.

페미니스트가 되기 위한 분투

지난 세기를 지나는 동안 사회는 크게 변했어. 거리로 나와서 여성이 누려야 할 정당한 권리를 찾기 위해 목소리를 낸 페미니스트들이 아니었다면 오늘날 여성들은 투표도 하지 못했을 거야. 하지만 지금도 여전히 페미니즘이 필요해. 여성과 남성 모두를 위해서 말이야. 수많은 나라에서 여자 아기와 여성의 신체를 훼손하는 여성 할례 관습을 폐지할 때까지, 특정 문화권에서 여성을 사고파는 소유물로 여기지 않는 그날까지, 같은 일을 하는 여성과 남성이 같은 임금을 받을 때까지, 우리에게는 페미니즘이 필요해.

페미니즘은 나 스스로를 받아들이는 데 큰 도움을 줬어. 또 다른 사람이 뭐라고 생각하든 내가 원하는 옷을 입고 내가 원하는 대로 행동하고 나 자신이 될 수 있다는 사실을 깨닫게 해 주었지. 나는 재킷, 조끼, 바지로 된 쓰리피스 수트 입는 걸 좋아해. 누군가는 '남성적'이라고 생각할 수도 있겠지만 상관없어. 그 옷을 입으면 내가 매력적으로 보인다는 생각이 들어.

그러면 너도 페미니스트가 되어야 할까? 어쩌면 자신도 깨닫지 못한 사이에 이미 페미니스트일 수도 있어. 아니면 페미니스트도 아니고 그런 꼬리표를 붙이고 싶지 않을 수도 있지.

이 주제에 관해 의견을 낼 필요가 없다고 느낄 수도 있어. 그것도 문제될 건 없어. 하지만 우리 사회에서 벌어지는 성차별과 그에 맞서기 위해 사람들이 무엇을 하는지 배우는 건 흥미로워.

나는 내가 페미니스트라고 생각해. 또 나에게 그런 꼬리표는 평등한 권리를 넘어선 의미이기도 해. 페미니즘은 다양성을 받아들이는 일이야. 누구나 삶 속에서 원하는 것을 선택할 수 있어야 한다고 나는 굳게 믿어. 우리가 그 지점에 도달할 때까지 나는 계속 그 메시지를 퍼뜨릴 거야.

차별 : 그 안과 밖

차별이란, 사람들이 그 사람이 누구인지에 따라서 다르게 대하거나 그 사람이 갖고 있는 어떤 특징 때문에 불공평하게 대한다는 뜻이야. 혹시 누군가에게 나쁜 대우를 받은 경험이 있다면, 그게 네가 (또는 네 외모가) 조금 다르다는 이유 때문이라면, 너는 차별의 피해자가 된 거야. 사람들은 다음과 같은 이유로 차별을 받아.

- 나이
- 성별
- 인종이나 민족
- 장애나 불리한 조건
- 종교적 신앙
- 임신과 육아
- 성 정체성과 성적 취향
- 결혼 여부
- 외모와 사회적 지위

나이에 따른 차별을 연령차별이라고 불러. 너도 언젠가 경험했을지도 몰라. 연령차별은 사람을 나이로 차별하는 현상을 말해. 10대들과 노인들이 이런 차별의 전형적인 희생자야. 사회는 어리거나 나이 든 사람들의 목소리와 의견을 열등하다고 생각하는 경향이 있어. 이런 고정관념은 문제가 많아. (불평등을 정당화하는 고정관념이야) 어리다고 사회에 기여할 수 없거나 좋은 생각을 못 한다거나 합리적인 결정을 못 한다는 건 편견이야. 그러니 (선생님, 또래, 공동체 구성원들) 누구도 너의 의견이 들을 가치도 없다는 식으로 말하지 못하게 해.

인종차별은 (특히 학교에서) 생각보다 무척 흔해. 인종차별은 피부색으로 사람을 차별하는 현상이고 우리 사회는 피부색이나 문화가 다르거나 다른 민족 사람들에게 안전한 환경을 마련해 주지 못하고 있어.

생물학적 성, 사회적 성(젠더라고도 해), 성 정체성 때문에 누군가 너를 학대한다면 성차별의 피해자가 된 거야. 남성과 여성의 평등한 권리는 오늘날의 사회에서도 현실성 없는 이야기야. 이런 불균형을 고치려면 갈 길이 멀지. 모든 여성(과 남성)은 자신을 자유롭게 표현할 수 있어야 하고, 의지에 따라 아이를 낳을지 여부를 결정할 수 있어야 하며, 낙태를 할지 입양을 할지 선택할 권리가 있어야 하고, 같은 직종에서 같은 임금을 받아야 해. 또 성폭행 걱정 없이 살아야 하지. 우리가 원하는 세상이 오지 않으면 사람들은 계속 성차별로 고통 받을 거야.

또 다른 차별로는 호모포비아, 동성애 혐오증이 있어. 동성애 혐오증이란 성적 지향 때문에 나쁜 대우를 받는 걸 말해. 게이, 레즈비언, 양성애, 트랜스젠더, 범성애 등 어떤 성 정체성을 가졌든 그것 때문에 누굴 괴롭히거나 비난할 권리는 아무에게도 없어. 어떤 사람들은 게이 (또는 이성애자가 아닌 그 무엇)으로 사는 건 잘못되었다고 생각해. 사실은 그 반대지. 게이라는 이유로 누군가를 공격하거나 차별할 권리는 아무에게도 없으니까. 다양한 성 소수자를 포함해서 누구나 원하는 사람을 좋아할 권리가 있어. 누구도 있는 그대로의 모습을 평가 받거나 그 때문에 학대당해서는 안 돼. 성적인 취향도 포함해서 말이야.

10대 시절, 나 역시 동성애 혐오를 저지른 경험이 있어. 의식하지도 못했고 간접적이긴 했지만 잘못된 행동이었지. 당시 나는 멋지거나 재미있지 않다고 생각하는 일을 두고 "맙소사, 정말 게이스럽다"라고 말했어. 내가 15살 무렵이었는데, 동성애를 혐오하는 말 때문에 누군가 상처를 받을지도 모른다는 생각을 전혀 하지 못했어. 그걸 깨달은 건 게이인 내 절친이 그런 말이 얼마나 상처가 되고 무례한지 말해 준 덕분이었어. 그 애의 말을 듣고는 절대, 다시는 그런 말을 하지 않았지. 이 경험 덕에 난 큰 교훈을 얻었어. 말이 얼마나 힘이 센지, 다른 사람을 얼마나 비참하게 만들 수 있는지 알게 되었지.

트랜스포비아는 성전환자나 트랜스젠더, 또는 남성과 여성으로만 성별을 분류하는 전통적인 성 규범에 포함되지 않는 사람을 비논리적인 이유로 두려워하거나 혐오하는 태도를 뜻해. 우선 생물학적 성을 말하는 '섹스'와 사회적 성을 뜻하는 '젠더'의 차이를 잘 알아 둘 필요가 있어. 네 생물학적 성은 네가 다리 사이에 가지고 태어난 것(질, 음경, 또는 둘 다)으로 결정 돼. 너의 사회적 성은 네가 원해서 스스로 선택한 성별이야. 그건 내면에서 흘러나와서 자신을 정의해. 어떤 사람들은 생물학적 성과 사회적 성이 일치해. 반면에 그렇지 않은 사람들도 있어. 트랜스젠더는 동시에 양성을 가졌다고 인식하거나 두 성 다 아니라고 생각해. 슬프게도 트랜스젠더들은 언어폭력이나 신체폭력 등의 형태로 자주 트랜스포비아를 겪어. 누구나 자신이 되고 싶은 사람이 될 수 있어야 해. 자신을 어떻게 인식하든 선택을 지지받고 공동체의 일원으로 당당하게 인정받을 수 있어야 해.

장애 때문에 안 좋은 일을 겪었다면 그건 장애인 차별이야. 사람들이 장애를 이유로 잘못된 평가를 했다는 뜻이지. 장애인이 학력이나 직업이나 개인적인 생활에서 비장애인과 동등한 기회를 누리지 못하는 상황도 장애인 차별에 속해.

체형이 일반적인 기준과 다르거나 표준으로 받아들여지지 않을 때에도 차별이 발생해. 몸집이 크다고 차별받는다면 그건 비만 혐오증이야. 반대로 마른 사람들에게 비이성적인 공포를 느끼는 현상을 저체중 혐오증이라고 불러. 만약 네가 외모 때문에 고민이 많다면 중고등학교 시절에 힘든 시간을 보낼 수도 있어. 대중매체와 사회는 이상적인 신체상을 계속 내세우고 있어. 그런 이상적인 신체상은 실제로 갖기 어려운, 현실성이 전혀 없는 모습이지. 그럼에도 이상적인 모습과 다르다는 이유로 스스로를 끔찍하게 여기면서 자기 몸을 부정적으로 생각하는 사람이 많아. 건강과 아름다움은 모양과 색과 크기와 상관없어. 세상은 하루 빨리 깨달아야 해!

계급주의는 사회적 지위로 누군가를 불공평하게 대할 때 발생해. 사회는 가난한 사람에게 덜 똑똑하거나 덜 재미있는 사람이라는 꼬리표를 붙이는 경향이 있어. 하지만 돈이 많다고 멋진 사람이 되는 건 절대 아니지. 다른 사람을 대하는 태도가 중요해. 다른 사람을 어떻게 대하느냐가 널 멋지고 훌륭한 사람으로 만드는 거야.

가진 돈이 적다고 덜 똑똑하거나 호감이 덜 가거나 능력이 적은 사람이 되진 않아. 네가 만약 원하는 것을 다 살만큼 운 좋은 사람이라면 그런 경제적 여유에 죄책감을 가질 필요는 없어. 하지만 네가 특권을 누리고 있다는 사실과 모든 사람이 너처럼 운이 좋은 건 아니라는 사실을 알아야 해. 우리가 서로 응원하면서 함께 어려움을 이겨 낸다면 우리가 사는 세상은 좀 더 따뜻해질 거야. 또 인생에서 성공의 기회도 더 많아질 거야. 어떤 사람들은 성공하기 위해 우리보다 조금 더 노력해야 할 수도 있어. 하지만 우리는 조금 덜 가진 사람들에게 덧씌워진 오해와 편견을 깨뜨리도록 함께 도울 수 있어.

너나 네가 아는 누군가가 차별 때문에 피해를 입었다면 그런 부당함을 멈추기 위해 네가 할 수 있는 일이 몇 가지 있어. 기억해야 할 점은 그런 상황이 벌어진 건 절대 네 탓이 아니고, 그런 일에 대항하는 사람 또한 너뿐만이 아니라는 사실이야. 믿을 만한 어른과 네가 겪고 있는 차별에 관해 이야기하고 해결책을 찾아야 해. 차별은 오랫동안 존재해 온 현상이야. 좀처럼 없애기가 힘들다는 뜻이기도 해. 하룻밤 사이에 차별을 사라지게 할 묘약은 없어. 하지만 스스로 돌아보고 학교나 일상생활 속의 차별과 싸우기 위해 무엇을 해야 할지 생각해 볼 수는 있어. 학교나 가정이나 지역에서 차별과의 전쟁을 벌이는 데 도움이 될 만한 방법 몇 가지를 적어 볼게.

- 다른 사람에게 상처가 될 만한 농담은 하지 마. 누군가 그런 농담을 한다면 예의를 갖추고 침착하게 말해. 그건 적절하지 않고 무례하며 무지한 태도라고 말이야. 그런 문제를 침묵으로 넘기지 마.

- 평소에 사용하는 말을 잘 생각해 보고 말할 때 주의를 기울여. "정말 게이스럽다"거나 "덜떨어졌네"라는 말은 절대 해서는 안 돼. 만약 자기도 모르게 그런 말을 했다면 바로 인정하고 사과한 뒤 다시는 그러지 않도록 노력해야 돼.

- 누군가를 판단하기 전에 질문하고 다른 사람의 말에 귀를 기울여.

- 다른 문화와 다양성에 관해 공부해. 가 본 적 없는 나라를 여행하고 그곳 사람들과 어울려 봐. 다른 나라에서 뭔가 새로운 시도를 할 때나 너와 다른 가치관을 가진 가족과 함께할 때 마음을 여는 것도 중요해.

- 세계 여러 곳에서 일어나는 정치적인 사건들을 공부하고 이해해. 그리고 현재 일어나는 일에 관해 자신만의 의견을 정리해 봐.

- 장애인 혐오, 성차별, 왕따는 절대 받아들여서는 안 돼. 누군가 학교나 직장, 다른 공공장소에서 괴롭힘 당하는 모습을 본다면 도와줘야 해.

차별은 다양한 형태로 발생하지만 공통적인 특징은 사람을 무시하고 억압한다는 점이야. 차별은 개인이나 집단에게서 권력을 빼앗아. 차별받는 사람들은 따돌림과 괴롭힘과 학대를 경험하기도 해. 만약 네가 학교에서 괴롭힘을 당했다면 그건 절대 네 잘못이 아니야. 또 반드시 선생님이나 부모님에게 알려야 해. 학교는 학생에게 안전한 장소여야 해.

우리는 모두 달라. 그 덕분에 세상은 다채롭고 흥미진진하지. 다르다는 이유로 누군가를 공격하는 건 정말 잘못된 행동이야. 누군가 널 괴롭히는 건 싫잖아. 안 그래? 우리가 매일 조금씩만 더 너그러워진다면 '표준'과 다른 모두가 덜 힘들게 살아갈 수 있을 거야.

소속감과 소외감

우리가 인싸이든 아싸이든 간에, 누구든 조금씩 소외감을 느끼기도 하고 잘 적응하지 못한다고 생각하기도 해.

'과한' 사회성을 요구하는 세상 속에서 우리는 외롭고 고립되었다는 생각을 이전 세대보다 더 자주 해. 그래서 끊임없이 온라인에 접속하고, 멋진 사진을 올리고, 재미있는 상태 업데이트를 공유하면서 세상에게 우리가 존재한다는 사실을 알리려 하지. 그냥 온라인 세상일 뿐이지만 그곳에서조차 진정한 자신의 모습으로는 제대로 적응하지 못했다는 느낌이 들기도 해.

학교에서 스스로 '이상한 애'라고 느낀다면, 친구들과 어울릴 때마다 불편한지 아니면 혼자 있고 싶지 않을 때조차 혼자 있는 것이 훨씬 편한지 잘 살펴봐. 그럴 때의 기분은 정말 형편없어. 어디에도 속하지 않았다는 생각은 외롭고, 슬프고, 우울한 기분이 들게 해. 그럴 때 할 수 있는 일을 적어 볼게.

● 너는 학교 친구들이 널 제대로 이해하지 못한다고 생각하는구나. 그래서 모두에게 완벽한 이방인이 된 것처럼 느끼는데, 그건 관심사를 함께 나눌 만한 사람을 아직 찾지 못했기 때문일 수도 있어. 만약 책을 좋아한다

면 독서 모임에 들어가 보는 건 어때? 혹시 운동을 잘하니? 학교 운동부에 가입하면 새 친구들을 사귀는 데 도움이 될 거야. 같은 취미와 관심사를 공유하는 건 대화를 시작하는 아주 훌륭한 방법이야.

- 너는 수줍음이 많고 사람들이 널 어떻게 생각할지 끊임없이 고민해. 수줍어도 괜찮아. 그런 특성도 너의 일부야. 조금 더 자신을 드러내면서 관계 맺는 연습을 해 봐. 너 자신과 다른 사람에게 기회를 주는 거지. 너를 평가하지 않고 있는 그대로 받아들이는 사람들이야말로 진정한 '네 사람들'이야. 안전지대에서 나와서 새로운 것을 시도해 봐. 자신을 드러내고 한계를 넓히는 데 도움이 될 거야.

- 너는 아직 자신을 완전히 받아들이지 않았어. 깊은 우정을 맺지 못하고 있다면, 먼저 너의 내면을 들여다보고 자아를 찾아보길 권할게. 자신이 뭘 좋아하는지, 무엇에 관심이 있는지, 무엇에 꽂혔는지 곰곰이 생각해 봐. 나는 친구들과 어울리고 싶어서 같은 반 친구들이 좋아하는 것들을 좋아했어. 하지만 사실 자신이 좋아하는 것을 찾는 일이 훨씬 즐거워! 예를 들면, 나는 록 음악을 들으면서 자랐어. 그 장르는 우리 반 아이들에게는 인기가 없었지. 아이들은 팝음악을 좋아했거든. 나는 내가 좋아하는 음악에는 아무도 관심이 없다고 느꼈어. 그러던 어느 날, 친구들 앞에서 락 음악을 소개할 기회가 있었는데, 나는 여자아이들이 구리다는 표정을 지을 거라고 생각했기 때문에 엄청 긴장했지. 하지만 그 일은… 엄청나게 멋진 경험이었어! 아이들에게 내 존재감을 확실하게 드러낸 데다 발표가 끝나자 한 아이가 다가와 정말 멋졌다고 말해 줬어. 우리 둘은 (음악을 공유하는) 좋은 친구가 되었지. 너의 특별한 모습을 찾고 받아들이는 일은 우정을 쌓는 첫걸음이야.

- 네 절친이 이제 더 이상 너의 절친이 아니구나. 만약에 친구와 천천히 멀어지고 있다고 느끼거나 우정이 예전 같지 않다는 느낌이 든다면 너나

네 친구(또는 둘 다)가 변해서일 수도 있어. 가끔은 그냥 보내 주는 것이 최선이기도 해.

- 너는 항상 사람들에게 평가받는다고 느껴. 이런 문제의 가장 좋은 해법은 다른 사람이 무슨 생각을 하는지 신경 쓰지 말고 그냥 마음껏 즐기면서 네가 좋아하는 일을 하는 거야. 말처럼 쉽지 않다고? 그래. 그런데 해가 되는 사람들을 끊어 내고 나면 기분이 훨씬 좋아지냐고? 당연하지. 비법은 자신에게 솔직해지는 거야. 그래도 그 사람들을 좋아한다고? 그 사람들의 의견이 진짜 가치 있다고 생각해? 이유가 뭐야? 스스로 이런 질문을 해 보면 잘못된 이유로 이 사람들과 어울리는 건 아닌지 알아내는데 도움이 될 거야. 네 주변 사람이 네 편이 아니거나 너에게 희망을 주지 않는다면, 너를 첫 번째 자리에 올려놓고 행동하는 것이 최선이야. 그 사람에게 네가 어떤 기분인지 솔직히 말해. 그렇게 하면 둘 중 하나일 거야. 기꺼이 자신을 바꾸고 널 더 이해하려고 하든가 아무 변화도 없이 각자의 길로 가든가. 어떤 쪽이든 모두에게 필요한 일이야!

- 사람들이 네 외모가 좀 다르게 생겼다고 너도 자신들과 다를 거라고 생각하는 실수를 저지르는 경우도 있어. 솔직히 말해서 외모 때문에 사람을 오해한 적이 얼마나 많아? 알고 보니 평판이나 외모와는 달리 꽤 쿨하고 멋진 친구들은 또 얼마나 많고? 실제로 친해지기 전에 괴짜라고 오해했던 친구들도 엄청 많지 않니? 그냥 "안녕" 하고 인사해 봐. 멋지다고 생각만 했지 말 한 번 못 걸어 본 사람과 점심을 먹는 것도 좋아. 사람들은 자주 다른 사람을 오해해. 그러지 않으려면 스스로 마음을 열어야 해.

가장 중요한 건 너에겐 아무런 문제도 없다는 사실이야. 누군가와 어울리는 일에는 작은 용기와 자극이 필요해. 또 네 삶에 문제를 일으키는 사람들을 떠나 보내려는 의지가 있어야 하지. 그렇게 하면 진심으로 즐겁게 어울릴 사람들을 찾을 수 있을 거야.

유명한 사람들은 행복할까?

나의 어린 시절 꿈은 유명해지는 거였어. 농담이 아니야. 나는 유명한 사람들은 열정적이고 끝내주는 삶을 살 거라고 (그리고 집에 수영장 정도는 있다고) 믿었어. 유명인들은 특권으로 가득한 삶을 살 거라고 굳게 믿었지. (지금도 그렇게 믿고 있을지도?)

나는 유명해진다는 것이 뭔지도 모른 채로 거기 끌렸어. 다행히도 조금 자란 뒤에 그 꿈은 사라졌지. 크로스틴을 처음 그리기 시작할 때만 해도 그 일로 성공하리라는 생각은 하지 않았어. 왜냐하면 사람들이 내 작업을 좋아할 줄은 꿈에도 몰랐거든. 지금은 웹툰 작업을 하면서 이루고 싶은 꿈이 생겼어. 내 작품을 보면서 사람들이 즐거워하고 좋은 자극을 받고 새로운 꿈을 꿨으면 좋겠어. 그래, 지금 말한 대로야. 나는 자신에게뿐만 아니라 다른 사람에게 감동을 주는 사람이 되고 싶어. 사람들이 원하는 것을 하고 높은 목표를 잡고 꿈을 꾸도록 용기를 주는 사람이 되고 싶어. 내가 그랬으니까. 내가 새벽 4시에 책상 앞에 앉아서 곧 출간될 책의 바로 이 문단을 쓰고 있는 이유야. 이 책으로 유명해질 것 같냐고? 그건 아닌 것 같아. 하지만 누구도 내가 흔적을 남기려는 시도조차 안 했다는 말은 못 할 거야.

진짜 유명인의 이야기로 돌아가 보자. 난 살면서 많은 업적을 남기고 자신이 원하는 사람이 되기 위해 최선을 다한 사람을 존경했어. 그래서 나도 그런 사람이 되고 싶었지. 하지만 과연 그럴 가치가 있는지 스스로 질문해 보기도 했어. 유명인들은 실제로도 행복할까? 유명 인사들을 알지 못했기 때문에 물어볼 수도 없었지. 하지만 이런저런 조사 끝에 수많은 유명 인사들에게 직접 질문할 기회가 있었던 사람들을 찾아냈어. 그 사람들은 백만 불짜리 질문을 던졌지. "명예, 부, 물질적인 성공이 행복의 열쇠인가요?"

성공이 삶에 어떤 영향을 미쳤는지 수많은 유명인들이 자신의 이야기를 솔직하게 들려줬어. 어땠냐고? 대답은 정말 실망스러웠지. 어느 정도 예상하긴 했지만, 한편으로는 설마설마 했거든. 유명 인사들은 일반적으로 행복하지 않았는데 그건 정확히 인기 때문이었어. 유명하다는 것이 성취감을 안겨 주지 못했던 거야. 심지어 배우들과 음악가들은 크게 성공할수록 불안과 우울도 심해졌다고 말했어.

유명한 록 스타인 에릭 클랩턴은 한 인터뷰에서 이렇게 고백했어. 기타의 신으로 불리는 놀라운 실력, 멋진 집과 차, 창창한 미래 등 상상 이상의 것을 가졌지만 매일 자살을 생각했다고 말이야. 모델 카라 델레바인도 그 사실을 확인해 줬지. 우리는 사람들에게 사랑받고 멋진 것들을 소유하면 진정으로 행복하리라고 생각하지만, 반드시 그런 건 아니야. 레이디 가가도 악수하고 셀카만 찍으면서 인생을 보내고 싶지 않다고 했어. 더 풍부하고 다양한 음악적 재능을 선보일 수 있는데 겉으로 드러나는 얄팍한 이미지가 자신이 가진 전부처럼 보이기 때문이라고도 했지.

나는 곧 명성에 대한 집착은 실체가 없다는 사실을 깨달았어. 명성이란 상상 속에만 존재하는 헛된 꿈에 가까웠어.

연예인들이 완벽한 삶을 산다고 생각하는 건 당연해. 언론에서 연예인들의 삶을 그런 식으로 (세상에서 제일 아름답고 부유하고 멋진 사람들처럼) 보여 주니까. 하지만 그 사람들의 무대 뒤 이야기를 들으면서, 연예인들도 너와 나처럼 단지 인간일 뿐이라고 이해하게 되었어. 우리보다 더 유명한 것만 빼면 말이야.

유명인이 되는 상상을 하는 건 괜찮다고 생각해. (안 될 게 뭐야?) 하지만 그에 관한 이야기들을 곧이곧대로 받아들이진 말자

는 거야. 유명해지는 것 말고도 인생엔 무궁무진하게 많은 일들
이 있어. 또 그런 명성이 반드시 행복을 보장하지도 않아.

행복한 사람이 된다는 것

모델 카라 델레바인은 자신을 찾는 일이 얼마나 중요한지 강
조했어. 자신을 발견하기 위한 여행이 지금껏 한 여행 중에서 가
장 중요하다는 거지. 작곡가이자 래퍼인 투팍은 거울을 들여다
보면서 자신의 영혼을 볼 수 있어야 한다고 말한 적이 있어. 그
말은 자신의 눈을 들여다보면서 영혼까지 팔지 않았다는 사실을
확인하라는 뜻이었지. 요약하면, 대중에게 사랑받는 것보다 더
중요한 건 나와 함께하며 나를 살아 있다고 느끼게 해 주는 사람
들에게 사랑받고 그 사람들에게 가치 있는 존재가 되어야 한다
는 사실이야. 그게 바로 행복한 사람이 되는 방법이지.

코미디언이자 프로듀서인 톰 새디악은 "우리 문화는 경쟁에
사로잡혀 있고 승자만이 모든 것을 얻습니다. 우리는 진정성과
창의성이 침체된 문화에서 살고 있고 그 때문에 우리는 서로 경
쟁하는 거죠"라고 말했어.

우리는 사회를 비난하지만 우리가 곧 사회야.

그러면 1등만을 기억하는 사회에서 우리는 어떻게 행복해질
수 있을까?

행복한 변화를 위한 목록

행복감을 높여 줄 소소한 일들

- ⭕ (과거의) 나에게 편지 쓰기 ; 내년에 열어 볼 것
- ⭕ (누군가를 위해) 꽃 사기
- ⭕ 디지털 디톡스
- ⭕ 내 삶에 독이 되는 사람들과 관계 끊기
- ⭕ 명상하는 법 배우기
- ⭕ 도서관에 가서 아무 책이나 골라서 읽기
- ⭕ 꿈 일기 쓰기 (그림을 그리거나 사진을 이용해서)
- ⭕ 내 인생 이야기 쓰기
- ⭕ 입지 않는 옷 기증하기
- ⭕ 마술을 배워서 다른 사람들에게 보여 주기
- ⭕ 자신을 비난하지 않기
- ⭕ 소풍 계획 짜기
- ⭕ (테드 강연 같은) 동기를 자극하는 행사에 참여하기
- ⭕ 기네스 세계 기록에 도전하기
- ⭕ 아무도 지켜보지 않는 듯이 춤추기
- ⭕ 창조하기!!!
- ⭕ 미래의 나를 위한 선물 꾸러미 만들기
- ⭕ 지역 운동경기/행사/예술가 응원하기
- ⭕ 원한다면 마음껏 울기
- ⭕ (나 자신과) 사랑에 빠지기

10장

다양한 세상에서
살아가기

우리는 모두 특별해. 더 이상 말이 필요 없지. 그렇다면 우리를 진짜 특별하게 만들어 주는 건 뭘까?

고정관념 경고!

고정관념이란 특정한 사람이나 특정 집단에 관해 지나치게 단순하고 일반화된 이미지를 뜻해. 고정관념은 실제로는 잘 알지 못하는 사람이나 사물에 대해 우리가 기본적으로 갖고 있는 생각이야. 고정관념은 대개 인종, 성별, 문화를 포함하지. 너도 아래와 같은 고정관념(이나 비슷한 종류의 말)을 들어 본 적 있을 거야.

- 남자가 리더가 되어야 한다.
- 미국인들은 게으르고 뚱뚱하다.
- 무슬림들은 테러리스트다.
- 금발은 멍청하다.
- 모델들은 죄다 거식증이다.
- 게이들은 여성스럽다.
- 밀레니얼 세대(1980~2000년 초반 출생한 세대를 말해. 정보통신기술에 능통하고 대학 교육을 받은 사람이 많지만 경기 불황으로 취직에 어려움을 겪어 평균 소득이 다른 세대보다 낮다는 특징이 있어)가 우리 사회의 모든 것을 망쳤다.

거의 모든 문화에는 고유의 고정관념이 있어. 그러나 고정관념은 해를 끼칠 수 있지. 긍정적인 고정관념이라 해도, 그에 근거해 사람을 판단하면 제대로 알지도 못하면서 꼬리표를 붙일 가능성이 있어. 어떤 사람이나 집단에 대한 네 의견을 고정관념에 따라 정하지 않도록 노력해 봐. 다른 지역 출신 사람들이나 다양한 배경을 가진 사람들과 어울리면서 이야기해 봐. 그렇게 하면 상대방이 어떤 사람인지 오직 네 경험에 근거해 스스로 결정할 수 있을 거야.

하위문화가 보여 주는 것들

하위문화나 그에 속하는 사회 집단은 이름에서 이미 보여 주다시피 더 큰 문화를 구성하는 작은 범위의 문화나 집단을 말해. 하위문화는 네가 누구인지 탐구하고 네가 추구하는 바가 무엇인지 발견하는 일과 관련이 있어. 10대들은 계속 성장하면서 자신의 정체성을 만들어 가. 가치관을 탐색하는 일은 청소년기에 해야 할 무척 중요한 일이야. 그 과정에서 우리와 같은 생각을 갖고 비슷하게 행동하는 사람들을 만날 수 있어.

각 사회에는 어떤 옷을 입고 어떻게 행동하고 어떤 생각을 해야 하는지 문서화되지 않은 지침이 있어. 편안하고 마음이 끌리는 모임을 만나면 강한 유대감과 소속감을 느낄 만한 복장을 갖

나에게 영향을 준 하위문화

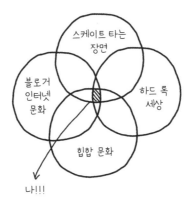

추고 비슷하게 행동하고 싶을 거야. 그런 모임을 찾는 일은 사회적 기술을 기르는 데 도움이 돼. 또 일반적으로 비슷한 부류의 사람들에게 받아들여지는 건 무척 즐거운 경험이기도 해.

10대 때 나는 스케이터 소녀로 지냈던 적이 있어. 스케이터처럼 옷을 입고 행동과 말투도 스케이터를 따라 했지. 가족들은 그러다 말 거라고 생각하더라고. 그런데 진짜 그 생각이 맞았어. 운 좋게도 부모님은 내가 알맞은 자리를 찾아가기 위해 이런저런 실험을 하도록 그냥 놔뒀지. 스케이터 모임의 일원으로 지냈던 경험은 지금도 유용하게 사용하는 중요한 사회적 기술을 가르쳐 줬어. 스케이터들은 진실하고 따뜻한 사람들이었어. 신입이든 아니든 모두를 존중해 줬지. 전반적으로 무척 개방적이고 사교적이기도 했고. 8년이 지난 지금도 난 그런 특징을 내 안에 잘 지니

304

고 있어.

하위문화와 사회 집단은 셀 수 없이 많아서 조금만 찾아보면 금세 새로운 것을 발견할 거야. 일본 애니메이션 팬덤, 피트니스나 보디빌딩, 코스튬 플레이, 해커 문화, 하이 컬처, 히피, 구제 의상, 롤플레이 게이머, 파티광, 스케이터, 스카우트 활동, SF 팬덤, 파도타기 동호회 등등, 이 밖에도 아주 많아.

특정한 하위문화에 몰두하다 보면 부모님과 갈등이 생기기도 해. 특히 부모님이 네가 파고드는 하위문화를 좋아하지 않는다면 더 그렇겠지. 너는 부모님이 네가 듣는 음악이나 옷을 입는 방식이나 말하거나 행동하는 방식을 못마땅하게 생각한다고 느낄 수 있어. 사실 그런 갈등이 생기는 이유는 부모님이 네가 어울리는 친구들이나 네가 공유하는 가치들에 관해 잘 모르기 때문이야. 네가 관심을 갖는 것을 부모님에게 알리면 그분들도 네가 좋아하는 것이 어떤 건지 대략적이나마 알게 될 거고 네 선택이나 친구들에 관한 부정적인 시선을 거둘 거야. 항상 공손한 태도를 갖춰. 부모님이 한번 슬쩍 보고 너의 하위문화를 바로 이해하리라고 기대해서는 안 돼. 네가 옷을 입는 방식이나 너의 관심사나 생각에 부모님이 적응할 시간을 드려야 해. 상상하기 어렵겠지만 네 부모님도 10대 때 열광했던 하위문화가 있었을지도 몰라. 어쩌면 지금도 진행 중일 수도 있지! 그 시절 부모님은 무얼 하면서 어떻게 지냈는지 물어보면서 공통점을 찾다 보면 전엔 몰랐던 사실들을 알게 될 거야.

의견이 다른 사람과 논쟁을 벌일 때 기억해야 할 5가지

불필요한 싸움은 즐겁지 않아. 특히 공통점을 전혀 찾기 힘든 일을 두고 싸울 때라면 더 그래. 이전 장에서 무례하거나 상대방의 기분을 상하게 하지 않고 네 의견을 표현하기 위한 최선의 방법을 소개했어.

네가 누군가와 논쟁을 벌인다고 상상해 봐. 네 연인이나 친구나 부모님이 논쟁 상대가 될 거야. 다른 사람과 의견이 다르다면 다음 5가지를 기억해.

1. 화를 내다 이성을 잃지 않도록 해. 상대방을 욕해서도 안 돼. 금세 후회할 게 분명하고 그런 행동은 논쟁에 도움이 되지 않는다는 사실을 곧 깨달을 거야. 자제력을 잃을 것 같으면 머릿속으로 숫자를 세면서 심호흡을 해. 그리고 불쑥 말을 내뱉기 전에 무슨 말이 하고 싶은지 생각해. 이렇게 해도 효과가 없다면 잠깐 쉬자고 말해. 그러면 다시 논쟁을 시작하기 전에 네 감정을 추스를 수 있을 거야.

2. 먼저 잘 들어. 잘 받아칠 방법을 생각하는 것보다 경청이

먼저야. 상대방이 무슨 말을 하는지 찬찬히 듣다 보면 논쟁
에 더 구체적으로 답할 수 있어.

3. 상대방이 과거에 저지른 실수를 들먹이지 마. 특히 오래된
   일이라면 더 조심해야 돼. 그 일은 지금의 논쟁과 아무런
   상관이 없는 데다, 너만 쩨쩨한 사람이 될 뿐이야.

4. 지금 이야기하고 있는 주제에 대한 대화가 끝나기 전에 마
   구잡이로 주제를 바꾸지 마. 그리고 의견 차이가 있다고 결
   론짓는 건 괜찮지만 양쪽이 아직 할 말이 남아 있는 상태에
   서 논쟁을 끝내서는 안 돼.

5. 의사소통에 문제가 있어서 오해가 발생할 수도 있어. 사실,
   논쟁이 유익할 때도 있어. 실수를 기꺼이 인정하면 생각보
   다 더 많은 것을 배우게 될 거야.

누군가와 논쟁을 하면서 바보처럼 굴지는 마. 비겁한 행동은
안 돼. 항상 네가 대접받고자 하는 방식으로 상대방을 대해야 해.
존·중·하·는·마·음·으·로.

화내지 않고 논쟁하는 법에 관해 더 알고 싶다면 마셜 B. 로
젠버그의 『비폭력 대화』를 읽어 봐. 『청소년을 위한 비폭력 대
화』도 함께 읽으면 좋아.

다 쓸데없다는 생각이 들더라도
평등을 위해 싸우기

우리는 옳다고 생각하는 일을 하려다가 그런 노력이 아무런 차이도 만들어 내지 못하는 것처럼 보여서 실망하기도 해. 그런 식으로 끊임없이 갈등하고 또 균형을 잡으려 애쓰지. 그러다 자칫 싸우려는 동기를 잃어버릴 수도 있어. (게다가 인간에 대한 믿음마저 잃을 가능성도 있지)

진실을 받아들이자. 우리는 평등하게 태어나지 않았어. 사회적인 맥락에서 말하자면, 모두에게 같은 기회가 주어지지 않는다는 뜻이야. 이런 상황에서 평등이라는 말은 기회의 평등을 의미해. 출신 지역이나 피부색에 상관없이 누구도 사회 제도에 참여하지 못하도록 거부당해서는 안 돼.

어린 정의의 용사

사회적으로 기회를 공평하게 제공하는 것 외에도, 세상을 더 평등한 곳으로 만들기 위해서 어떤 것들이 바뀌어야 한다고 생각하니? 네가 원하는 것이 현실이 된다고 상상해 봐. 어떤 느낌이 들까? 행복할까? 만족스러울까? 평화로울까? 변화를 위해 필요한 단 한 가지는 변화를 지지하는 사람, 즉 너의 행동이라고 말한다면 어떨 것 같아? 그래, 네가 그 변화를 만들어 낼 수 있어. 원한다면 말이야.

마치 삶이 우리에게 온갖 것들을 위해 투쟁하고 또 투쟁하라고 요구하는 것처럼 보이기도 해. 우리가 사랑하는 사람들, 건강, 직업, 사회의 변화를 위해서 말이야. 얻어 내기 만만치 않을 것 같으니 그냥 포기하는 편이 쉽겠다 싶기도 해. 과연 어디에서 계속 투쟁할 에너지와 용기를 찾아야 할까?

해결책에 집중하면서 무엇을 위해 싸워야 할지 떠올려 봐. 그러면 더 생산적으로 움직일 수 있을 거야. 또, 처음 몇 번의 싸움에서 패배하더라도 두려워하지 말고 앞으로 나가야 해. 네가 열의를 갖고 이뤄 냈다면 아무리 소소한 변화더라도 분명히 의미 있는 변화이고, 축하받아 마땅해.

그런데 싸울 만한 일인지는 어떻게 알 수 있을까? 네가 처한 상황이 너무 괴로워서 해결할 필요가 있다고 생각하는지 스스로에게 물어봐. '그렇다'라는 답이 나온다면, 어서 가서 싸워야 해. 하지만 건설적인 방법으로 하지 않을 거라면 어떤 전투도 시작해서는 안 돼.

다른 문화를 접하면서
삶을 풍요롭게 만들기

어떤 문화 속의 습관, 음식, 관심, 정치, 종교 의식에 관해 배우는 건 인생에 교훈과 가치를 더하는 경험이야. 다양한 사람들이 어떻게 살아가는지를 알면 세계의 여러 문화를 더 깊게 이해할 수 있어. 여행이든 독서든 교환 학생이든 다른 문화권 출신의 친구와 절친이 되든 네가 나고 자란 문화가 아닌 다른 문화를 경험할 방법은 수도 없이 많아. 왜 새로운 문화와 다양한 방식을 적극적으로 배워야 하는지 내가 이유를 말해 볼게.

1. 새로운 방식으로 생각하는 법을 배울 수 있어. 아이들은 어른들이 알려 주는 대로 (일반적으로 네 문화권에서 평범하다고 생각되는 방식으로) 배워. 같은 것들을 어떻게 각양각색의 방법으로 배우는지 알아보는 건 정말 흥미진진한 일이야. 인생을 살아가는 다양한 방식에 대해 이해하면 삶의 질도 높아져.

2. 세상을 더 잘 이해하게 돼. 다른 사람이 먹고 입고 각자 삶을 사는 방식을 직접 보면 그 사람에게 공감할 수 있어. 세상 곳곳에서 발생하는 여러 가지 문제와 전쟁은 무지와 오해와 공감 부족의 결과야. 다른 사람들에게 기회를 주면 그

사람들도 존중으로 보답할 거야.

3. 왜 문화적 다양성이 모두에게 중요한지 이해할 수 있어. 문제를 해결하는 데에는 단 한 가지 방법만 있는 게 아니야. 함께 힘을 합쳐 일하면 아이디어와 기술을 결합해 문제를 해결할 수 있어.

4. 그냥 엄청 재미있어. 다른 문화에 관심을 가지면 차별이나 편견을 줄이는 데도 도움이 돼. 세상을 더 잘 알기 위해 여행을 할 필요도 없어. 물리적으로 다른 문화를 찾아가지 못하더라도, 책을 읽고 다큐멘터리를 보고 인터넷을 검색하고 다른 문화 환경에서 자라거나 그곳에 다녀온 사람들과 이야기를 나누며 배울 수 있어.

5. 즐거워. 마음을 위한 운동이자 즐거운 활동이야. 새로운 언어를 배우고 낯선 음식을 먹고 다양한 관습을 탐색해 보는 일들은 네 가능성을 넓혀 줄 거야. 또 마음이 가닿을 만한 무언가를 찾을 수 있을지도 몰라.

어떤 사람들은 다른 문화를 향해 편협한 태도와 감정을 고스란히 드러내고 싶어 해. 외국인에게 비이성적인 공포심이나 혐오감을 갖는 걸 외국인 혐오증이라고 불러. 외국인 혐오증은 폭력이나 차별로 이어질 때가 많아. 외국인 혐오증은 생각보다 더 흔하고 주변 사람들에게 영향을 미치기도 해. 외국인 혐오증이 자주 발생하는 이유는 사람들이 자신의 안전지대 바깥의 세상에서 무슨 일이 벌어지는지 깨닫지 못하기 때문이야. 사람들은 너무나도 단순한 이유로 자신이 모르는 걸 두려워하거든.

그런 부정적인 감정들은 대중매체가 다른 문화에 대한 잘못된 이미지를 퍼뜨리기 때문에 생겨날 때가 많아. 외국인 혐오증을 가진 사람들이 TV나 컴퓨터를 끄고 자신들이 두려워하는 사람들과 실제로 어울린다면, 문화는 달라도 사람들은 상당히 비슷하다는 사실을 깨닫겠지. 삶의 어떤 측면에서는 살짝 관점이 다를지 모르지만, 우리는 모두 인간이고 그건 틀림없이 공통점이 있다는 뜻이기도 해. 외국인 혐오증의 가장 큰 문제는 사람들이 다른 문화에 관해 알려고 하지 않는다는 점이야. 그 사람들은 너무 완고해서 의견을 바꾸거나 편견을 뛰어넘을 생각도 못해.

문화적 차이를 놓고 벌어지는 또 다른 문제는 소통의 부재에 있어. 그 때문에 비이성적인 공포나 혐오가 생겨. 그런 오해를 피하기 위해서 다른 나라와 다른 문화 사람들은 어떻게 소통하는지 배워야 해. 여기서 소통은 언어적인 부분과 비언어적인 부분 둘 다를 의미해.

한 문화 속에서도 구성원별 개인차가 엄청나다는 점을 기억해야 해. 미국인들도 한 가지 정형화된 버전만 있는 건 아니잖아. 사람들이 마음을 열고 세상의 모든 아름다운 문화를 탐색한다면 세상은 조금 더 다채롭고 더 평화로운 곳이 될 거야.

나는 전 세계의 아침을 먹어 봤는데
모두 마음에 쏙 들었어!

세계 방방곡곡의 문화별 (독특한) 아침 식사 몇 가지

폴란드 : 자자제니아
(계란 스크램블)

스페인 :
(간편한) 판 콘 토마테

영국 : 영국식
아침 식사 한 접시

모로코 : 잼을 바른
여러 가지 맛있는 빵

아일랜드 : 귀리죽

오스트리아 :
악마의 잼, 베지
마이트를 바른
토스트

포르투갈 :
크루아상과 커피

인도 : 로즈마리 감자,
인도식 두부 스크램블

미국 :
팬케이크와 베이컨

볼리비아 : 빵 안에
고기나 계란이 든
살테냐스

러시아 :
러시아식 팬케이크

태국 : 카우 팟 카이
(달걀과 야채를 넣은 볶음밥)

이집트 : 마다마스
(향신료를 넣은 콩 스튜)

일본 :
간장을 곁들인 두부

한국 : 비빔밥

가나 : 와키예
(익힌 쌀과 콩)

파키스탄 :
알루 빠라타
(감자를 넣은 빵)

코스타리카 :
갈로 핀토(콩이 들어간
볶음밥과 계란 스크램블)

베네수엘라 : 엠빠나다
(미트 파이)

중국 : 국수

나의 다른 점을 강점으로
받아들이는 방법

우리는 모두 달라. 능력도 재능도 다르지. 음악과 패션 취향도 달라. 정치 문제, 좋아하는 TV 프로그램에 대한 의견이 항상 같은 것도 아니야. 피부색도 머릿결도 눈동자 색깔도 달라. 우리 중엔 특별한 능력을 가진 사람이 있어. 자신만의 정체성을 찾기 위해 고군분투하는 사람도 있지. 무슨 말인지 알 거야. 우리는 모두 어떤 면에서 독특하고 특별해. 하지만 다른 사람의 능력은 감탄하고 별난 점도 쉽게 받아들이는데 자기 자신을 인정하는 일은 왜 이렇게 어려울까?

우선 이것부터 받아들이자. 우리가 어떻게 보여야 할지는 다른 누가 상관하거나 결정해 줄 일이 아니야. 그럼에도 우리는 다른 사람의 끊임없는 칭찬과 질투어린 시선이 필요하다고 믿어. 사랑받는 존재가 되기 위해 필요하다고 생각하면서 말이야. 우리는 자신을 남들과 쉬지 않고 비교해. 그 때문에 슬프고 화가 나고 지치는데도 말이야.

우리는 다른 사람은 너그럽게 용서하고 받아들이면서도 스스로에게는 유독 관대하지 못해. 나는 스스로 변명하지 않고, 자신을 최우선으로 생각하고, 나를 소중히 여기는 방법을 배웠어. 이런 것들이야말로 내가 반드시 해야 하는 가장 중요한 일이라는 사실을 깨달았거든. 가끔은 다른 사람들도 비슷한 감정일지 궁금해. 태국에 사는 내 사촌도 밤에 나와 같은 고민을 할까 생각할 때도 있어. 때로는 내가 별로 중요하지 않은 일들로 걱정하고 있다는 생각이 들어서 꺼림칙하기도 해. 하지만 나에겐 살 곳이 있고, 좋아하는 직업도 있고, 친구들도 있고, 든든한 남친도 있어. 이렇게 멋진 특권을 누리면서 뭘 더 바랄 수 있겠어?

자, 나를 따라 해 봐. "자신을 좋아하는 건 범죄가 아니다." 사실, 자신과 자기 외모가 마음에 든다면 그야말로 완벽한 일이야. "난 내가 좋아, 나 자신을 인정해." 이런 말을 큰 소리로 말해 본 적 있어? 없다고?

그럼 해 봐. 알아, 처음엔 손발이 오그라들 거야. 스스로를 인정한다는 생각이 불편할 수도 있지. 하지만 자신에게 격려의 말을 하는 일이 얼마나 큰 힘이 있는데. 그 힘을 절대 과소평가하지 마.

네가 좋아하는 일을 해. 다른 사람이 바보 같다고 생각하거나 널 멍청해 보인다고 여길까 봐 겁이 나서 정말 하고 싶은 일을 못 한 적이 있니? 용기를 내서 좋아하는 옷을 사고 귀여워 보이는 화장을 하고 대놓고 비키니를 입기까지 나도 수년이 걸렸어. 어느 날 아침에 일어나서 이런 생각을 했어. 내가 꿈꾸던 것들을 실제로 하면 어떨까? 그래서 스스로를 바꿔 나갔어. 귀여운 옷을 입거나 새로운 스타일로 화장을 하고 액세서리를 해 보기도 했지. 또 가장 중요한 일을 했어. 내 혈통적 특징을 인정하고 받아들인 거야. 뭘 포기해야 했냐고? 하나도 없어. 알고 보니 걱정했던 것처럼 무섭지도 않더라고. 그동안 나를 잡아 누르던 사람은 말이야, 바로… 나였더라고. 나도 내 외모나 체형이 친구들과 다르다는 사실을 알아. 하지만 정확히 그것 때문에 나는 나로 존재하지.

나는 자신을 부정적으로 바라보지 않는 법을 동영상으로 만들어서 유튜브에 올렸어. '넌 정말 멋져. 그걸 알아차릴 방법 11가지'(You Are Awesome-11 Tips and Tricks to Realize That)라는 제목이야. 내 유튜브 채널 'Chrostin'에 가면 볼 수 있어. 여기에도 간단하게 소개해 볼게.

자신감은 근육이랑 비슷해. 훈련하면 강해지거든.

1. 부정적인 생각을 멈춰. 부정적인 생각은 수도꼭지 같아. 네가 잠글 수 있다는 뜻이야.
2. 안전지대에서 나와. 말처럼 쉽진 않지만, 용기를 내. 그냥 해 보는 거야!
3. 솔직해져. 다른 사람을 기쁘게 하려고 자신을 희생하지 마.
4. 좋은 친구들을 곁에 둬. 진짜 친구라면 네 모습 그대로 인정하고 항상 널 응원해 줄 거야.
5. 자신을 소중히 여겨. 음식, 운동, 독서, 수면 등 너를 위한 일에 소홀해서는 안 돼.

6. 너의 가치를 인정해. 매일 시간을 내서 네 장점을 적어 봐.

7. 자신을 믿어. 스스로를 믿지 못하는데 어떻게 다른 사람더러 믿어 달라겠어?

8. 너만의 패션 스타일을 만들어. 자신감이 생기는 지름길이야.

9. 목표를 정해. 목표를 이루기 위해 날마다 실천해 나가면 조금씩 목표에 가까워질 거야. 절대 다른 사람이랑 비교하지 말고!

10. 자신감은 하룻밤 사이에 생기지 않아. 시간이 걸리는 일이야. 의심을 버리고 도전해 봐. 네가 해야 할 일들이 불가능하게만 느껴지지는 않을 거야.

11. 넌 소중한 존재라는 걸 기억해. 네가 하고 싶은 일을 하는 데 다른 사람의 허락은 필요하지 않아.

내 이야기는 이 정도면 충분할 거야. 이제 네 차례야. 반짝반짝 빛을 발할 시간이라고. 네 머릿속에 메아리치는 모든 부정적이고 해로운 말들을 물리쳐. 너 자신을 사랑하고 너의 진정한 가치를 깨달을 비법을 배워 나가는 거야. 모두가 그렇게 한다면 세상은 다양성 속에서 조금 더 연대할 수 있을 거야. 알다시피 큰 변화는 모두 작은 것에서 시작해. 자신을 인정해.

바로 지금이야. 오늘부터 시작해.

AAUW: American Association of University Women. "Fight for Fair Pay." Retrieved from http://www.aauw.org/fairpay/.

AAUW: American Association of University Women. "The Simple Truth about the Gender Pay Gap." (Spring 2017). Retrieved from http://www.aauw.org/ research/ the-simple-truth-about-the-gender-pay-gap/.

Barber, N. "Do Humans Need Meat?" (October 12, 2016). [Blog post]. Retrieved from https://www.psychologytoday.com/blog/the-human-beast/201610/do-humans-need-meat.

Barnsen, J. "4 Signs You May Be Facing Employment Discrimination." (January 27, 2014). Retrieved from https://www.workitdaily.com/employment-discrimination-signs/.

Blanchard, A. M. The American Urge to Censor: Freedom of Expression Versus the Desire to Sanitize Society—From Anthony Comstock to 2 Live Crew (1992). Retrieved from http://scholarship.law.wm.edu/cgi/viewcontent. cgi?article=1897&context=wmlr.

Boogaard, K. "6 Smart Ways to Disagree with Someone Respectfully." [Blog post]. (September 29, 2016). Retrieved from https://www.inc.com/kat-boogaard/6-key-tips-to-respectfully-disagree-withsomeone.html.

Bratskeir, K. "Man Describes Immense Torture of Eating Only Ramen for 30 Days." (September 25, 2014). Retrieved from http://www.huffingtonpost. com/2014/09/25/ramen-diet-man-eats-so-manynoodles_n_5874776.html.

Cavanagh, C. "Why We Still Need Feminism." [Blog post]. (September 18, 2014). Retrieved from http://www.huffingtonpost.com/casey-cavanagh/why-we-still-need-feminism_b_5837366.html.

CDC: Center for Disease Control and Prevention. "Lesbian, Gay, Bisexual, and Transgender Health." Retrieved from https://www.cdc.gov/lgbthealth/ youth.htm.

Chung, M. "Have You Ever Felt Like You Don't Fit In?" [Blog post]. Retrieved from https://introvertspring.com/ever-felt-like-dont-fit/.

CMCH: Mental Health Center. "Fighting Fair to Resolve Conflict." Retrieved from https://cmhc.utexas.edu/fightingfair.html#5.

Engels, J. "10 Ways to Experience a Culture Authentically while Traveling." [Blog post]. (August 28, 2013). Retrieved from http://www.transitionsabroad.com/listings/travel/articles/10-ways-travelabroad-experience-culture.shtml.

EOC. "What Is Discrimination?" Retrieved from http://www.eoc.org.uk/what-is-discrimination/.

Fawcett Society. "We Are a Nation of Hidden Feminists." (January 15, 2016). Retrieved from https://www.fawcettsociety.org.uk/news/we-are-a-nation-of-hidden-feminists.

Gallo, A. "Choose the Right Words in an Argument." (June 16, 2014). Retrieved from https://hbr.org/2014/06/choose-the-right-words-in-an-argument.

Jackson, K. "Understanding Other Cultures Has Broad Benefits." [Blog post]. (August 27, 2008). Retrieved from http://munews.missouri.edu/news-releases/2008/0827-heppner-apa%20award.php.

LGBT Helpline. "What Is LGBT?" Retrieved from http://lgbt.ie/about/what-is-lgbt?.

LifeBuzz. "13 Famous Celebrities Tell The Truth about the Fame And Happiness." (March, 2016). Retrieved from http://www.lifebuzz.com.

Lips, K. A. "Don't Buy into the Gender Pay Gap." [Blog post]. (April 12, 2016). Retrieved from https://www.forbes.com/sites/karinagness/2016/04/12/ dont-buy-into-the-gender-pay-gap-myth/#460a0a125969.

Madden, M., Lenhart, A., Cortesi, S., Gasser, U., Duggan, M., Smith, A., & Beaton, M. "Teens, Social Media and Privacy." (2013). Retrieved from http://www.pewinternet.org/2013/05/21/ teens-social-media-and-privacy/.

Markman, A. "Ask The Experts: I Think I'm Being Discriminated Against for Having A Baby." (April 2, 2015). Retrieved from https://www.fastcompany.com/3041864/ ask-the-experts-is-my-company-is-discriminating-against-me-for-having-a-baby.

Marquit, M. "5 Reasons to Learn about Different Cultures." [Blog post]. Retrieved from https://liverichlivewell.com/learn-about-different-cultures/.

Matthews, S. "5 Reasons Why You Should Be a Feminist." [Blog post]. (March

11, 2017). Retrieved from https://www.hercampus.com/school/falmouth/5-reasons-why-you-should-be-feminist.

Miller, T. "My Strange Ramen Addiction: Teen Eats Almost Nothing but Noodles for 13 Years." (April 10, 2013) Retrieved from http://www.nydailynews.com/life-style/health/ teen-eats-ramen-noodles-13-years-article-1.1312782.

Moore, M. "5 Reasons Your Teen Needs Breakfast." (January 21, 2014). [Blog post]. Retrieved from http://www.eatright.org/resource/food/nutrition/healthy-eating/5-reasons-your-teen-needs-breakfast.

Moss, M. Salt, Sugar, Fat: How the Food Giants Hooked US. (2014). New York: Random House.

National Women's Law Center. The Wage Gap. Retrieved from https://www.infoplease.com/us/ gender-sexuality/wage-gap.

Nemko, M. "When You Don't Fit In." [Blog post]. (September 24, 2014). Retrieved from https://www.psychologytoday.com/blog/how-do-life/201409/when-you-don-t-fit-in.

Ok2beme. What Does LGBTQ+ Mean? (July 24, 2017). Retrieved from http://ok2bme.ca/resources/ kids-teens/what-does-lgbtq-mean/.

PETA. Simply. Live. Consciously. [Video file]. (2016). Retrieved from https://www.youtube.com/ watch?time_continue=54&v=Ie3FyDsYFlw.

Petridis, A. "Youth Subcultures: What Are They Now?" (March 20, 2014). Retrieved from https://www.theguardian.com/culture/2014/mar/20/youth-subcultures-where-have-they-gone.

Pursue Action.org. "The Benefits of Learning about Other Cultures." [Blog post]. (May 20, 2016). Retrieved from http://www.pursueaction.org/benefits-learning-cultures/.

Raising Children.net. Teenagers and Youth Subcultures. Retrieved from http://raisingchildren.net.au/ articles/subcultures.html.

Raja, D. "Top 25 Easy and Healthy Breakfasts for Teens." [Blog post]. (January 6, 2017). Retrieved from http://www.momjunction.com/articles/healthy-breakfast-ideas-for-your-teen_00348110/#gre.

Scott, E. "International Women's Day: Why More and More Young People Are Calling Themselves Feminists." (March 8, 2017). Retrieved from http://metro.co.uk/2017/03/08/ international-womens-day-why-more-and-moreyoung-people-are-calling-themselvesfeminists-6495228/.

Sezen, T. "What's the Difference between Romantic and Sexual Orientation?" (2016). Retrieved from https://vocaladymagazine.com.

Steber, C. "11 Reasons You Feel Like You Don't Fit It & What To Do About It." [Blog post]. (August 10, 2016). Retrieved from https://www.bustle.com/articles/173740-11-reasons-you-feel-like-you-dont-fit-in-what-to-do-about-it.

Steen, J. "This Is Why Junk Food Tastes So Bloody Good." (December 21, 2016). Retrieved from http://www.huffingtonpost.com.au/2016/12/20/ this-is-why-junk-food-tastes-so-bloody-good_a_21632106/.

Symantec Corporation (US). "Why Your Online Privacy Matters." Retrieved from https:// us.norton.com/internetsecurity-privacy-why-your-online-privacy-matters.html.

TEDx. We Should All Be Feminists. [Video file]. (2013). Retrieved from https://www.ted.com/talks/chimamanda_ngozi_adichie_we_should_all_be_feminists/details.

Teen Talk. "Discrimination." Retrieved from http://teentalk.ca/hot-topics/appreciating-diversity-2/discrimination/.

Thierer, A. "Why Do We Always Sell the Next Generation Short?" [Blog post]. (January 8, 2012). Retrieved from https://www.forbes.com/sites/adamthierer/2012/01/08/ why-do-we-always-sell-the-next-generation-short/#4ae1a8342d75.

Tudge, C. Neanderthals, Bandits and Farmers: How Agriculture Really Began. (1999). New Haven, CT, US: Yale University Press.

VOMNCK. "The Negative Connotation of the Word 'Feminism' Explained." [Blog post]. (March 4, 2013). Retrieved from https://vomnck.wordpress.com/2013/03/04/ the-negative-connotation-of-the-word-feminism-explained/.

Vox. What People Miss about the Gender Wage Gap. [Video file]. (September 7, 2016). Retrieved from https://www.youtube.com/watch?v=13XU4fMlN3w.

WaterCure. "Frequently Asked Questions." (2008). Retrieved from http://www.watercure.com/faq.html.

Weiss, S. "6 Reasons People Believe Stereotypes about Feminists Even Though They're not True." [Blog post]. (December 29, 2015). Retrieved from https://www.bustle.com/ articles/132468-6-reasons-people-believe-stereotypesabout-feminists-even-thoughtheyre-not-true.

Witherly, S. A. "Why Humans Like Junk Food." (2013). Retrieved from http://jamesclear.com/wp-content/uploads/2013/11/why-humans-like-junk-food-steven-witherly.pdf?x25662.

Wikipedia.org. "List of Subcultures." Retrieved from https://en.wikipedia.org/wiki/ List_of_subcultures.

Workplace Gender Equality Agency. "What Is the Gender Pay Gap?" Retrieved from https://www.wgea.gov.au/addressing-pay-equity/what-gender-pay-gap.

Zaraska, M. Meathooked: The History and Science of Our 2.5-Million Year Obsession with Meat. (2016). New York: Basic Books.

(속 보이는)

스페셜 땡스

이 책을 쓰는 데 도움을 준 분들에게 이 자리를 빌려 감사의 말을 전하고 싶어요.

먼저, 저에게 이런 기회를 주고 내내 지원을 아끼지 않은 마크 고틀립 씨에게 감사드립니다. 러닝 프레스 출판사에서 여성 직원들로 꾸려 주신 제 출판팀 팀원들께 특별히 감사드려요. 무엇보다 이 책을 완성하기까지 진심을 다해 이끌어 주고 도와준 줄리 씨와 프랜시스 씨에게 감사를 전합니다. 믿어 주신 만큼 제가 보답할 수 있길 소망합니다. 엘리스 조리스 씨, 저와 함께 막바지에 힘써 주셨어요. 짧지만 어느 때보다 열심히 작업했던 몇 주간 함께할 수 있어서 정말 행복했어요.

릴리언 프리엠 선생님에게도 감사 인사 전합니다. 학생들이 꿈꾸는 최고의 선생님이시죠. 항상 저에게 포기하지 말라고 말씀해 주셨고요. 학교에서 올바른 길을 가도록 붙잡아 주시고 제가 실수할 때마다 기회를 주신 데 늘 감사하고 있답니다.

가족과 친구들에게도 감사드려요. 내 야망을 물심양면으로 늘 지지해 주었죠. 재정적인 부분과 정신적인 부분을 돌봐 주고

323

조언을 아끼지 않은 아빠, 피터 씨 고맙습니다. 나의 절친들, 너희가 있어서 정말 든든해. 내가 돈 많이 벌면 너희가 미리 샀던 술, 꼭 다 갚을 거야.

에멀린, 너에게 이 책을 바칠게. 이 책을 작업하던 첫날부터 함께했지. 네가 없었다면 지금 이 글을 쓰는 순간도 오지 않았을 거야.

사랑하는 미켈, 네 친절과 응원, 적절한 간식 제공에 감사해.

이 책을 쓰는 데 (간접적으로) 나에게 영감을 준 지구상의 모든 소녀와 여성들에게 감사합니다. 여러분이 미래입니다.

마지막으로 이 페이지를 장식하지 못해서 상처받았을 모든 사람들에게 감사를 전합니다. 여러분은 저에게 정말 소중한 사람이에요. 젊은 여성의 꿈을 응원하고 계시잖아요. 그건 정말 대단한 일이랍니다.

크리스티나 드 위타